大学生创新创业实践与
"互联网+"竞赛基础训练教程

主　编　王坤明

副主编　侯勇强　周欢伟　钟之静

编　委　（按姓氏笔画为序）

王坤明　叶年标　刘　冰　张清宇

林伟坚　周欢伟　钟之静　侯勇强

桂晶晶　彭炜锋　彭莉霞

主　审　何汉武　向丹阳

中国言实出版社

图书在版编目(CIP)数据

大学生创新创业实践与"互联网+"竞赛基础训练教程/王坤明主编.— 北京:中国言实出版社,2022.12
ISBN 978-7-5171-4325-3

Ⅰ.①大… Ⅱ.①王… Ⅲ.①大学生—创业—高等学校—教材 Ⅳ.①G647.38

中国版本图书馆CIP数据核字(2022)第249355号

大学生创新创业实践与"互联网+"竞赛基础训练教程

责任编辑:张馨睿
责任校对:宫媛媛

出版发行:中国言实出版社
　　　地　址:北京市朝阳区北苑路180号加利大厦5号楼105室
　　　邮　编:100101
　　　编辑部:北京市海淀区花园路6号院B座6层
　　　邮　编:100088
　　　电　话:010-64924853(总编室)　010-64924716(发行部)
　　　网　址:www.zgyscbs.cn　E-mail:zgyscbs@263.net

经　销:新华书店
印　刷:廊坊市广阳区九洲印刷厂
版　次:2023年1月第1版　2023年1月第1次印刷
规　格:787毫米×1092毫米　1/16　16.75印张
字　数:407千字

定　价:49.90元
书　号:ISBN 978-7-5171-4325-3

前言
INTRODUCTION

创新是社会进步的灵魂，创业是推动经济社会发展、改善民生的重要途径。大学生创业是一种以在校大学生和毕业大学生这一特殊群体为创业主体的创业过程。随着我国经济社会转型的加快及社会就业压力的不断加大，创业逐渐成为在校大学生和毕业大学生的一种职业选择方式。

习近平总书记指出，青年是国家和民族的希望，创新是社会进步的灵魂，创业是推动经济社会发展、改善民生的重要途径。青年学生富有想象力和创造力，是创新创业的有生力量。希望广大青年学生把自己的人生追求同国家发展进步、人民伟大实践紧密结合起来，刻苦学习，脚踏实地，锐意进取，在创新创业中展示才华、服务社会。

为贯彻落实党中央、国务院关于推进大众创业、万众创新的决策部署，教育部采取一系列有力措施，把深化高校创新创业教育改革，作为推进高等教育综合改革的关键抓手，作为推动高校毕业生更高质量创业就业的重要举措。其中的一项重大举措，就是举办中国国际"互联网+"大学生创新创业大赛。

本书作为高等院校大学生创新创业教育和"互联网+"大学生创新创业大赛的配套教材，具有以下几个方面的特色。

一是突出课程思政。围绕立德树人的根本任务，把大学生创新创业教育与思政教育有机融为一体，让大学生创新创业教育成为思想政治教育的有效载体和途径。

二是突出时代性。按照国务院办公厅《关于进一步支持大学生创新创业的指导意见》（国办发〔2021〕35号）的要求，依据教育部《关于举办第八届中国国际"互联网+"大学生创新创业大赛的通知》（高教函〔2022〕2号）的相关规定，紧密结合新时代创新创业实践，着力解决现实问题。

三是突出系统性。按照创新、创业、大赛三个模块，基本涵盖了大学生创新创业和"互联网＋"大学生创新创业大赛的主要内容。

在编写本书的过程中，参考了众多学者的文献资料，在此特致敬意，并深表感谢！由于编者水平有限，本书如有疏漏之处，敬请广大读者、同人和专家给予批评指正。

编　者

目录
CONTENTS

中编　大学生创业

下编 大学生"互联网+"创新创业竞赛

上 编
大学生创新

第一章
大学生创新的理论基础

本章导读

　　创新意识和创新能力是大学生创新创业的核心，也是大学生获取知识和提升技能的关键，更是大学生终身学习的保证。高等教育的一项重要使命和任务就是要通过创新创业教育、专业教育和社会实践活动等方式，不断增强大学生的创新意识，提高大学生的创新能力。尤其是在知识经济和数字经济时代，大学生的创新意识和创新能力更显重要。本章主要介绍大学生创新的理论基础知识，包括创新的概念、特征、类型和原则，创新意识的概念、特征、价值以及创新意识的培养，创新思维的概念、特征、形式、障碍及其突破以及创新思维的培养。

知识结构

学习目标

知识目标：了解创新的概念、特征、类型和基本原则；掌握创新意识的概念、类型及创新意识的培养；熟悉创新思维的概念、特点、形式和创新思维的培养。

技能目标：具备初步的创新意识和创新思维，能够在学习和生活中进行简单的思路创新和方法创新。

思政目标：站在国家战略、使命担当的高度学习创新知识和技能，在创新过程中求真务实，培养工匠精神。

学习重点

创新意识和创新思维的培养。

案例导入

换跟鞋

很多在职场打拼的女性都需要开车上下班，所以她们往往会在车里放一双平底鞋。但这毕竟有些麻烦，所以"换鞋"问题成了这类人群的痛点。

王骏有一次坐妈妈开的车一起出门，结果妈妈忘了"换鞋"，开车过程中差点出意外，吓得母子俩出了一身冷汗。

王骏是学工业设计的，一下子对"换鞋"来了兴趣，想设计一种便于随身携带的"可换鞋跟"。于是，他在网上查阅了大量资料，并亲自到鞋厂、专卖店做调查，还带领几位小伙伴在某城市做了一次范围较大的市场调研。调查发现，"换跟鞋"具有很好的市场前景。同时，王骏在调查中还发现，目前市场上已经有了"换跟鞋"，但它们大多数工艺不达标，消费者穿上后体验不佳，因此销量不理想。

为此，王骏的小团队对市场上的"换跟鞋"做了深入细致的材料、技术和工艺方面的研究，寻找改进方向。经过近半年的努力，他们研发的换跟鞋的鞋掌部分采用了特殊工艺，使鞋跟与鞋掌紧密贴合，提高了消费者穿鞋的舒适度，同时鞋跟还能更轻松地拆卸。

王骏对研发的这款换跟鞋的销售前景很有信心，他不仅申请了专利，还同一家鞋厂签订了合作协议，大批量生产这款换跟鞋。

思考：

1. 王骏设计的换跟鞋，属于创新吗？为什么？
2. 王骏设计的换跟鞋，属于哪种类型的创新？
3. 王骏在设计换跟鞋过程中，采用的是哪种创新思维？为什么？

第一节　创新概述

创新是人类特有的认识能力和实践能力，是人类主观能动性的高级表现，是以新思维、新发明和新描述为特征的概念化过程。创新不一定是指创造出全新的东西，将旧的作品与新的形式相结合也可以视为创新。

一、创新的概念

"创新"一词起源于拉丁语，其原意有3层含义：一是更新；二是创造新的事物；三是改变。由此可见，创新就是创造新事物，这些新事物既可以是具体的，也可以是抽象的。简单来说，创新就是根据一定的目的，利用现有资源，运用新的知识或方法，创造出新颖的、有价值的、前所未有的事物；或者在已有事物的基础上，提出新的见解，做出新的改进。

小贴士

根据创新的概念，可以看出，王骏设计的换跟鞋属于创新。这是因为：第一，他设计的换跟鞋，是对市场上已有的换跟鞋的一种更新；第二，他设计的换跟鞋，是对已有产品的一种改变；第三，他设计的换跟鞋，是利用现有资源，运用新的特殊工艺制作的；第四，他设计的换跟鞋，对于消费者和市场来说，是有价值的。

二、创新的特征

创新的特征主要体现在以下 6 个方面。

1.动态性

创新是一个动态的过程。在当前社会条件下，知识水平的层次越高，创新思维的水平就越高。任何创新活动都不可能是一劳永逸的，只有不断地改进创新，与时俱进，才能适应时代的发展需求。

2.普遍性

创新存在于人类活动的所有领域且贯穿人类活动的各个阶段，这就是创新的普遍性。同时创新能力是每个人都具备的，如果只有少数人具有创新能力，那么许多创新理论就失去了存在的意义。

3.目的性

创新活动总是围绕需要解决的问题、需要完成的任务而进行的，这就是创新的目的性。这一特性贯穿整个创新过程。例如，发明手机的目的是让人们联络更加方便；发明电灯泡的目的是在夜晚照亮暗处；发明计算机的目的是提高人们的工作效率；等等。

4.新颖性

创新的本质是求异、求新，即摒弃现有的不合理事物，革除过时的内容，然后创立新事物。用新颖性来判断创新成果时，要注意区分绝对新颖性和相对新颖性。例如，当电话被首次发明时，其属于前所未有的创新成果，因此体现的是创新的绝对新颖性；而如果在之前的基础上使电话有了更好的通话效果，这种创新成果体现的就是创新的相对新颖性。目前，大学生所做的发明、创新，绝大部分属于相对新颖性的创新成果。

5.价值性

创新的价值性可以从创新成果带来的社会价值、经济价值和学术价值 3 个方面来判断。一般来说，创新成果满足人类社会需要的程度越高，其价值就越大。

6.高风险性

创新的高风险性是由创新的不确定性所决定的。这种不确定性通常包括市场的不确定性、技术的不确定性和经济的不确定性等。一般来说，不确定性越大，创新的风险就越高。

思政导学

创新离不开批判性思维。在面对旧思想、旧观念、旧技术时，创新者要破旧立新，实现理论突破和技术革新，就必须有独立思考、敢于怀疑的胆略；具有寻根究底的强烈好奇心和舍我其谁的高度自信心；具有不唯书、不唯上、只唯实的科学精神；具有善于批评和自我批评的勇气。

三、创新的类型

创新的种类繁多，有多种不同的划分方式，可以根据表现形式、层次、创新成果自主性来划分。

1.根据表现形式划分

根据创新表现形式的不同，可以将创新分为知识创新、技术创新、管理创新、服务创新、方法创新及制度创新等。

（1）知识创新。知识创新是将现有知识构成要素进行重新组合或分解，是在现有知识基础上的改进、发展、发明或创造。知识创新是技术创新的基础，是新技术和新发明的根本来源，是促进科技进步和经济增长的革命性力量。

（2）技术创新。技术创新是指生产技术的创新，包括开发新技术和对已有的技术进行应用创新。技术一般分为自然科学技术和社会科学技术两大类，因此，技术创新也可进一步划分为自然科学技术创新和社会科学技术创新。技术创新与知识创新相辅相成，知识创新是技术创新的基础，技术创新同时又是对知识创新的应用与发展。

（3）管理创新。管理创新是指企业在现有资源基础上，充分发挥员工的积极性和创造性，用一种新的或更经济的方式来整合企业的资源。具体而言，管理创新不仅体现在岗位设计和工作流程的更新上，还体现在管理思想、管理观念、管理制度、管理机制及管理规范等的系统性调整上。

（4）服务创新。服务创新是指通过新设想、新技术实现新的服务方式，使潜在消费者感受到不同以往的消费模式，如目前热门的体验式消费。

（5）方法创新。方法创新是指将现有方法的构成要素进行重新组合或分解，是在现有方法基础上的改进或发明。

（6）制度创新。制度创新是指人们在现有的生产和生活环境下，创设新的、更能有效激励人们行为的制度或规范体系来实现社会的持续发展和变革。例如，企业的制度创新有职工持股计划、股票期权以及风险投资等。

2.根据创新模式划分

根据创新模式的不同，可以将创新分为原始创新、集成创新和引进消化吸收再创新3类。

（1）原始创新。原始创新是指独立开发出一种全新技术并实现商业化的过程。在研究开发方面，特别是在基础研究和高技术研究领域取得独有的发现或发明，并最终获得成功的就是原始创新。原始创新是最根本、最能体现智慧的创新，它是对人类文明进步做出贡献的重要体现。原始创新通常具有首创性、突破性和带动性3个特点。目前我国原始创新的能力和水平与发达国家之间还存在比较明显的差距，需要奋起直追、弯道超车。

（2）集成创新。集成创新是指利用各种信息技术、管理技术与工具，对各个创新要素和创新内容进行选择、优化和系统集成，形成新的工艺、产品、服务或管理方法与模式等，以此创造更大的经济效益。它与原始创新的区别是，集成创新所应用到的所有单项技术或工具都不是原创的，都是已经存在的，其创新之处就在于对这些已经存在的单项技术或工具按照需要进行系统集成，并创造出全新的工艺、产品或服务。

（3）引进消化吸收再创新。引进消化吸收再创新是最常见、最基本的创新形式。其核心是利用各种引进的技术资源，在消化吸收基础上完成重大创新。它与集成创新的相同点，都是利用已经存在的单项技术为基础；不同点在于，集成创新的结果是一个全新产品，而引进消化吸收再创新的结果是产品价值链某个或者某些重要环节的重大创新。引进消化吸收再创新是各国尤其是发展中国家普遍采取的方式。

小贴士

从创新的类型划分可以看出，王骏设计的换跟鞋，根据表现形式划分，属于技术创新。因为他的创新体现在产品的技术与工艺改进上。根据创新模式划分，属于引进消化吸收再创新。因为他设计的产品是在已有产品基础上，吸取他人的经验教训，利用自己的技术资源，在消化吸收的基础上完成的创新成果。

思政导学

目前，我国的创新能力和水平与发达国家之间尚有一定差距。在实现中华民族伟大复兴中国梦的关键时期，要将创新尤其是原始创新作为解决问题的根本手段，推动各项事业高质量发展。大学生在创新创业实践中，要汇集起强大的创新动能，以实际行动推动社会进步，发展经济，改善民生。

3.根据创新成果自主性划分

根据创新成果自主性的不同，可以将创新分为自主创新和模仿创新两类。

（1）自主创新。自主创新是指拥有自主知识产权的独特核心技术并在此基础上实现新产品价值的过程。自主创新的成果一般体现为新的科学发现及拥有自主知识产权的技术、产品等。企业的自主创新是指其为了增强市场竞争力或保持市场领先地位，在产品结构、性能和生产工艺等关键技术上不断发明、创造。对整个国家来说也是如此，本国拥有的自主知识产权越多，其国际地位就越高，在国际竞争中就越有主动权。

（2）模仿创新。模仿创新是指通过模仿而进行的创新活动，主要包括完全模仿创新、模仿后再创新两种模式。随着人们保护知识产权的意识不断增强和专利制度的不断完善，完全模仿创新已经十分困难。

小贴士

还可以根据创新的领域进行划分：如工业创新、农业创新、教育创新、金融创新、国防创新、社会创新、文化创新等。也可以根据创新的行为主体进行划分：如政府创新、企业创新、团体创新、大学创新、科研机构创新、个人创新等。

四、创新的原则

创新原则是指创新主体在创新活动或创新过程中应遵循的基本原则，它是开展创新活动应依据的法则，也是评价创新活动的标准。在创新过程中，如果没有正确的原则来规范，就很难完成创新活动。

1.科学原理原则

创新必须遵循科学原理，不得违背科学发展规律，任何违背科学原理的创新都是不能获得最终成功的。因此，创新者在创新活动中必须做到以下3点。

（1）相容性检查。在将创新设想转化为成果之前，应该先进行科学原理的相容性检查。如果某一个创新设想与人们已经发现并已由实践证明为正确的科学原理不相容，则应该放弃该设想。因此，与科学原理是否相容，是检查创新设想有无生命力的根本条件。

（2）可行性检查。在将创新设想转化为成果时，还需要进行相关技术方法的可行性检查。如果某一创新设想所需要的条件已超过现有技术方法的可行性范围，则该设想只是一种空想。

（3）合理性检查。许多关于产品的创新设想，都体现在产品功能的增强或改进中。创新设想所实现的功能体系是否合理，关系到该设想是否具有推广应用的价值。因此，必须对创新设想的合理性进行检查。

2.市场评价原则

创新获得的最终成果必须要经受来自市场的检验。因此，要想创新成果经受住市场检验，实现商品化和市场化，就要按照市场评价原则来分析。

市场评价通常是从市场寿命、市场定位、市场容量、市场特色及市场风险等多个方面展开的。但在现实生活中，衡量一项创新成果的使用价值和潜在意义很难，因此，在进行市场评价时，必须把握被评价的创新成果事物的最基本使用性能，如功能结构的优化程度、使用操作的可靠程度、维修保养的方便程度等，然后在此基础上得出结论。

📖 案例点评

铱星的陨落

20世纪90年代，美国摩托罗拉公司一位叫巴里·伯蒂格的工程师提出了一个构想：制造一台在全世界任何地方、任何时间都能通话的手机。摩托罗拉公司管理层认为该想法蕴含巨大的商机，于是以摩托罗拉公司为首的几家跨国公司组建了一个团队，开始实施"铱星"计划。

1991年，摩托罗拉公司正式决定建立由77颗低轨道卫星组成的移动通信网络，并命名为"铱星"。"铱星"计划是建立77颗（后减至66颗）低轨道卫星组成移动通信网，达到覆盖整个地球网络的目的。

经过长达6年的研发后，1997年铱星系统投入商业运营，铱星卫星移动电话成为当时能在地球表面任何地方都能拨打电话的公众移动通信工具。虽然铱星系统采用了现代通信领域的尖端科技，是高技术的结晶，但其研发团队大大低估了移动电话的发展速度，导致用户数量远低于公司达到盈亏平衡点所需要的数量。在资金和市场的双重压力下，1999年8月，运营铱星系统的子公司因为无力偿还债务而被迫申请破产。这个被人们评为"美国最佳科技成果"的技术，仅仅运营了2年就宣告失败。

点评

任何创新产品最终都要接受市场的检验，盲目发展或者对市场做出错误估计的代价是惨重的。上述案例中，摩托罗拉公司在进行创新时，因为违背了市场评价原则，所以，该项目最终以失败而告终。

3. 机理简单原则

在创新效果相同的前提下，创新机理越简单越好。在现有的科学水平和技术条件下，若不限制创新手段和方法的复杂程度，创新的成本和代价可能会远远超出合理范围，从而得不偿失。因此，在创新过程中，创新者要始终贯彻机理简单原则。

4. 相对较优原则

创新不能盲目追求最优、最佳、最先进。创新设想各有千秋，需要创新者按相对较优原则，对创新设想进行判断和选择。主要从技术先进性、经济合理性、创新整体效果三方面进行综合评价，选择相对较优的创新方案。

5. 构思独特原则

创新贵在独特，构思独特的创新往往能出奇制胜。在创新活动中，可以从新颖性、开创性、特色性这几个方面来判断创新构思是否具有独特性。

6. 不轻易否定原则

不轻易否定原则是指在分析评判各种创新设想时，应避免轻易做出否定的评价。在飞机发明之前，科学界曾从"理论"上进行了否定的论证；也曾有权威人士断言，无线电波不可能成为通信手段。显然，这些结论都是错误的，之所以得出这些错误的结论，是因为人们主观武断地用常规思维来分析证明某项创新设想的可行性。

7. 不简单比较原则

在避免轻易做出否定评价的同时，还要注意不要随意在两个事物之间进行简单比较。因为创新的广泛性和普遍性源于创新的相容性。例如，市面上的钢笔和铅笔互不排斥，即便是铅笔，也有普通木质铅笔和金属（或塑料）材质的自动铅笔之分，它们在市场上是完全可以相容的。

第二节　创新意识

创新意识是人类意识活动中一种积极的、富有成果性的表现形式，它是人们进行创造活动的出发点和内在动力。创新意识代表着一些社会主体奋斗的目标和价值取向，它能唤醒和发挥社会主体所蕴含的潜在力量。

一、创新意识的概念

创新意识是指人们根据社会和个体生活的发展需求，产生创造新事物或新观念的动机，以及在创造活动中表现出的意向、愿望和设想。创新意识是形成创新思维和创新能力的前提，其基本构成要素主要包括以下几个方面。

1.创新动机

创新动机是创造活动的动力因素，它能推动和激励人们进行并维持创造性活动。

2.创新兴趣

创新兴趣是促使人们积极追求新事物的一种心理倾向，它能促进创新主体在创造活动中取得成功。

3.创新情感

创新情感是引起、推进乃至完成创新活动的心理因素。创新情感也能够促进创新主体在创造活动中取得成功。

4.创新意志

创新意志是在创新活动中克服困难、冲破阻碍的心理因素。创新意志具有目的性、自制性和顽强性。

二、创新意识的特征

创新意识具有以下几个方面的特征。

1.新颖性

创新意识或是满足新的社会需求，或是用新的方式更好地满足原来的社会需求。也就是说，创新意识就是求新意识，具有新颖性。

2.历史性

创新意识是以提高人们物质生活和精神生活水平为出发点的，很大程度上会受社会历史条件的制约。

3.差异性

人们的创新意识与其自身的社会地位、文化素养、兴趣爱好以及环境氛围等因素都有关系，这些因素对创新意识有重大影响。但这些因素也因人而异，因此，创新意识具有差异性。

4.质疑性

质疑性是创新意识的重要特性，它是贯穿整个创新活动的关键特征。大胆质疑不仅是创新意识形成的逻辑起点和先决条件，还是整个创新活动的源泉和动力。创新活动的过程一般为产生质疑→提出问题→形成创新意识→解决问题→出现新结果→完成创新。

三、创新意识的价值

创新是发展的不竭动力。创新意识对于每个个体、团队和组织，都具有重要的价值，尤其是大学生。创新意识的价值主要体现在以下几个方面。

1.创新意识是一种精神力量

创新意识是决定创新能力最直接的精神力量。创新能力实质上就是发展能力的代名词，是实现生存和发展的最客观、最重要的标志。

2.创新意识推动社会进步

创新意识能够促进社会多种因素的变化，从而推动社会的全面进步。创新意识的形成和发展必然会进一步推动社会生产方式的进步，从而带动社会经济的飞速发展。

3.创新意识提升人的综合素质

创新意识能够促进人的素质结构的变化，从而提升人的综合素质。社会需要充满生机和活力、有开拓精神、有新思想和有现代科学文化素养的人才。创新意识将引导人们朝这个方向发展并提高自身的综合素质。

4.创新意识是大学生就业和创业的精神指南

创新意识具有引导大学生就业和创业的重要功能。无论是就业还是创业，具有较强的创新意识，都有助于大学生找到更理想的职业和职位，有助于大学生找到更好的创业项目。

5.创新意识能激发大学生的就业和创业潜能

当大学生拥有创新意识之后，就能基于自身能力并借助新颖的创意来形成明确的就业和创业意向，从而走上更有前景的就业和创业道路。可以说，创意意识是大学生就业和创业不可或缺的内驱力。

案例点评

鸡蛋"身份证"

刘溯在大学期间所学的专业是多媒体设计，个人专长是网页设计。

刘溯大学毕业后回到家乡，在亲人和朋友的帮助下创办了一个养鸡合作社。该合作社销售的并不是肉鸡，而是鸡蛋。转眼就到了销售鸡蛋的时候，受之前网页设计工作的启发，刘溯突然有了一个"新创意"：开发"溯源鸡蛋网上身份查询系统"，将每批鸡蛋进行登记，让消费者看到更加透明的产品信息，打消其购买顾虑。

刘溯的巧妙创新让他手中的 5 000 枚鸡蛋在不到两周的时间内销售一空，刘溯的鸡蛋事业也开拓出了一片新天地。

点评

在上述案例中，刘溯之所以成功，主要是因为他的创新意识。他想到了开发鸡蛋网上身份查询系统，让消费者对鸡蛋进行"身份"溯源。其实，创新成功者往往都拥有独到见解，他们总是从不同的角度看问题，借鉴不同领域的优势，从而能不断产生新的创意，发现新的需求。由此可见，创新意识对于大学生创业具有重大价值。

四、创新意识的培养

在创新过程中，培养创新意识是非常重要的。只有具备了强烈的创新意识，才敢去想别人没想到的事，做别人没有做过的事。

1.积累深厚的知识底蕴

知识积累是培养、激发创新意识的必要条件。大学生在培养创新意识时，首先要增强自身的求知欲，让自身具备勤奋求知的精神。只有不断地学习新知识，大学生才能在自主创新创业的过程中发挥主导作用。扎实的知识基础和良好的学习方法是创新的前提，开阔的视野也有助于大学生进行创新。只有掌握了创新的基础知识和基本技能，才能萌生创新意识。

2.消除心理障碍

有些人对创新有莫名的抵触和恐惧，认为创新是科学家和企业家才能干的事情，自己没有能力去创新，更没有创新意识。其实，人人都能创新，人人都具备创新的潜能。为了激发和培养创新意识，首先要消除创新的心理障碍，树立创新的信心。

（1）战胜从众心理。从众心理会严重阻碍大学生创新能力的发展。辩论是战胜从众心理、培养独立思维的好方法。大学生在对某一问题与别人持有不同看法时，应充分发表自己的独到见解，据理论事，不盲目从众，这样便能很好地战胜从众心理。

（2）战胜胆怯心理。胆怯心理是比较普遍的心理障碍，对大学生创新意识的形成有强烈的抑制作用。大学生要想战胜胆怯心理，就应当敢于质疑、勇于探索、自我激励。

（3）战胜自卑心理。自卑心理会使大学生缺乏自信心和想象力，甚至自我封闭。要想战胜自卑心理，大学生应当进行积极的自我暗示，辩证地看待创新道路上遇到的失败和挫折，具备坚定的自信心和顽强的进取精神。

3.激发好奇心

创新需要具备强烈的好奇心。古今中外有很多真知灼见、发明创造都是人们通过不断探索而获得的，而人们的探索欲望常表现为强烈的好奇心。好奇心会使人们对新事物充满兴趣，这些兴趣会促使人们去质疑、探索或是刨根问底，从而激发创新意识和创新潜能。

4.参与创新实践活动

在培养创新意识的过程中，要防止把创新仅仅当作一句口号，而不解决实际问题的情况发生。因此，大学生应该积极参与创新实践活动，如创新创业培训、创新创业大赛等，以此激发和培养创新意识。同时，大学生不要怕在参与创新实践活动过程中犯错误，要大胆尝试，才能在创新之路上成长起来。只有这样，才能不断激发创新潜能，增强创新意识。

思政导学

创新意识是人类意识活动中一种积极的、富有成果性的表现形式，是人们进行创造活动的出发点和内在动力，是创造性思维和创造力的前提。青年学生是最少保守思想、最容易接受新生事物、最富创新精神的一个群体，祖国未来的发展靠青年学生，发展的希望在创新，创新的希望在青年学生，要建设创新型国家，必须从培养青年学生的创新意识着手。

第三节　创新思维

创新思维是人类特有的精神活动，具有很强的主动性和主观性。借助创新思维，人们可以突破环境的限制，去想象和预测那些没有接触过或经历过的事物，进而创造出新的事物。没有创新思维，不可能提高创新能力，取得创新成果。

一、创新思维的概念

关于创新思维的定义，众说不一。简而言之，创新思维是指对事物间的联系进行前所未有的思考，从而创造出新事物的思维方法，是一切具有崭新内容的思维形式的总和。

科学家的新发现，科技人员的技术革新和发明，社会改革家的新设想、新计划，普通劳动者的创造性活动，艺术家的创作，甚至小学生通过独立思考解决从未遇到过的难题，都是创新思维的具体体现。

🏫 案例点评

有一位画师给自己的每位学生发了一张大小相同的白纸，要求按题作画，题目是"用最少的笔墨画出最多的骆驼"。第一位学生想，把骆驼画得越小，数目就越多，于是用很细的笔在纸上密密麻麻地画了很多骆驼；第二位学生想，每只骆驼只需画一个脑袋便可表示，于是在纸上画满了骆驼的脑袋；第三位学生则又把骆驼的脑袋缩小为一个外形相似的小点，这样画出的骆驼自然比前面两位多出不少；而第四位学生则与前三者完全不同，他先画了一只骆驼从山谷口往外走，然后又画了一只从山谷口只露出一个脑袋和半截脖子的骆驼。

点评

在这个例子中，前三位学生尽管动了不少脑子，但由于他们运用的思维都是传统的，因此只画出了有限的骆驼；第四位学生则另辟蹊径，在一张纸上画出了无数只骆驼，他所运用的这种思维就是创新思维。

二、创新思维的特征

创新思维具有以下几个方面的特征。

1.独创性

创新思维贵在创新，它或者在思路的选择上，或者在思考的技巧上，或者在思维的结论上，具有"前无古人"的独到之处，具有一定范围内的首创性、开拓性。因此，具有创新思维的人，对事物必须具有浓厚的创新兴趣，在实际活动中善于超出思维常规，对"完善"的事物、平稳有序发展的事物进行重新认识，以求新的发现。这种发现就是一种新的见解、新的发明和新的突破。

2.求异性

求异性是指采用多种不同的方法对司空见惯的、似乎已成定论的事物或观点进行思考。换言之，就是从多个方面进行深入探索，以求找到问题的不同解决方法，从而树立新思想、创立新形象。求异性是在实事求是的基础上，基于客观事实提出的质疑或否定。要想有所创新，就不应拘泥于常规，不应轻信权威，要以怀疑和批判的态度看待一切事物和现象。

3.灵活性

灵活性是指思维灵活多变，思路及时转换，多角度、多方位、多学科、多层次地进行立体思考。具体表现为及时放弃旧思路，转向新思路，及时放弃无效的方法而采用可行的新方法。

4.突发性

突发性是指在极短的时间内，以一种突发的形式，迸发出创造性的思想火花，从而产生新的概念。创新思维的突发性，可能是在长期构思酝酿后自然爆发出来的，也可能是受某一偶然因素触发而产生的。突发性思维主要包括直觉思维、顿悟思维、灵感思维。

5.综合性

综合性是指在思维过程中，不是简单地把事物各个部分、侧面和属性随意地、主观地拼凑在一起，也不是机械地相加；而是按照它们内在的或必然的互相联系，对事物各个方面的结构和功能进行系统认识。

思政导学

恩格斯说："思维是地球上最美丽的花朵。"创新思维是最突出的那一朵。习近平总书记提出，"世界经济彻底摆脱'新平庸'的风险，只能向创新要动力"。一部改革开放史，就是一部创新思维的成长史。培养创新思维，就是要从追寻事物本质中创新认识，善于透过现象看到本质，从根本上把握事物及其发展规律。

6.逆向性

逆向性是指意识地采用"反常规"的思路去思考问题。如果把传统观念、常规经验、权威言论当作金科玉律，那么人们的创新思维活动将会被阻碍。因此，为实现某一创新或解决某一用常规思路难以解决的问题时，不要用长久以来形成的固有思路去思考问题，而应从相反的方向出发寻找解决办法。也就是说，只有奇思妙想，才能避免"构思平庸""与人雷同"的尴尬境地。

案例点评

吃亏还是占便宜

李环在读大三时，自主创业，在学校附近开了一家"最便宜"自助火锅店，并聘请了几名学生服务员。

一开始，李环的火锅店生意还不错，可是严重的食物浪费导致了火锅店的效益不好，有一个月甚至出现了亏损。无奈之下，火锅店只能做出明文规定：凡是浪费食物者罚款20元。这一规定一出，火锅店的生意一落千丈。面对惨淡的营业额，李环开始反思自己做出的这项规定，并意识到一个道理：不要让顾客"吃亏"，一定要让他们"占便宜"。因此，他将原来的规定调整为：凡没有浪费食物者，奖励10元。结果生意火爆，且减少了浪费现象。

点评

上述案例中的李环抓住了顾客不愿意吃亏的心理，将罚款改为奖励，采用逆向思维方式成功解决了火锅店面临的难题。逆向思维能力并非天生，是需要后天培养的。大学生可以从逻辑、思路等方面进行训练，从而提高自己的逆向思维能力。

三、创新思维的形式

常见的创新思维形式主要包括直觉思维、逻辑思维、形象思维、联想思维、发散思维和收敛思维等。在创新实践中，各种创新思维形式都各具特色，各有优势。

1.直觉思维

直觉思维是指人们在解决问题时不经过逐步分析和推理，而迅速对问题的答案做出合理的猜测、设想或顿悟的一种跃进性思维。人们所说的"第一印象""手感"等就是直觉思维的体现。

直觉思维是人脑的一种感性活动，它在创新思维活动的关键阶段起着极为重要的作用，具有自由性、灵活性、自发性、偶然性、不可靠性等特点。

2.逻辑思维

逻辑思维也称抽象思维，是人们在认识活动中运用概念、判断、推理等思维方法，揭示客观事物本质和规律的思维过程。逻辑思维的基本单元是概念，基本思维方法是抽象，基本表达工具是语言和符号。逻辑思维具有规范、严密、确定和可重复的特点。

逻辑思维是人脑的一种理性活动，思维主体将感性认识阶段获得的对事物的认识信息抽象成概念，再运用概念进行判断，并按照一定的逻辑关系进行推理，从而产生新的认识。要想创新，并找出复杂问题的解决方案，就必须运用逻辑思维。

3.形象思维

形象思维是以直观形象和表象为支撑的思维过程和思维方式，是人的一种本能思维，具有普遍性。在日常的生活、学习和生产活动中，形象思维一直起着重要作用。认识客观世界、与人交往，首先使用的常常是形象思维。例如，在与陌生人打交道时，会注意他/她的行为举止，从而考虑如何接待与应对。

形象性是形象思维最基本的特征，它与逻辑思维相比，具有具体性、直观性、生动性和整体性等优点。

4.联想思维

联想思维是指在人脑记忆表象系统中，由于某种诱因使不同表象产生联系的一种思维活动。通过联想思维，人们可以从别人的发明创造中获得灵感，并进行创新。例如，多功能手机支架融合了手机支架、指甲剪、电源插座、开瓶器等功能，发明多功能手机支架就属于联想思维的创新成果。

5. 发散思维

发散思维是指从不同角度、不同方向、不同层次进行多方面的思维判断，思维呈扩散状态，从而形成解决问题的多种思路、多种方法、多种方案。发散思维是创新创业必不可少的思维方式。发散思维具有流畅性、变通性和独特性3个典型特征。流畅性反映了数量和速度；变通性反映了灵活和跨越；独特性反映了发散思维的本质。

发散思维可以使人思路活跃，思维敏捷，办法多而新颖，能提出大量可供选择的方案、办法或建议，特别能提出一些别出心裁、完全出乎意料的新鲜见解，使问题奇迹般地得到解决。

6. 收敛思维

收敛思维是指以某个思考对象为中心，从不同的方向和角度将思维集中指向这个中心点，利用已有信息，寻求唯一正确方案，以达到解决问题的目的。

📊 案例点评

北京奥运会"祥云"火炬诞生记

由联想集团设计的北京奥运会"祥云"火炬方案，是经过北京奥组委三轮评选，在全球388个竞标方案中挑选出来的。从如此众多的方案中，要评选出唯一的最佳方案，可想而知，评选过程需要运用收敛思维，才能将评委们的意见统一起来。

据联想集团全球高级副总裁、大中华区总裁陈绍鹏介绍，"祥云"火炬的设计是由来自中国、德国、意大利和法国的34名设计师组成的国际团队，历时1年多合作完成的。"祥云"火炬的科技含量非常高，它跨越了工业设计、平面设计、材料工程、机械工程、人类学和社会学等十大学科专业。要把这样多的科技因素、艺术因素和人文因素进行归纳统一，使其集中体现于一体，也必须通过收敛思维才能实现。

点评

上述案例集中体现了收敛思维的特点。主要表现在两个方面：一是来自中国和西方国家的具有不同文化背景、不同设计理念的30多位设计师共同设计"祥云"火炬，体现了不同设计主体的收敛思维；二是"祥云"火炬的设计跨越了工业设计、平面设计、材料工程、机械工程、人类学和社会学等十大学科专业，是多学科专业集成的收敛思维。

小贴士

从创新思维的形式划分可以看出，王骏设计的换跟鞋，采用的是联想思维和发散思维。这是因为：他在设计换跟鞋的过程中，从他人的产品设计中获得灵感，属于联想思维；从技术工艺、鞋掌材料等多个方面进行改进，体现了发散思维的特点。

四、创新思维的障碍及其突破

如果思维形成定势，或者受到其他因素的干扰，就会形成创新思维障碍。因此，在创新实践中，应有意识地克服思维定式，消除干扰，不断突破创新思维的各种障碍。

1.创新思维的障碍

从创新实践来看，创新思维的障碍主要体现在思维定势和思维偏见两个方面。

（1）思维定势。思维定势也称"惯性思维"，它是人们在过去获得的经验和知识的基础上所形成的感性认识。随着时间的推移，这些感性认识逐渐沉淀为一种特定的认知模式。在环境不变的条件下，思维定势可以使人迅速解决问题；但当环境发生改变时，思维定势则会成为束缚创造性思维的枷锁。思维定势的表现形式主要有以下几种。

①权威型。在日常生活中，大部分人都习惯引证权威的观点，甚至将权威观点作为判断事物是非对错的唯一标准，一旦发现与权威相违背的观点，就立即将其否定，这就是权威型思维定势。

②从众型。从众型思维定势是指人们在思维活动过程中，没有或不敢坚持自己的主见，总是顺从绝大部分人的意志。这是一种普遍存在的心理现象。

③经验型。经验型思维定势是指人们在实践中获得的主观体验和感受，是人们对个别事物的表象或外部联系的感性认识。但对创新而言，经验会使人形成思维惯性，难以创新，并阻碍问题的解决。

④书本型。书本型思维定势是指人们认为书本上的知识都是正确的，必须严格按照书本上说的去做，不能有任何怀疑和违背，把书本知识夸大化、绝对化。其实，书本中的内容和客观事实肯定会存在差异，盲目按照书本上的观点行事，不仅不利于创新意识的形成，还可能会产生不好的结果。

（2）思维偏见。思维偏见是指以不客观或不全面的信息为根据，形成对人或事物的片面甚至错误的看法。如果人们在判断时给被判断对象打上了主观的经验、地位、知识及阶层等印记，就会使自己的感知不自觉地偏离事实。在创新实践活动中，思维偏见会影响人们对事物进行客观观察和分析。思维偏见是创新思维的主要障碍，其表现形式主要有以下几种。

①经验偏见。经验偏见是指人们生活在自己的经验中，只用自己的经验来思考，不愿接受或难以接受经验以外的事实。

②沉锚效应。沉锚效应是指人们在对某人或某事做出判断时，易受第一印象的支配，就像船锚一样把自己的思想固定在某处，限制了思维的开放。

③利益偏见。利益偏见是指由于存在利益关系，无意识中做出有利于自己的认识，从而产生认识的偏离。这是一种超越理性的、无形中由自身立场所导致的观点偏移。

④位置偏见。位置偏见是指处在不同位置上的人因看问题的角度不同而产生的偏颇。每个人都生活在一定的社会坐标体系中，社会角色、工作岗位和所处年龄段等因素都会对自己的认知产生影响。例如，部分企业的老板总抱怨员工工作不积极、没有激情，员工则总抱怨老板发的工资太少、福利不好。

2.突破创新思维障碍

针对创新思维障碍，必须采取切实有效的措施，突破这些障碍，从而更好地发挥创新思维的功能，激发创新潜能，提升创新能力。

（1）突破思维定势。突破思维定势是指人们在思考有待创新的问题时，要有意识地改变思考这些问题时的习惯（如过往的思维模式），警惕和排除这些习惯对新设想可能产生的束缚作用，要敢于怀疑，敢于打破条条框框，敢于打开新思路，努力寻求创新。

（2）拓宽思维视角。拓宽思维视角的方法有两种：一是改变思路。绝大部分人对问题的思考，都是按照常规、常理去想，或者按照事物发生的时间、空间顺序去想，这就是所谓的"万事顺着想"思维。在大多数情况下，顺着想是一种常规思维方式，要想进行创新，就得有意识地改变顺着想的思路。二是换位思考。就是站在他人的角度考虑问题。例如，产品创新就要站在顾客的角度去考虑问题。

（3）突破知识障碍。创新思维必须建立在一定知识积累的基础上，否则就只是空想。但是，如果死抱着知识，或者抱残守缺，则会对创新思维形成障碍。突破知识障碍的有效途径就是不断地进行知识探索和更新。在探索和更新的过程中，对知识进行实践检验，以此提升自身的创新思维能力，这样才能为以后的创新之路打下坚实的基础。

思政导学

突破思维障碍应当有开阔的眼界，站得高，看得远；也需要脚踏实地，加强理论学习，加快知识更新，拓宽眼界，同时结合调查研究，把学到的知识与工作实际相结合，在学习与实践中不断提高创新思维能力。

五、创新思维的培养

创新思维是可以后天培养和训练的。大学生在创新实践活动中，应有目标、有步骤地整合各种资源，利用各种渠道和途径，培养自己的创新思维能力。

1.创新思维培养的原则

（1）整体性原则。创新思维的培养是一项系统工程，大学生应从整体上筹划和实施创新思维训练，这是培养创新思维的一项重要原则。只有从整体出发，运用系统思维的方法，才能真正把握创新思维培养和发展的规律，实现创新思维培养的目标。

（2）自主性原则。自主性就是在创新思维培养过程中充分发挥主观能动性，提高自我组织管理能力和自我调控能力。要培养大学生的创新思维，必须使大学生的"手""嘴""脑"获得真正的自主性。

（3）探索性原则。创新是走前人没有走过的路，解决前人没有解决的新问题。不敢探索、不会探索的人是很难开拓新局面的。大学生要成为勇于探索的人，要敢于质疑问题，自拟探索计划，通过自己独立思考解决问题，从而培养创新思维能力。

（4）活动性原则。创新思维必须在实践活动中才能得到有效培养，这是创新思维培养的最重要的原则。大学生要尽可能多地参加各类创新实践活动，如大学生创新创业大赛、创新创业培训等。通过创新实践，提出创新假设，做出创新决策，制订创新计划，在创新实践活动中不断培养和提升自己创新思维能力。

（5）多样性原则。多样性是指让大学生的创新个性自由地发展。多样性的本质在于个性的独创性，因此，大学生在创新思维培养过程中要善于展现自己的独特个性，形成独特优势。

2.大学生创新思维培养的方法

（1）发散思维训练。发散思维是创新思维的主要成分。通过一些有效的方法，可以有效培养大学生的创新思维。

①材料发散。以某个物品为发散点，设想它的各种用途。如回形针的用途等。

②功能发散。以某种事物的功能为发散点，设想出获得该功能的各种可能性。如怎样达到照明的目的——点油灯、开电灯、点蜡烛、用镜子反射太阳光、划火柴、开打火机、打手电筒、点火把等。

③结构发散。以某种事物的结构为发散点，设想出利用该结构的各种可能性。如前面提到的"换跟鞋"等。

④形态发散。以事物的形态为发散点，设想出利用某种形态的各种可能性。如齿轮利用的各种可能性等。

⑤方法发散。以解决问题或制造物品的某种方法为发散点，设想出利用该方法的各种可能性。如用"粘"的方法可以解决的各种工艺问题。

⑥组合发散。从某事物出发，以此为发散点，尽可能多地设想与另一事物联结具有新价值的各种可能性。如"万能手机"等。

⑦因果发散。以某事物发展结果或起因为发散点，设想出这一结果的原因或这一原因可能产生的结果。如前面提到的"换跟鞋的现有市场销售不理想"的原因。

（2）摆脱习惯性思维训练。摆脱习惯性思维的训练，称为"创新思维的准备活动"。其真正的意义是促使人们探索事物运动、联系的各种可能性，从而摆脱思维的单一性，使思维具有流畅、变通、灵活、独创等特性。主要包括排除观念固定和功能固定等方面的训练。前者是指在现有观念基础上，尽可能多地提出新观念，不受原有观念的束缚；后者是指在原有功能基础上，尽可能地设计新功能，打破原有功能的局限。

（3）缺点列举训练。缺点列举是一个极为重要的创新思维训练方法。对某事物存在的某个或某些缺点产生不满，往往是创新思维的先导。只要把列举出来的缺点加以克服，那么就会有所创新。例如，尽可能多地列举出APP的缺点，就可以产生许多新的创新性想法。

（4）愿望列举训练。人们对美好愿望的追求，往往成为创新的强大动力。愿望列举就是将人们对某个事物的要求列举出来。它不同于缺点列举，提出积极的希望比仅仅是克服缺点，能产生更好的创意。例如，"什么样的手机APP更好"等。

（5）想象训练。训练想象力是培养创新思维的一种非常有效的方法。它能帮助人们从固定化的看法、想法中解放出来，使人们在思考、解决问题的过程中，大胆想象，敢于"异想天开"，创新进取。

✍ 本章练习

1.举例说明创新的原则。

2.结合自己的学习和生活，谈谈如何培养创新意识。

3.举例说明创新思维的主要特征。

4.用自己的亲身经历，解释创新思维的几种主要形式。

5.你在学习和生活中存在的创新思维障碍有哪些？如何突破？

6.创新意识测试。针对以下题项，请结合你的情况，回答"是"或"不是"，如果拿不准，则回答"不确定"。

（1）你认为那些使用古怪和生僻词语的作家，纯粹是为了炫耀。

（2）无论什么问题，要让你产生兴趣，都比让别人产生兴趣要困难得多。

（3）即使是十分熟悉的事物，你也常用全新的眼光看待它。

（4）你常常凭直觉来判断问题的正确与错误。

（5）你善于分析问题，但不擅长对分析结果进行整合、提炼。

（6）你审美能力较强。

（7）聚精会神工作时，你常常忘记时间。

（8）你做事总是有的放矢，不盲行事。

（9）你的兴趣是不断提出新的建议，而不是说服别人去接受这些建议。

（10）你喜欢那些一门心思埋头苦干的人。

（11）你不喜欢提那些显得无知的问题。

（12）你特别在意周围的人怎么评价自己。

（13）你对周围的新事物感到好奇，一旦产生兴趣就很难放弃。

（14）你认为按部就班、循序渐进才是解决问题最正确的方法。

（15）你关心的问题是"是什么"，而不是"为什么"。

（16）你总觉得自己还有潜力。

（17）你不能从他人的失败中发现问题、吸取经验和教训。

（18）你对工作很热情，当一项工作完成之后总有兴奋感。

（19）你遇到问题能从多方面探索它的可能性。

（20）你认为如果打破固有的理念、行为方式、秩序或者体制，就不能建立更好的模式。

评分标准见表1-1。

表1-1 创新意识测试评分标准

题号	"是"得分	"否"得分	"不确定"得分
（1）	1	2	0
（2）	0	4	1
（3）	3	1	0
（4）	2	1	0
（5）	3	0	1
（6）	1	2	0
（7）	1	2	0
（8）	0	2	1

题号	"是"得分	"否"得分	"不确定"得分
（9）	2	0	1
（10）	0	2	1
（11）	0	3	1
（12）	0	2	1
（13）	2	1	0
（14）	0	3	1
（15）	0	2	1
（16）	3	0	1
（17）	0	3	1
（18）	2	1	0
（19）	3	0	1
（20）	0	3	1

结果分析如下。

总得分在 35 分以上，说明被测试者是一个具有很强创新意识的人，有将思考结果加以实现的能力。如果被测试者已经有所成就，要戒骄戒躁；如果暂时还没有成就也不用着急，只要努力总会在某些方面崭露头角。这一类人适合从事环境较为自由、没有太多约束、对创新有较高要求的工作，如装潢设计、工程设计、软件编程等。

总得分在 22—35 分，说明被测试者的创新意识一般，判断事物时讲究现实，习惯采用现有的方法与步骤来思考和处理问题，很难有较大的创新成就。灵活的思维是创新的基础，被测试者可以尝试做一些培养创新意识的训练。这一类人适合从事管理、市场营销等方面的工作。

总得分在 22 分以下，说明被测试者缺乏创新意识，比较循规蹈矩，做事有板有眼，一丝不苟，且凡事讲究原则，遵守制度。这一类人适合从事对纪律要求较高的工作，如会计、质量监督员等。

7. 阅读下面的题目，给出自己的分析答案（每个题目至少给出 3 个答案）。

（1）某个城市地铁里的灯泡经常被偷。偷窃者拧下灯泡，导致安全隐患。接手此事的工程师不能改变灯泡的位置，也没多少预算可供使用，怎样解决这个问题呢？

（2）有的游客会从长城城墙上弄一些碎片作为纪念品带走，如何才能阻止这一违法行为呢？

（3）在一个小镇里有 4 家鞋店，它们销售同样型号、同一系列的鞋子，然而，其中一家鞋店丢失的鞋子数量是其他 3 家平均丢失数量的 3 倍，为什么会出现这种情况，又应该如何解决这个问题呢？

第二章
大学生创新的实践方法

本章导读

在培养创新能力的过程中，大学生应该积极参与创新实践活动，如创新创业培训或是创新创业大赛。同时，大学生不要怕在创新过程中犯错误，要大胆尝试，才能在创新之路上成长起来。大学生在创新过程中还要讲究方式方法，提高创新的效率和成功率。本章主要介绍大学生创新的基本流程、大学生创新的主要方法以及大学生创新的TRIZ理论。

知识结构 🔗

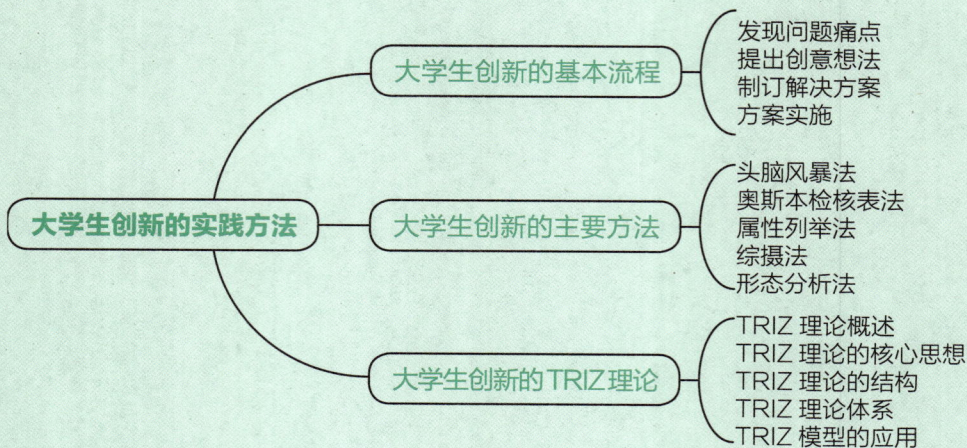

大学生创新的实践方法
- 大学生创新的基本流程
  - 发现问题痛点
  - 提出创意想法
  - 制订解决方案
  - 方案实施
- 大学生创新的主要方法
  - 头脑风暴法
  - 奥斯本检核表法
  - 属性列举法
  - 综摄法
  - 形态分析法
- 大学生创新的 TRIZ 理论
  - TRIZ 理论概述
  - TRIZ 理论的核心思想
  - TRIZ 理论的结构
  - TRIZ 理论体系
  - TRIZ 模型的应用

学习目标

　　知识目标：熟悉创新基本流程，掌握创新方法和 TRIZ 创新模型。积极进行创新活动。
　　技能目标：能根据创新方法与创新模型开展创新活动。
　　思政目标：仰望星空，脚踏实地。努力用自己的创新观念和创新行动完善自身，服务社会。

学习重点

　　创新的基本流程、方法和 TRIZ 创新模型。

案例导入

鲁班造锯的故事

　　相传有一年，鲁班受领了一项建造一座巨大宫殿的任务。这座宫殿需要很多木料，他和徒弟们只好上山用斧头砍木，当时还没有锯子，效率十分低。一次上山的时候，鲁班抓着树枝和杂草，一步一步往上爬。突然，他抓住了山上长的一种野草，一下子将手划破了。鲁班很奇怪，一根小草为什么这样锋利？于是他摘下了一片叶子来细心观察，发现叶子两边长着许多小细齿，用手轻轻摸，这些小细齿十分锋利。他明白了，他的手就是被这些小细齿划破的。之后，鲁班又看到一只蝗虫在一株草上啃吃叶子，两颗大板牙十分锋利，一开一合，很快就吃下一大片，这同样引起了鲁班的好奇心。他抓住一只蝗虫，仔细观察蝗虫牙齿的结构，发现蝗虫的两颗大板牙上同样排列着许多小细齿，蝗虫正是靠这些小细齿来咬断草叶的。这两件事给了鲁班很大启发，于是他就用大毛竹做成一条带有许多小齿的竹片，然后到小树上去做试验，几下子就把树干划出一道深沟，鲁班十分高兴。但是由于竹片比较软，强度不够，不能长久使用，拉了一会儿，小齿就有的断了，有的变钝了，需要更换竹片。鲁班想到了铁片，便请铁匠帮忙制作带有小锯齿的铁片。鲁班和徒弟各拉一端，在一棵树上拉了起来，只见他俩一来一往，不会儿就把树锯断了，又快又省力，锯就这样发明了。

思考：

1.鲁班是如何发现创新痛点的？

2.鲁班是用什么方法进行创新的？

3.请用TRIZ模型分析鲁班造锯的故事。

第一节　大学生创新的基本流程

一、发现问题痛点

创新过程中最重要也是最难把握的便是创新点。创新之始也正是发现问题的关键痛点。分析问题从而发现痛点，可以从以下几方面入手。

（一）问题上的创新

问题上的创新就是提出某领域内的新问题，简单来说就是其他人研究的很少的方面。无论在任何领域，都存在这种创新方式。例如，微软的MSN、腾讯的QQ和微信等网络即时通信软件，在人们还在使用软件传递信息时，微软和腾讯创新出了使用网络进行即时通信的方式，并被人们广泛使用。

（二）方法上的创新

方法上的创新分为两种。

1.用其他领域的方法解决本领域的问题

简单地说，就是方法的无限迁移。人类飞行器的创新发明就是一个典型的例子。人类对于天空的遐想曾经只是个遥不可及的梦，据历史资料记载，人类曾尝试过各种方式让自己在天空中翱翔，但都失败了。直到美国的莱特兄弟参考飞行动物的飞行方式，将物理学和生物学相结合，发明出了飞机。借鉴其他领域的方法解决本领域的问题，可能会让很多冥思苦想很长时间却无法解决的问题迎刃而解，这需要变通的思想，也与创新不谋而合。

2.对本领域的方法进行优化，解决本领域的问题

这类创新方式的应用在日常生活中处处可见，从普通手机到智能手机，从短信消息到微信等。优化本领域的各种方法，在工作或生活中提高效率，带来便利。

（三）数据上的创新

数据上的创新是指用新的方法收集和处理数据，也可以从不同的角度对原数据进行处理解读。数据创新的门槛较高，而在创新过程中数据创新会影响到成本、效率、受众群等方面。拥有庞大的数据量，对庞大数据进行分析才能获得有用、可靠的结论。

如今的大数据时代，各类视频网站、微博等社交平台的消息推送，用户个性化设置，淘宝、京东等电商的商品信息推送等，这些与用户使用相关的技术创新，都是以庞大的用户使用数据做基础，利用计算机进行分析，再对用户进行推送，从而提高了用户的使用效率，实现对优质受众群的精准定位。

案例点评

创新与发现

创新是世界进步的动力。有了创新精神，那么就有了前进的期望。小鸟飞行需要翅膀，世界要进步需要创新，创新就是进步的翅膀。

从前有一种病，只要人得了这种病，便无药可治，只能慢慢地被病魔折磨至死。有一位化学家，他不幸得了这种病，他四处求医，也没有将病治好。有一天，他听说有个村子里有一口能治好这种病的井，只要喝了井中的水，便能治好这种病。化学家喝了水后，不久便"药到病除"了。化学家对井水产生了兴趣，对井水进行了研究。他发现井水中含有一种化学物质芒硝，对这种病有神奇功效。

中国有句古话，常有所疑，便是创新的开端；勇于破疑，便是创新的动力。就是说，一个人如果能用疑惑的眼光观察周围的现象，就产生去破疑的动力。常年喝井水的村民没有因为井水能治病产生疑问，而化学家则对井水产生了疑惑，最终发现了井水的秘密。如果说化学家仅仅因为井水治好病感到庆幸，那么可能永远都不会发现其中的奥妙。这充分说明了创新精神的重要性。

点评

通过发现特殊治病的井水从而找到治病的药物，日常的创新中，应该保持常有所疑的状态，保持好奇心，思考问题。如果这样，就已经走入创新的大门了。

思政导学

目前，中国在5G领域的优势越来越明显。尽管美国的制裁对华为、中芯国际等中国企业造成了伤害，但中国政府高度重视5G发展，对5G技术发展给予了政策支持，中国企业也在5G领域奋发前行，5G技术领跑全球。5G作为当今通信技术的前沿，中国已掌握主动，这是底气和实力的体现，对于加快构建新发展格局具有重要的战略意义。

二、提出创意想法

创意是具有新颖性和创造性的想法，是一种能够让他人产生共鸣的独特思路。其中，"创"是指创新、创作、创造；"意"是指意识、观念、智慧、思维。任何创意都应该具备个人性、独创性和深远意义3个基本条件。

（1）创意应具有个人性。这是指创意需要个人对某些物品表面或更深层的东西进行观察和分析，然后将观察和分析结果整合。

（2）创意应具有独创性。它可以是全新的"从无到有"，也可以是赋予某物新的特征，即"崭新"或"独特"。

（3）创意应具有深远意义。创意不仅可以满足人们的创造需求，还可以通过知识产权法和市场转变成产品，从而实现创意的商业化、市场化，对社会的发展也有促进作用，因此创意具有深远的意义。

📊 案例点评

改良版蒸汽机的发明者——瓦特

瓦特出生于格林诺克小镇，父亲是造船工人，祖父和叔父都是机械工人。由于家庭的影响，瓦特从小就熟知了许多机械原理和制作技术。在孩提时代，瓦特就对身边的事物有强烈的好奇心和钻研精神。

在瓦特的家乡，家家户户都是生火烧水做饭，这种司空见惯的事几乎没有人会留意，但瓦特却不一样。有一次，瓦特在厨房里看祖母做饭，灶上烧着一壶开水，开水沸腾的时候，壶盖就会啪啪地响并不停地被向上掀动。瓦特观察了很久，感觉很奇怪，猜不透其原因，于是请教了祖母。

祖母说："水开了就会这样。"

瓦特不解，又追问："为什么水开了壶盖就会跳动？是什么东西在推动它吗？"祖母没法给瓦特一个确切的答案。瓦特决定自己寻找真相，于是，接下来几天瓦特都蹲在火炉旁边细心地观察。经过耐心观察和反复思考后，瓦特终于明白了：原来是水蒸气在推动壶盖跳动。这一物理现象，正是蒸汽机的发明原理。

之后，瓦特运用科学理论，逐渐发现了纽科门蒸汽机的不足之处。1765—1790年，瓦特进行了一系列发明，如分离式冷凝器、汽缸外设置绝热层、离心式调速器以及节气阀等，使改良蒸汽机的效率与原来的纽科门蒸汽机相比提高了3倍多。

点评

瓦特通过小时候对事物的观察，提出了新颖、创新性的想法，并对想法进行实践，最后成为第一次工业革命的重要人物。由此可见，提出创意想法是创新基础流程中极其重要的关键环节，对创新成果的取得具有决定性影响。

三、制订解决方案

提出了创意想法后，需要进一步制订解决方案。

解决方案是指针对创意想法体现出的需求问题、不足、缺陷等所提出的整体解决方案，如计划书、建议书等。解决方案必须有明确的对象，或者施行的范围和领域。

解决方案的产生过程大致可分为：确定问题对象和影响范围→分析问题→提出解决问题的办法和建议→成本分析与可行性分析→执行→后期跟进与修正→方案总结。

思政导学

有了创意想法，还要将想法付诸实践，再从实践中获得新的创意想法，也就是认识论中"实践、认识、再实践、再认识"这种循环往复以至无穷的过程。只有创新实践才是创意想法产生的真正源泉。同时，把创意想法付诸实践也体现了"知行合一"这一中国传统哲学思想。

案例点评

詹天佑修建京张铁路

1905年8月，京张铁路正式开工，紧张的勘探、选线工作开始了。詹天佑带着测量队，身背仪器，日夜奔波在崎岖的山岭上。一天傍晚，猛烈的西北风卷着沙石在八达岭一带呼啸怒吼，刮得人睁不开眼睛，测量队员急着结束工作，匆匆填了个数据，就从岩壁上爬下来。詹天佑接过本子，一边翻看填写的数据，一边疑惑地问："数据准确吗？""差不多"，测量队员回答说。詹天佑严肃地说：技术的第一个要求是精密，不能有一点模糊和轻率，大概、差不多这类说法不应出于工程人员之口。之后，他背起仪器，冒着风沙，重新吃力地攀到岩壁上，认真地复勘了一遍，修正了一个误差。当他下来时，嘴唇都冻青了。

不久，勘探和施工进入最困难的阶段。在八达岭、青龙桥一带，山峦重叠，陡壁悬崖，要开四条隧道，其中最长的一条达1 000多米。詹天佑经过精确测量计算，决定采取分段施工法：从山的南北两端同时对凿，并在山的中段开一口大井，在井中再向南北两端对凿。这样，既保证了施工质量，又加快了工程进度。凿洞时，石块全靠人工一锹锹地挖，涌出的泉水要一担担地挑出来，身为总工程师的詹天佑毫无架子，与工人同挖石，同挑水，一身污泥一脸汗。他还鼓舞大家说：京张铁路是我们用自己的人、自己的钱修建的第一条铁路，全世界的眼睛都在望着我们，务必成功！无论成功或失败，绝不是我们自己的成功和失败，而是我们国家的成功和失败。为了克服陡坡行车的困难，保证火车安全爬上八达岭，詹天佑独具匠心，创造性地运用折返线原理，在山多坡陡的青龙桥地段设计了一段"人"字形线路，从而减少了隧道的开挖，降低了坡度。列车开到那里，配合两台大马力机车，一拉一推，保证列车安全上坡。

詹天佑对全线工程提出花钱少、质量好、完工快三项要求，京张铁路经过工人们几年的奋斗，于1909年9月全线通车。原计划6年完成，结果只用了4年就提前完工，工程费用只及外国人估价的五分之一。一些欧美工程师乘车参观后啧啧称道，赞扬詹天佑了不起。

但詹天佑却谦虚地说：这是京张铁路 10 000 多员工的力量，不是我个人的功劳，光荣应属于大家。

点评

詹天佑运用自己的专业知识和积累的经验，面对艰难的铁路修建问题，克服重重困难，最终完成京张铁路的建设，并极大地压缩了成本。有良好的创新设计方案，有了大量的积累，詹天佑运用专业的知识与态度，完成了京张铁路的修建任务。

小贴士

近年来，很多地区都非常重视创新创业，以创业带动就业，各地区也不同程度地开展了免费的创新创业培训。大学生应该积极响应当地就业部门的号召，积极了解并参与到这些培训活动中，进一步提升自己的创新创业能力。

四、方案实施

有了解决方案，那么下一步就是根据制订的方案实施。任何方案的实施都需要一定的时间周期，在实施过程中学习技能，积累经验，记录状态，重要的是需要稳定心态，保持热情，坚信自己创新的想法可以实现。

思政导学

方案的实施不是一蹴而就的，需要实施者发扬脚踏实地、埋头苦干的职业精神，在实施过程中细心观察和记录，弘扬精益求精、深入钻研、一丝不苟的工匠精神。

第二节　大学生创新的主要方法

创新方法是人们在科学研究、创造发明等实践活动中所采用的有效办法的总称。在创新过程中，生搬硬套某一种创新方法并非良策，大学生在面对不同对象时，应根据自身的特点灵活选用创新方法，或综合应用各种方法和手段，不拘一格地进行探索和创新。

小贴士

应用创新方法时，要因人、因地和因时制宜。大学生需要有探索精神，灵活地运用创新规律来指导创新活动。

一、头脑风暴法

头脑风暴法是一种通过集思广益、发挥集体智慧，从不同角度找出问题所有原因或构成要素，并创造性地解决问题的方法。如今，头脑风暴法已成为职场上比较常用的创意收集方法，它简单快速且有效。

（一）头脑风暴的含义

头脑风暴法，又称智力激励法、自由思考法等，它是美国创造学家奥斯本提出的一种激发思维的方法。头脑风暴法通过小型会议的形式，让所有与会人员在自由愉快、畅所欲言的气氛中，自由交换想法或点子，并以此激发与会者的创意及灵感，使各种设想在相互碰撞中激起创造性"风暴"。头脑风暴法是一个横向思维的过程，其目的是找到创新的方案来解决问题。

（二）运用头脑风暴法的基本原则

为了更好地运用头脑风暴法，使与会人员的思维活动真正取得互激效应，与会人员必须严格遵守4条基本原则，如图2-1所示。

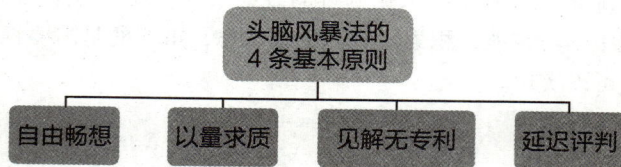

图2-1　头脑风暴法的基本原则

1.自由畅想

在头脑风暴的过程中，与会人员需要集中注意力，就会议的中心问题各抒己见。主持人应创造一种自由、活跃的气氛，使与会人员的思想彻底解放，这是头脑风暴法的关键。

2.以量求质

会议中，与会人员需要大量地提出设想，无论好坏。设想越多，将许多设想拆分重组后，产生好设想的可能性就越大。

3.见解无专利

会议中，与会人员除了提出自己的设想，还可以鼓励其他与会人员对自己提出的设想进行补充、改进，从而产生新的设想。不要怕别人占用自己的创意，创意加上创意便可产生新的创意。

4.延迟评判

应禁止与会人员随意评判会议中提出的各种意见、方案。在头脑风暴过程中产生的任何想法都是有价值的，与会人员要认真对待会议中提出的任何一种设想，不管其是否适当和可行，否则很可能会影响他人思绪，从而导致头脑风暴法失败。

（三）头脑风暴法的操作步骤

主持人在头脑风暴会议中要注意控制好时间和气氛，千万不要跑题。头脑风暴法的操作步骤一般可以分为准备阶段、畅谈阶段、评价选择阶段。

1.准备阶段

准备阶段的工作内容主要有3项。

（1）明确会议需要解决的问题和与会人员的数量。

（2）确定会议的主持人和记录者。主持人要全面掌握有关头脑风暴法的细节、基本原则和操作要点；记录者要认真记录，方便进行会后总结。

（3）与会人员要具备一定的相关基础知识，懂得头脑风暴法的原则和方法。

2.畅谈阶段

畅谈阶段是头脑风暴法的关键阶段。该阶段的主要进程为：由主持人引导与会人员围绕会议主题进行自由发言；与会人员提出各种设想，使彼此相互启发、相互补充，真正做到知无不言、言无不尽；直到与会人员都无法再提出新的设想时，结束会议。

3.评价选择阶段

会议结束后，主持人应将会议中提出的设想整理成若干方案，再按一定标准进行筛选，经过反复比较后，确定1—2个最优方案。

📊 案例点评

头脑风暴产生创意

德国一家公司要设计一台破核桃机，要求破出的核桃仁是较完整的两半。为此，公司领导召集10余名技术人员召开头脑风暴会议，让大家都能思维自由驰骋，从不同角度、不同层次、不同方位，大胆地展开想象，尽可能地提出一些独创性的设想。会议主持人强调了本次会议的主题，在短暂的半个小时内，技术人员们围绕该主题提出了40多个设想，最后大家从这些设想中选取了两个公认最优的方案。

然后，主持人将这两个最优方案拿出来讨论，让每个技术人员提出改进建议。通过技术人员共同商议和评审后，该公司确定了破核桃机的最终设计方案。在整个会议过程中，主持人的多次提问起到了激励与会人员产生更多设想的作用，如"用什么样的力度才能把核桃砸开""用什么办法才能达到这样的力度""如果我们用逆向思维来解决问题又会怎样"等，这就是此次头脑风暴会议成功的重要原因。

点评

德国公司头脑风暴会议成功的关键在于与会人员不受任何条件的限制，思想放松，同时主持人通过提出问题的方式来激发与会人员的创造力。

小贴士

头脑风暴法可以产生新奇的想法，但也有一定的局限性。首先，它要求参与人员有较高的素质。如果参与人员缺乏必要的技术及知识，就无法提出有效的意见。其次，由于头脑风暴法实施过程中的组织相对松散，所以较难保证结果的全面性。

思政导学

头脑风暴不是单个人能实现的，需要用集体的科学思维进行共同思考、交流、讨论。大学生在创新过程中不能"单打独斗"，要善于利用集体的智慧，加强团队意识。这也是职业道德的基本要求。

二、奥斯本检核表法

奥斯本检核表法是一种典型的设问型创新方法，具有较强的启发性。在众多的创新方法中，奥斯本检核表法是效果比较理想的一种方法。人们运用这种方法产生了很多优秀的创意和大量的发明创造。例如，人们运用奥斯本检核表法中"能否他用"这一检核项目发明了自行车轮胎。

（一）奥斯本检核表法的含义

奥斯本检核表法是指根据需要解决的问题或者创造发明的对象列出一系列提纲式提问，并形成检核表，然后对这些提问进行逐个的讨论分析，从而获得解决问题的方法或新的设想。奥斯本检核表法主要用于新产品的研制开发。

小贴士

应用奥斯本检核表法的过程是一种强制性思考过程，有利于突破人们不愿提问的心理障碍。很多时候，提问本身就是在进行创造。

奥斯本检核表法从9个方面进行检核，以便启迪思路、拓展思维想象的空间，促进人们产生新设想、新方案。奥斯本检核表法的检核内容见表2-1。

表2-1 奥斯本检核表法的检核内容

编号	检核类别	检核内容
1	能否他用	现有事物有无新的用途；保持现有事物原状能否扩大其用途；稍加改变，现有事物有无别的用途；能否改变其现有的使用方式；等等
2	能否借用	有无与现有事物类似的东西；能否模仿或超越；能否借用他人的经验或发明；现有的发明能否引入其他的创造性设想中；等等

续表

编号	检核类别	检核内容
3	能否改变	能否改变现有事物的形状、颜色、味道、外观;是否还有其他改变的可能性;等等
4	能否扩大	能否增加现有事物的使用时间;能否为现有事物添加部件,延长它的使用寿命,提升它的性能;能否扩大现有事物的使用范围;等等
5	能否缩小	能否将现有事物微型化;能否将其缩短、变窄、分割、减轻;能否将其进一步细分;能否将其变成流线型;等等
6	能否代用	能否用别的东西代替;能否使用别的材料、零件、工艺、能源;等等
7	能否调整	能否变换先后顺序;内部元件能否互换;能否变换模式、操作工序、因果关系、工作规范、速度和频率;等等
8	能否颠倒	能否颠倒现有事物的正负、里外、上下、主次、因果等
9	能否组合	能否将各种想法进行综合;能否进行材料组合、部件组合、功能组合;等等

下面通过奥斯本检核表法对手电筒的改进方法进行创造性设想,见表2-2。

表2-2 通过奥斯本检核表法对手电筒进行改进

检核类别	检核内容
能否他用	其他用途:信号灯、装饰灯等
能否借用	增加功能:加大反光罩、增加灯泡亮度
能否改变	改变:改灯罩、用彩色电珠等
能否扩大	延长使用寿命:使用节电、降压开关
能否缩小	缩小体积:5号电池→7号电池→8号电池→纽扣电池
能否代替	代替:用发光二极管代替小电珠
能否调整	改变样式:将两节电池由直排变为横排
能否颠倒	反过来想:不用干电池提供电能,改用太阳能冲电
能否组合	与其他事物组合:带手电功能的钟等

(二)奥斯本检核表法的操作步骤

奥斯本检核表法能够启发创新者提出问题和思考问题,使其思路沿着正向、侧向、逆向发散开来,基本操作步骤如图2-2所示。

图2-2 奥斯本检核表法的基本操作步骤

1.提出问题

根据创新对象明确需要解决的问题。

2．写出新设想

参照检核表中列出的问题，运用丰富的想象力，强制性地进行逐个核对讨论，并写出新设想。

3．筛选新设想

对新设想进行筛选，将最有价值和创新性的设想筛选出来，并进一步思考和完善设想。

（三）运用奥斯本检核表法的注意事项

运用奥斯本检核表法提出创造性设想时，应注意以下事项。

（1）联系实际逐条检核，不要遗漏。

（2）要进行多次检核。只有经过反复检核后，才能更准确地选择所需要创新的内容。

（3）检核每一项内容时，要尽可能地发挥自己的想象力，产生更多的创造性设想。进行检核时，可以将某一大类问题作为一种单独的创新内容来思考。

（4）可以根据需要安排检核方式，可以由 1 人检核，也可以由 3—8 人共同检核。共同检核可以使参与者互相激励，还可以同时进行头脑风暴。

三、属性列举法

属性列举法也称特性列举法，是罗伯特·克劳福德提出的一种创意思维策略方法，该方法特别适用于老产品的升级换代。

（一）属性列举法的含义

列举事物的所有属性，然后针对这些属性进行创新思考的方法就是属性列举法。属性列举法的要点是：先列举出某一事物的重要部分、零件、属性等；然后就所列各项逐一思考是否有改进的必要和可能，从而促使创意的产生。属性列举法的优点是能保证对问题的所有方面进行研究。

（二）属性列举法的操作步骤

属性列举法的具体步骤如下。

（1）确定一个研究对象。

（2）了解对象的现状，熟悉其基本结构、工作原理及使用场合，同时应用分析、分解及分类的方法对研究对象进行一些必要的结构分解，找出研究对象的名词属性、形容词属性、动词属性及量词属性。①名词属性（采用名词来表达的特征）：如事物的结构、材料等。②形容词属性（采用形容词来表达的特征）：如事物的色泽、大小、形状等。③动词属性（采用动词来表达的特征）：如事物功能方面的特性等。④量词属性（采用量词来表达的特征）：如数量、使用寿命、保质期等。

（3）从需要出发，对列出的属性进行分析、抽象，并且与其他物品进行对比，然后通过提问来诱发创新思维，采用替代的方法对原属性进行替换。

（4）应用综合的方法将原属性与新属性进行综合，寻求功能与属性的替代方法或者是更新完善方法，最后提出一个新设想。

（三）属性列举法的运用

运用属性列举法能帮助创新者打开思路，找到创新方法。下面通过属性列举法设计一个烧水壶。

1.烧水壶的名词属性

烧水壶的名词属性包括整体（烧水壶）、部分（壶嘴、壶把手、壶盖等）、材料（铝、铁、铜等）以及制作方法（冲压、焊接、浇铸等）。根据这些名词属性，可以提出以下问题并进行分析，然后考虑改进方法：①壶嘴的长度是否可以更长一些？②壶把手是否可以改用塑料材质以免烫手？③是否有更合适的制作材料？④烧水壶是否能够一次成型？⑤水蒸气的冒出位置是否可以改变？

2.烧水壶的形容词属性

烧水壶的形容词属性包括性质（轻、重）、状态（美观、高矮、大小等）、颜色（红色、白色等）、形状（圆形、椭圆形等）。根据这些形容词属性，提出下列问题并进行分析后，也可以找到许多可供改进的地方：①如何改进才便于清洁？②底部采用哪一种形状才更有利于吸热、传热？③图案可以做哪些变化？

3.烧水壶的动词属性

烧水壶的动词属性主要是指功能（烧水、装水、保温等）。通过对功能的分析，可以提出以下问题。①能否在壶身外增加保温材料，提升烧水壶的保温性能？②能否在壶嘴上加哨子，让水开时发出鸣笛声？③能否增加烧水壶的储水容量？

通过属性列举法列举出烧水壶的各种属性，烧水壶的不足之处以及相应的改善方法就很容易分析出来了。

四、综摄法

综摄法是美国麻省理工学院的威廉·戈登提出的一种利用外部事物启发思考、开发创新潜力的方法。综摄法的宗旨是开发人的潜在创造力。

（一）综摄法的含义

综摄法是指以外部事物或已有的发明成果为媒介，并将它们分成若干要素，对其中的元素进行研究，综合利用激发出的灵感来发明新事物或解决问题的方法。

小贴士

综摄法的精髓是通过识别事物之间的异同，捕捉富有启发性的新思路，产生可行的创新性设想，并最终得出解决问题的方案。

（二）综摄法的基本原理

综摄法的基本原理包括变陌生为熟悉和变熟悉为陌生两个方面。

1. 变陌生为熟悉

变陌生为熟悉是指将陌生的事物进行分解，尽可能地将其变为以前熟悉的事物。人本质上是保守的，会不自觉地排斥陌生的东西或概念。因此，在遇到一个完全陌生的事物或问题时，可以有意识地将它纳入一个可接受的模式中，与以往所熟悉的事物或问题进行分析、比较，并根据这些结果找出其相似点，从而把陌生变为熟悉，最终达到解决问题的目的。

2. 变熟悉为陌生

变熟悉为陌生是指对熟悉的事物，运用全新的方式，从新的角度进行观察和研究，将已熟悉的变为不熟悉的，从而产生新的创新设想。

（三）综摄法的应用

应用综摄法有助于人们发挥潜在的创造能力。下面以无声捕鼠器的设计为例来讲解综摄法的应用过程。

1. 准备阶段

综摄法的准备阶段主要分为 3 个步骤：①确定会议时间和明确人员分工。②确定与会人员的数量。与会人员可以是不同专业的研究人员，但必须具备一定的行业知识。③选择主持人。主持人应熟悉综摄法的相关知识，如两大基本要点和实施要点等。

2. 实施步骤

综摄法的实施步骤分为 7 步。①提出问题：怎样发明无声捕鼠器？②分析问题：为什么动物能无声地捕猎？③净化问题：思考动物无声捕猎的原理。例如，青蛙靠舌头来捕猎，蝙蝠靠声波系统在黑暗中猎食，蜘蛛靠织网来粘住猎物等。④理解问题：通过以上的分析可以发现，利用上述动物的捕猎原理可以发明无声捕鼠器。⑤灵活运用类比：例如，可以设计入口处有倒刺，老鼠只能进不能出的捕鼠器，或者是设计用香味引诱老鼠并将老鼠粘住的捕鼠器等。但这些捕鼠器都是能看见的，那么，通过类比能不能发明一种老鼠看不到的捕鼠器呢？⑥适应目标：把从类比中得到的启示与现实操作结合起来，即由陌生变为熟悉，从而形成一种新颖独特的解决方法。例如，在什么情况下老鼠看不到捕鼠器？可以联想到超声波能够穿透不透明的物体，被广泛应用于焊接、清洗、碎石、消毒等领域，那么，能不能将超声波运用到捕鼠器上呢？⑦确定方案并改进：通过以上分析，可以尝试设计一种有香味的超声波捕鼠器。如图 2-3 所示。

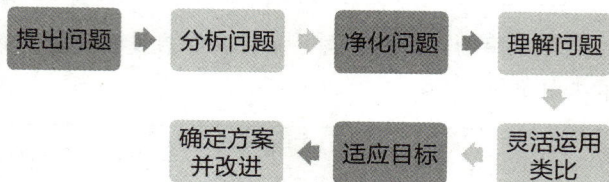

图 2-3　综摄法的实施步骤

五、形态分析法

形态分析法是典型的组合型创新方法，它是瑞士天文学家弗里茨·兹威基于1942年提出的。形态分析法是指将每一种事物分解为若干个子要素，直到不能再分解要素为止，然后把这些要素进行重新排列、组合，从而产生很多新的功能、方法或装置。

（一）形态分析法的含义

形态分析法以系统分析和综合为基础，用集合理论对研究对象的相关形态要素进行分解排列和重新组合，得出所有可能的总体方案，最后通过评价进行选择。形态分析法的特点是把研究对象或问题分为一些基本组成部分，然后对某一个基本组成部分进行单独处理，分别提供各种解决问题的方法，最后形成解决整个问题的总方案。因为是通过不同的组合关系而得到的若干个不同的方案，所以需要通过形态分析法来分析每一个方案的可行性。

（二）形态分析法的操作步骤

形态分析法的操作步骤如图2-4所示。

（1）明确对象：明确用形态分析法所要解决的问题（如发明、设计等）。

（2）提取要素：将要解决的问题按重要功能等进行分解，提取出设计对象的主要组成要素，要尽可能全面，不能遗漏关键要素。

（3）确定形态：列出每一要素可能包括的所有形态。

（4）组合形态：按照对设计对象的总体功能的要求，分别将各要素的不同形态方式进行组合，以获得尽可能多的设计方案。

（5）评价和筛选组合方案：对各个可行的组合方案进行分析、比较，从中选出一个最佳的组合方案。

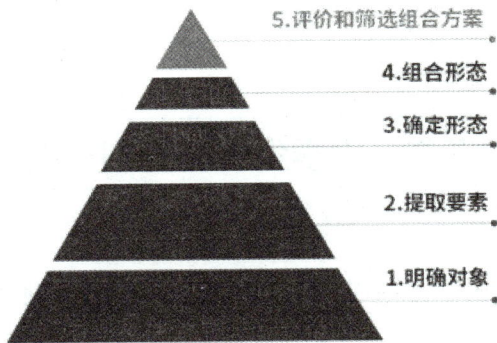

图2-4　形态分析法的操作步骤

（三）形态分析法的运用

下面以确定衣服拉链头的装配方案为例，来讲解形态分析法的应用过程。

1.确定研究对象为拉链头的装配方案

该装配方案中包含了将中圈、拉片、铜马、帽盖准确装入本体中，完成帽盖的冲紧等工序。

2. 提取要素

确定基本的 5 个要素，即帽盖、本体、铜马、中圈、拉片（图 2-5），各要素在功能上是相对独立的。

3. 确定形态

列出各要素的全部形态，经研究分析可知，本体有 7 种可能形态，铜马有 7 种可能形态，中圈有 6 种可能形态，拉片有 6 种可能形态，帽盖有 5 种可能形态。

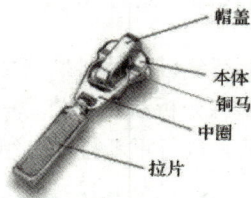

图 2-5　拉链头的组成

4. 组合形态

按照对设计对象的总体功能要求，分别将各要素的不同形态进行组合，以获得尽可能多的设计方案。从理论上来说，可能的方案有 $7 \times 7 \times 6 \times 6 \times 5 = 8\,820$ 种。将不同形态进行组合，并考虑装配可能性后，最终得出 7 种有装配可能性的方案。

5. 方案筛选

在实际设计过程中，不仅需要考虑装配可能性，还需要根据设计的要求对上述 7 种可能的装配方案进行进一步筛选，最后得出一种最佳装配方案。

上述形态分析法的应用，实质上是经过了先发散再收敛的创新过程。使用该方法可以很快得到拉链头的装配方案。

思政导学

创新方法有很多，方法怎么用，不能生搬硬套，需要具体问题具体分析。结合客观实际灵活运用方法，不蛮干，不偷懒。在创新问题上，应当把握创新的形式、途径和方法。"明者因时而变，知者随事而制。"面对新情况、新问题，不是凭经验翻老黄历，不是循旧历找教科书，而是努力想办法掌握创新的各种方法，从而不断提高创新能力。

第三节　大学生创新的TRIZ理论

TRIZ 是根里奇·阿奇舒勒总结创立的一套完整的发明创新理论与方法，是目前世界上较先进且实用的发明创新方法之一。

一、TRIZ理论的概述

TRIZ 理论是一套技术创新理论与方法，也是解决各类工程技术问题的工具。TRIZ 理论认为，技术系统一直在不断地更新和发展。从表面上看，TRIZ 理论能解决发明过程中出现的实际问题，使系统和元件不断地改进。但实际上，TRIZ 理论是通过解决这些问题来实现创新的。

小贴士

TRIZ理论中的发明原理在生活中得到了广泛运用，例如，避雷针采用的是抽取原理；放大镜采用的是曲面化原理；天线杆采用的是嵌套原理等。对TRIZ理论的多方面运用能够使人们的发明创造更快地得以实现。

二、TRIZ理论的核心思想

TRIZ理论认为，大部分发明创造所包含的基本问题和矛盾是相同的，只是各自所属的技术领域不同而已。因此，可以将已经发明的事物所涉及的相关知识进行提炼和重新组织，形成一种系统化的理论知识，以便用来指导后来者的发明创造、创新和技术开发等工作，从而提高发明的成功率，缩短发明周期。

TRIZ理论的核心是技术系统进化原理，即将技术视为生物系统，认为其一直处于进化之中。技术之所以会不断地进步，是因为矛盾不断地被解决，技术进化的过程就是不断解决矛盾的过程。解决技术矛盾和冲突可以推动进化，如数字化信息存储设备的更新换代过程（图2-6）。

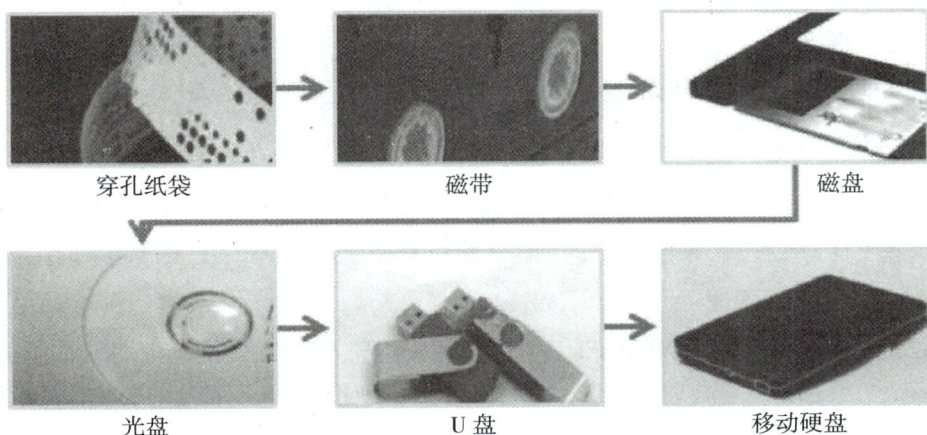

穿孔纸袋　　　　　磁带　　　　　磁盘

光盘　　　　　U盘　　　　　移动硬盘

图2-6　数字化信息存储设备的更新换代过程

由图2-6可知，从早期的穿孔纸带、磁带，发展为磁盘、光盘，到现在的U盘和移动硬盘，这些进步都得益于技术矛盾被不断解决。正是这一过程带来了存储设备的飞速发展。

三、TRIZ理论的结构

TRIZ理论的结构包括理论基础、问题分析工具、基于知识的问题解决工具和TRIZ理论体系的解题流程4个方面。

（一）理论基础

TRIZ理论的基础是技术系统的进化模式，该模式包含了用于工程技术系统进化的基本规律。理解该模式可以帮助人们形成对问题发展轨迹的总体概念，正确判断问题的发展趋势，从而增强人们解决问题的能力。

（二）问题分析工具

问题分析工具是 TRIZ 理论解决问题的一个重要因素，它包括矛盾冲突分析、物质—场分析、ARIZ 算法分析以及需求功能分析 4 个部分。

1. 矛盾冲突分析

TRIZ 理论认为发明问题的核心是矛盾冲突，矛盾又分为物理矛盾和技术矛盾两种。其中，根里奇·阿奇舒勒对物理矛盾的定义是：当一个技术系统的同一工程参数出现了相反需求时，就会出现物理矛盾。

2. 物质—场分析

TRIZ 理论认为，任何产品的所有功能都可以分解为两种物质和一个场，可以用物质—场分析法来分析产品的功能。

3. ARIZ 算法分析

ARIZ 是俄文"发明问题解决算法"的缩写，该算法采用一套逻辑，逐步将初始问题程序化，将矛盾冲突与理想解进行程序化处理，最终使技术系统向理想解的方向进化。

4. 需求功能分析

需求功能分析的目的是从完成功能的角度来分析系统、子系统或部件。

（三）基于知识的问题解决工具

基于知识的问题解决工具主要有 3 种，分别为 40 个发明创新原理、76 个标准解和效应知识库。这些工具是在搜集、归纳人类的创新经验和大量的基础知识之上发展起来的。

1. 40 个发明创新原理

TRIZ 理论提供的 40 个发明创新原理，主要用于指导人们找出技术矛盾冲突的解决方案。每一种解决方案都是一个合理的建议，应用该建议可以使系统产生特定的变化，从而消除技术矛盾冲突。

2. 76 个标准解

TRIZ 理论的 76 个标准解主要用于解决技术系统进化模式的标准问题，并建议采用哪一种系统转换来消除所存在的问题。通常可以将 76 个标准解分为以下 5 类：一是不改变或仅少量改变已有系统（13 个）；二是改变已有系统（23 个）；三是系统的传递（6 个）；四是检查与测量（17 个）；五是简化与改进策略（17 个）。

3. 效应知识库

效应知识库是 TRIZ 理论中最容易使用的一种工具，效应知识库中集成了化学、几何学和物理学等方面的专利和技术成果。效应知识库中不仅列出了各种效应，还列出了各种效应所使用的专利和专利号。创新者若想实现某个特定功能，可以在效应知识库中选择解决问题的相应方法。例如，创新者若想解决惯性问题，就可以查找效应知识库中的物理效应指南。

小贴士

基于知识的问题解决工具与问题分析工具的不同之处：前者指出了问题解决过程的系统转换方式，而后者主要用于改变问题的描述，即将某一个具体问题抽象为TRIZ理论定义范围内的问题。

（四）TRIZ 理论体系的解题流程

利用TRIZ理论解题的大致流程为：对给定的问题进行深入分析，如果发现系统存在技术矛盾冲突，则可以用TRIZ理论提供的技术矛盾矩阵进行解决；如果所需解决的问题明确，但不知如何着手解决，则可运用物质—场模型和76个标准解进行解决，具体流程如图2-7所示。

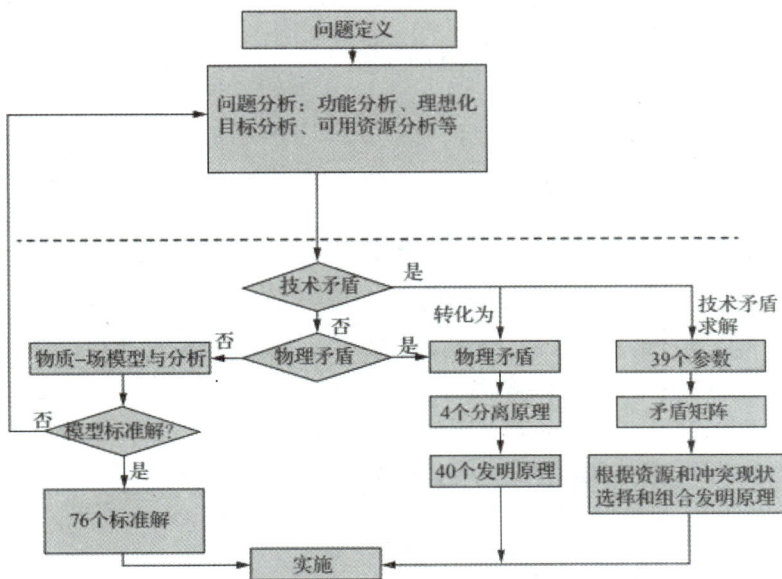

图2-7　TRIZ理论体系的解题流程

四、TRIZ理论体系

TRIZ理论包含着许多系统的、科学的、可操作的创造性思维方法。经过半个多世纪的发展，TRIZ理论形成了比较系统、全面的理论体系，主要包括以下5个部分。

（一）技术系统的八大进化法则

技术系统的八大进化法则可以应用于专利布局、开发市场和产生新技术等环节。技术系统的进化就是不断地用新产品替代老产品，即实现技术系统的内容从低级向高级转变的过程。利用这些进化法则，创新者可以分析确认当前产品的技术状态，并预测其未来的发展趋势，开发出更富有竞争力的新产品。

1.S曲线进化法则

S曲线进化法则是指系统的主要参数或性能的变化是依赖发展进程呈S曲线形式进化的。一个技术系统一般会经历4个阶段，分别是婴儿期、成长期、成熟期、衰退期，这些阶段组成了产品的技术生命周期。因此，S曲线也可以看作产品技术成熟度预测曲线。

2.提高理想度法则

一个系统必然会同时存在有害功能和有用功能，理想度指的则是有用功能和有害功能的比值。任何一个系统在改进的过程中，都是沿着提高其理想度的方向进化的。提高理想度法则是所有技术系统进化法则的最终方向。要想提高理想度，可以从以下4个方面进行考虑。

（1）增加系统的功能。

（2）利用内部或外部已存在的可利用资源。

（3）传输尽可能多的功能到工作元件上。

（4）将一些系统功能转移到超系统或外部环境中。

📊 案例点评

广角眼镜

通常情况下，人眼只能看到180°范围内的物体，因此，很多情况下如果斜后方存在潜在危险，人是无法及时做出反应的。如何在基本不改变眼镜传统结构的前提下，扩大人眼视线的范围呢？针对该问题，耐克公司的设计师设计出了一款新型眼镜。他在普通眼镜的两侧增加了菲涅尔透镜，从而将人眼两侧的视角各扩大了25°。新型眼镜可以帮助人们扩展视角，及时发现斜后方潜在的危险，从而提高出行的安全系数。

点评

上述就是一个利用外部已存在的可利用资源（菲涅尔透镜）来改进产品，使其接近最终理想度的案例。

3.子系统的不均衡进化法则

任何技术系统所包含的各个子系统都不是同步的、均衡进化的。每个子系统都是沿着自身的S曲线，并根据自身的时间进度来进化的。因此，若某个子系统的发展速度或性能提升速度慢于其他系统，就会造成技术系统整体功能在属性、参数方面存在差异与矛盾，从而影响功能的实现。因此，技术系统的进化程度往往取决于最不理想的子系统。

4.动态性和可控性进化法则

动态性和可控性进化法则是指增加系统的动态性，以更大的柔性和可移动性来实现某些功能。增加系统动态性的前提是增加其可控性。

5.增加集成度再进行简化法则

增加集成度再进行简化法则是指技术系统趋向于首先向集成度增加的方向靠近，然后再进行简化。

6.子系统协调性进化法则

技术系统的各个元件之间要均衡协调、彼此配合，才能充分发挥各自的功能。

7.向微观级和场的应用进化法则

技术系统趋向于从宏观系统向微观系统进化。在进化过程中，使用不同的能量场来获得更佳的性能或控制性。

8.减少人工介入的进化法则

系统的发展能实现智能化，即使用机器来完成机械、重复的操作，以解放人们去完成更具有创造性的工作。减少人工介入的技术进化阶段为包含人工动作的系统→替代人工但仍保留人工动作的方法→用机器动作完全代替人工。技术系统的八大进化法则是TRIZ理论中解决发明问题的重要指导原则，掌握好这些进化法则可以有效提高解决问题的效率。

小贴士

技术系统的进化不是随机的，而是遵循一定的客观规律的。就像生物系统的进化过程一样，技术系统也面临自然选择、优胜劣汰。因此，任何一种产品的工艺和技术都在随着时间的推移向更高级的方向发展和进化。

（二）物理矛盾

物理矛盾是指为了实现某种功能，一个元件或子系统应具有某种特性，但是该特性出现的同时又会产生与之相反的不利或有害后果。常见物理矛盾汇总见表2-3。

表2-3　常见物理矛盾汇总

类别	物理矛盾
几何类	长与短、对称与非对称、平行与交叉、宽与窄、水平与垂直、厚与薄
功能类	运动与静止、推与拉、软与硬、冷与热、快与慢
能量类	黏度的高与低、时间的长与短、摩擦系数的大与小、功率的高与低
材料类	密度的大与小和多与少、导热率的高与低、温度的高与低

（三）分离原理及其应用

针对系统或者子系统中存在的物理矛盾，根里奇·阿奇舒勒等人提出了11种矛盾分离方法。这些方法可以概括为空间分离、时间分离、条件分离、整体与部分分离原理。这11种矛盾分离方法分别如下。

1.相反需求的空间分离

从空间上进行系统或子系统的分离，以在不同的空间实现相反的需求。比如，在矿井中，喷洒是一种去除空气中的粉尘很有效的常用方式，但是，小水滴会形成水雾，影响可见度。为解决这个问题，建议使用大水滴锥形环绕小水滴的喷洒方式。

2.相反需求的时间分离

从时间上进行系统或子系统的分离，以在不同的时间段实现相反的需求。比如，根据焊接的缝隙大小的变化，调整焊接电极的波形带宽，这样电极的波形带宽随时间是变化的，以获得最佳的焊接效果。

3.系统转换1a

将同类或异类系统与超系统结合。比如，在多地震地区，用电缆将各建筑物连接起来，通过各建筑物的自由摆动对地震进行监测和分析预报。

4.系统转换1b

从一个系统转变到相反的系统，或将系统和相反的系统进行组合。比如，为止血，在伤口上贴上含有不相容血型血液的纱布垫。

5.系统转换1e

整个系统具有特性"F"，同时，其零件具有相反的特性"–F"。比如，自行车的链轮传动结构中的链条，其链条中的每颗链节是刚性的，多颗链节连接组成的整个链条却具有柔性。

6.系统转换2

将系统转变到继续工作在微观级的系统。比如，液体撒布装置中包含一个隔膜，在电场感应下允许液体穿过这个隔膜(电渗透作用)。

7.相变1

改变一个系统的部分相态，或改变其环境。比如，氧气以液体形式进行储存、运输、保管，以便节省空间，使用时释放压力使其转化为气态。

8.相变2

改变动态的系统部分相态(依据工作条件来改变相态)。比如，热交换器包含镰铁合金锚片，在温度升高时，交换锦铁合金宿片位置，以增加冷却区域。

9.相变3

联合利用相变时的现象。比如，为增加模型内部的压力，事先在模型中填充一种物质，这种物质一旦接触到液态金属就会气化。

10.相变4

以双相态的物质代替单相态的物质。比如，抛光液由含有铁磁研磨颗粒的液态石墨组成。

11.物理—化学转换

物质的创造—消灭，是作为合成—分解、离子化—再结合的一个结果。比如，热导管的工作液体在管中受热区蒸发并出现化学分解。然后，化学成分在受冷区重新结合，恢复到工作液体。

（四）技术矛盾及解决原理

1.技术矛盾

技术矛盾是指系统中两个及两个以上的参数之间的冲突造成的矛盾，该系统在其中一个参数得到改善的同时，其他参数会受到不利影响。例如，书包体积越大容量就越大，当其装满书之后就会因太重而给学生身体造成不利影响，但若书包体积太小，则容量不足，无法满足学生的需求。因此，重量和容量这两个参数之间的矛盾就是一组技术矛盾。

技术矛盾实际上就是技术参数之间的冲突，为了解决这一冲突，根里奇·阿奇舒勒共研究总结出了39个通用技术参数，见表2-4。借助这些参数，创新者可以将造成矛盾的双方的性能用39个通用技术参数来表示，从而将遇到的问题转换为标准的TRIZ问题，然后通过TRIZ理论中的发明原理得出最终的解决方案。

表2-4　39个通用技术参数

序号	技术参数	序号	技术参数	序号	技术参数
1	运动物体的重量	14	强度	27	可靠性
2	静止物体的重量	15	运动物体的耐久性	28	测量精度
3	运动物体的长度	16	静止物体的耐久性	29	制造精度
4	静止物体的长度	17	温度	30	作用于物体的有害因素
5	运动物体的区域	18	光亮度	31	物体产生的有害因素
6	静止物体的区域	19	运动物体耗费的能源	32	可制造性
7	运动物体的体积	20	静止物体耗费的能源	33	使用的方便性
8	静止物体的体积	21	功率	34	可维修性
9	加速度	22	能源的浪费	35	适应性和多样性
10	力量	23	物质的浪费	36	装置复杂层次
11	压力	24	信息的丢失	37	控制的复杂层次
12	形状	25	时间的浪费	38	自动化程度
13	物体的稳定性	26	物质的数量	39	生产力

将技术矛盾转化为标准的TRIZ问题后，如何来解决这些矛盾呢？根里奇·阿奇舒勒在对全世界的专利进行分析研究的基础上提炼出了TRIZ理论中非常重要且具有普遍用途的40个发明原理，见表2-5。

表2-5　40个发明原理

序号	原理名称	序号	原理名称	序号	原理名称
1	分割	15	动态化	29	气动与液压结构
2	抽取	16	不足或超额行动	30	柔性光体或薄膜
3	局部质量	17	维数变化	31	多孔材料

续表

序号	原理名称	序号	原理名称	序号	原理名称
4	不对称	18	振动	32	改变颜色
5	组合	19	周期性动作	33	同质性
6	多用性	20	有效运动的连续性	34	抛弃与修复
7	嵌套	21	紧急行动	35	参数变化
8	重量补偿	22	变害为利	36	相变
9	预先反作用	23	反馈	37	热膨胀
10	预先作用	24	中介物	38	加速强氧化
11	预先应急措施	25	自服务	39	惰性环境
12	等势性	26	复制	40	复合材料
13	逆向思维	27	廉价替代品		
14	曲面化	28	机械系统的替代		

矛盾矩阵在是 1976 年由根里奇·阿奇舒勒将 39 个通用技术参数与 40 个发明原理有机地联系在一起，建立起对应关系，整理成的 39×39 矩阵。部分矛盾矩阵见表 2-6，该矩阵的行代表参数恶化的一方，列代表参数改善的一方。

表 2-6 部分矛盾矩阵

恶化的技术特征	运动物体的重量	静止物体的重量	运动物体的长度	静止物体的长度	运动物体的面积	静止物体的面积	运动物体的体积
改善的技术特征	+						
运动物体的重量	+		15，8，29，34		29，17，38，34		29，2，40，28
静止物体的重量		+		10，1，29，35		35，30，13，2	
运动物体的长度	8，15，29，34		+		15，17，4		7，17，4，35
静止物体的长度		35，28，40，29		+		17，7，10，40	
运动物体的迷案及	2，17，29，4		14，15，18，4		+		7，14，17，4
静止物体的面积		30，2，14，18		26，7，9，39		+	
运动物体的体积	2，26，29，40		1，7，4，35		1，7，4，17		+

创新者可以根据系统中产生矛盾的两个通用技术参数，从矛盾矩阵表中直接查找出化解矛盾的发明原理，并使用这些原理来解决问题。假设想要改善的参数是"运动物体的重量"，想要削弱的参数是"运动物体的长度"，那么先要在表 2-4 中找到这两个参数的对应序号，然后再沿着这两个参数所在的列延伸，其相交的单元格就是相应解决方案的矩阵方格，里面的数字"15，8，29，34"就是解决此矛盾可运用的发明原理序号。

由表 2-5 可知，数字 8 代表重量补偿原理，数字 15 代表动态化原理，数字 29 代表气动与液压结构原理，数字 34 代表抛弃与修复原理。运用这 4 个原理，结合专业知识，并利用创造性思维就可以找到解决问题的方案。

小贴士

表 2-5 中的数字表示发明原理的序号，通过这些序号就可以解决对应的技术矛盾。图中显示"+"的方格，表示改善的技术与恶化的技术之间为空集；若方格中显示为"—"或方格为空格，则表示没有找到合适的发明原理来解决该技术矛盾。当然这只是代表目前研究的局限，并不代表不能够找到可以应用的发明原理。

2. 解决技术矛盾

在学习了 39 个通用技术参数、40 个发明原理和矛盾矩阵之后，下面将利用这些知识来解决实际问题。使用 TRIZ 理论解决技术矛盾时，其过程可以分为以下 5 个步骤，如图 2-8 所示。

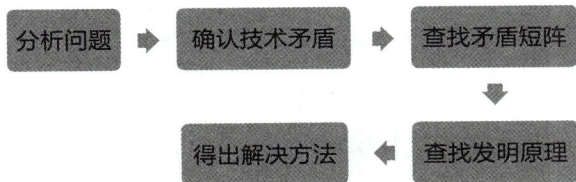

分析问题 ➡ 确认技术矛盾 ➡ 查找矛盾短阵 ⬇ 得出解决方法 ⬅ 查找发明原理

图 2-8　解决技术矛盾的步骤

下面将使用 TRIZ 理论来改进开口扳手，具体操作步骤如下。

（1）当人们使用开口扳手拧六角螺栓时，如图 2-9 所示，六角螺栓的棱边容易变形并易造成扳手打滑，因此，要改变扳手棱边的形状，避免其打滑，让扳手开口和六角螺栓的间隙尽可能小。

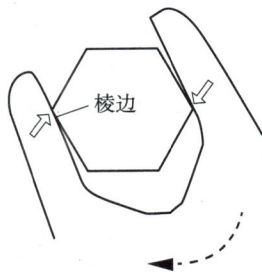

（2）第一个参数是物体产生的有害因素变小，即不会压坏螺栓的棱边，对应 39 个通用技术参数中的"31——物体产生的有害因素"，将其作为改善的参数。第二个参数是制造精度，即扳手开口与螺栓头之间要实现无间隙，对应 39 个通用技术参数中的"29——制造精度"。

棱边

图 2-9　开口扳手拧六角螺栓

（3）根据矛盾矩阵查找参数 31 和参数 29 对应的方格，得到方格中推荐的发明原理序号分别为"4，17，34，26"，这 4 个发明原理依次如下。①原理 4——不对称性原理。②原理 17——维数变化原理。③原理 34——抛弃与修复原理。④原理 26——复制原理。

（4）经过对发明原理的分析可知，原理 26 对解决本问题无效，可以运用原理 4 将扳手的开口设计成不对称结构。同时利用原理 17 将一维直线形状的物体变换成为二维平面结构或者是三维空间结构的物体，也就是改变传统扳手上、下钳夹的两个平面的形状，使其成为曲面。

原理 34 是建议去除或改造扳手上没有作用的零部件，如去除在扳手工作过程中对螺母有损害的零部件。

综上所述，改进扳手的解决方案是将传统扳手上、下钳夹的两个平面变为曲面，增大扳手与螺栓头的接触面积，从而解决开口扳手存在的问题。

（五）物质—场模型

物质—场模型是 TRIZ 理论中十分重要的分析工具，它是用来分析、解决现存的系统或与技术有关的模型类问题的工具。根里奇·阿奇舒勒认为每个技术系统都可由许多功能不同的子系统组成，而每个子系统又可以再进一步细分，直至分子、原子、质子以及电子等微观层次。无论是大系统、子系统，还是微观层次，都具有各自独特的功能属性。通常可以细分为两种物质和一种场，即物质—场模型，如图 2-10 所示。

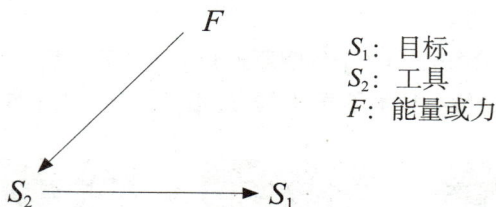

S_1：目标
S_2：工具
F：能量或力

图 2-10　物质—场模型

根里奇·阿奇舒勒通过对物质—场模型的认真分析，发现并总结了物质—场模型的 3 条定律。①所有功能都可分解为 3 个基本元件，即物质 S_1、物质 S_2 和一个场 F。②将相互作用的 3 个基本元件进行有机组合，可以形成一个功能。③一个完整的功能必须由这 3 个基本元件组成。

其中，场 F 通过物质 S_2 作用于物质 S_1，并改变 S_1 和 S_2。S_1 是一种需要改变、加工、发现、控制、位移、实现等的"目标"；S_2 是实现必要作用的"工具"；场 F 是产生作用物的一种能量或力，用来实现两个物质间的相互作用和影响。箭头指向 S_1 表示 S_2 作用于 S_1，并形成了一个场。例如，工人在粉刷墙壁时，是用油漆对墙面产生作用，由此形成一个有效的化学场，其物质—场模型如图 2-11 所示。

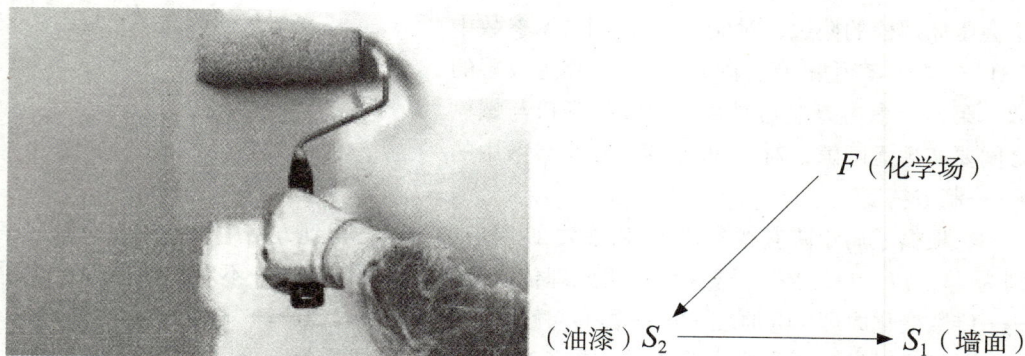

F（化学场）

（油漆）S_2 ⟶ S_1（墙面）

图 2-11　工人刷墙的物质—场模型

用物质—场模型进行产品设计时，设计者会发现有些模型并不完整，或者属于有害模型，这都是正常现象。

小贴士

物质—场模型是一种用图形表达问题的符号语言，通过不同的符号语言可以描述任意技术系统中不同元件之间所产生的期望的、不足的、有害的和不需要的各种相互作用。

五、TRIZ模型的应用

创新者要想有效运用TRIZ理论，必须先分析研究对象并将其转换为TRIZ理论中的标准问题，再套用该理论的分析工具（如技术系统的八大进化法则、技术矛盾和物理矛盾、物质—场模型等）进行解决。

例如，创新者需为旅游者设计一款牙刷（附带牙膏）。旅游者对该产品的要求：牙膏可以用4天，与牙齿接触部分的刷毛与普通牙刷的相同，牙刷体积要尽可能小。下面将应用TRIZ理论来设计这个便携式的牙刷（附带牙膏），解决该问题的大致流程如下。

（1）分析问题：在不对现有牙刷的结构做过多改变的前提下实现牙刷自带牙膏的功能。

（2）系统矛盾：牙刷体积小才能方便携带，但体积太小又不能储存牙膏。

（3）问题模型：改变现有系统中的某一个构成要素，在保证牙刷可以储存牙膏的同时，尽可能缩小其体积。

（4）对立领域和资料分析：对立领域为旅行牙刷要具备一般牙刷的功能，还要自带牙膏，并且体积要小，但容易改变的要素只有牙刷刷柄部分。

（5）理想解：牙刷自身能够储存足够容量的牙膏，而且体积要小，使用起来要简单方便。

（6）物理矛盾：牙刷的功能要求决定了只能改变牙刷刷柄这一要素。

（7）物理矛盾的消除与解决对策：一般的牙刷由带毛的刷头和长的刷柄组成，且刷柄是实心的，因为需要具备普通牙刷的功能，所以创新者可以利用空间分离原理，将刷柄做成空心嵌套式，与此同时，用优质材料来保证刷柄的硬度。

思政导学

TRIZ理论具有时代的适应性，符合马克思主义认识论的基本原理和总体精神。我们要吸取现代TRIZ理论思想的精华，结合我国当前创新创业实际情况，从整体把握TRIZ理论，在实际应用中不断完善。

本章练习

1. 创新方法有哪些？
2. 哪种创新方法适用于产品的更新换代？哪种创新方法适用于新产品的设计？
3. 综摄法的基本原理是什么？

4. 应用属性列举法提出折叠雨伞的改进意见。操作要点：首先把可以当作折叠雨伞属性的元素分别以"名词""形容词""动词"3 类属性——列举出来；然后对这些属性进行整理，并考虑是否有遗漏；最后对各种属性进行分析，设计出一款新的折叠雨伞。折叠雨伞的属性特征列举如下。

名词属性：伞把、伞架、伞尖、伞面、弹簧、伞套、铝杆、铁架等。

动词属性：折叠、手举、打开、闭合、握、提、挂、按等。

形容词属性：圆柱形的（伞把）、弯曲的（伞把）、直的（伞架）、硬的（伞架）、不发光的等。

5. 什么是 TRIZ 理论？其核心思想是什么？

6. 简述技术系统的八大进化法则。

7. 物质—场模型的 3 个元件是什么？请尝试画出一个完整的物质—场模型图。

8. 如何在汽车发生碰撞时，最大限度地保证驾驶员和乘客的安全？若安全气囊充气不足就不能对乘客起到有效的保护；若安全气囊的充气过量，则又会对乘客造成伤害。该如何利用物理分离原理解决这一矛盾呢？

9. 冲泡茶叶时水温过低会造成茶味偏淡、茶汤太浅、茶水分离，但水温过高又会造成茶味偏重、茶汤较暗、香气不纯。请结合本章内容，运用矛盾矩阵得出相应的解决方案。

问题描述：＿＿＿＿＿＿＿＿＿＿＿＿＿＿＿＿＿＿＿＿＿＿＿＿＿＿＿＿＿＿＿＿＿

理想的解决方向：＿＿＿＿＿＿＿＿＿＿＿＿＿＿＿＿＿＿＿＿＿＿＿＿＿＿＿＿＿

改善的参数：＿＿＿＿＿＿＿＿＿＿＿＿＿＿＿＿＿＿＿＿＿＿＿＿＿＿＿＿＿＿＿

恶化的参数：＿＿＿＿＿＿＿＿＿＿＿＿＿＿＿＿＿＿＿＿＿＿＿＿＿＿＿＿＿＿＿

矛盾矩阵对应的发明原理：＿＿＿＿＿＿＿＿＿＿＿＿＿＿＿＿＿＿＿＿＿＿＿＿

最终的解决方案：＿＿＿＿＿＿＿＿＿＿＿＿＿＿＿＿＿＿＿＿＿＿＿＿＿＿＿＿

中　编
大学生创业

第三章
创业机会识别和项目选择

本章导读

　　创业需要个人拥有丰厚的理论知识积累和实践经验，具备了各种积累之后就可以等待、寻找创业的机会，俗话说"机会总是留给有准备的人"，机会也需要积极地去寻找。创业者通常会通过团队创业、大赛创业、兼职创业、概念创业等途径寻找创业机会。找到了创业机会，对创业项目的选择也是重中之重。要选择出符合自身条件和要求的项目，符合当前国家政策的项目，符合市场时机的项目，这些都会大大增加创业成功率。"万事开头难"，良好的开始就是成功的一半，选择一个好的创业项目，是创业者创业成功的关键，认清自己的能力，知彼知己，结合时代环境，把握住机会，准确地选择项目，可以让自己的创业过程顺利，并增加创业团队的信心和凝聚力。

知识结构

```
                                          ┌─ 从创业政策中找机会
                          识别创业机会 ────┤  从创业环境中找机会
                                          └─ 从创业优势中找机会

                                          ┌─ 创业项目选择的原则
创业机会识别与项目选择 ──  选择创业项目 ────┤  创业项目选择的策略
                                          └─ 创业项目可行性评估

                                          ┌─ 商业模式的概念与要素
                                          │  商业模式分析工具
                          设计商业模式 ────┤  商业模式的设计
                                          └─ 商业模式的演变与创新
```

学习目标

　　知识目标：可以进行简单的创业机会识别，了解选择创业项目的基本原则，熟悉选择创业项目的策略，掌握对创业项目的评估和规避选择创业项目的误区。

　　技能目标：具备把握创业机会的能力，掌握选择创业项目的方法。

　　思政目标：发挥主观能动性，对当代创业形式进行评估，做出符合当前政策、符合时代标准的创业项目选择。

学习重点

　　创业机会的把握，创业项目的选择。

案例导入

星空酒店的缘起

　　汪伟玲创建星空酒店源自对天文观测的爱好。喜欢天文观测的江伟玲在本科就读期间就加入了内蒙古天文航天协会（IMASA），创办了内蒙古财经大学第一个天文爱好者社团。每个学期，她都要和天文爱好者们进行草原天文观测。内蒙古的冬季寒风刺骨、滴水成冰，野外观测需要穿三四层羽绒服才能基本保暖，并且半个小时左右就必须回帐篷或蒙古包取暖一次，大家却乐此不疲，也就是在那个时候，她萌生了创建星空酒店的想法。

　　经过多年不间断地努力，她积累酒店建设与管理知识，组建设计团队和管理团队，进行选址与项目策划等相关努力后，2014年，汪伟玲在她研究生即将毕业时创办了星空酒店。

星空酒店是一家以体验经济为理念，以星空文化和趣味化天文科普为特色，结合其他文化进行主题房间设计和举办天文科普活动的主题酒店。目前该项目已经在赤峰市热水开发区正式运营。酒店房间设计主题新颖，不拘一格，拥有太空舱、普通间、标准间、主题间、豪华套间等多种房型，包含星空、太空舱、汽车与星空、海洋与星空等多种主题，并依托酒店组织草原星空观测等多种活动。酒店开业不久便受到了天文爱好者和游客的广泛关注和喜爱，多次接受《天文爱好者》等期刊采访。此外，星空酒店与北京天文馆、史家胡同小学、上海天文台等多家单位合作，多次组织草原观测和夏令营活动。

思考：

1. 汪伟玲是如何把握住机会，创建了星空酒店的？
2. 汪伟玲是如何决定选择进行酒店创业与星空主题相结合的项目？
3. 星空酒店的商业模式是怎么样的？

第一节　识别创业机会

机会往往可遇不可求，在最佳的时机做最正确的决定可以让事情事半功倍，让问题迎刃而解，在创业中时机更加重要。机会具有时效性，寻找并把握机会是创业者们必须具备的能力。

一、从创业政策中找机会

正所谓挑战与机遇并存，虽然大学生在创业时可能会遇到各种挑战，但同时也存在很多机遇。国家和各高校、各单位推出的各种帮扶政策对大学生创业者来说是重大的机遇。大学生创业的帮扶政策主要有以下 8 条。

（一）大学生创业税收优惠

持人力资源和社会保障部核发的《就业创业证》的高校毕业生，在毕业年度内（指毕业时的自然年，即 1 月 1 日至 12 月 31 日）创办个人独资企业、从事个体经营的，3 年内按每户每年 12 000 元为限额，依次扣减其当年实际应缴纳的增值税、城市维护建设税、教育费附加、地方教育附加和个人所得税。

（二）创业担保贷款和贴息

高校毕业生可在创业地按规定申请创业担保贷款，最高贷款额度为 20 万元。合伙创业的，可根据合伙创业人数适当提高贷款额度。对高校毕业生设立的微小企业，最高贷款额度提高至 300 万元。

（三）免交行政事业性收费

毕业两年以内的高校学生从事个体经营（除国家限制的行业外）的，自其在工商部门首次注册登记之日起 3 年内，免交管理类、登记类和证照类等行政事业性收费。

（四）免费创业服务

有创业意愿的大学生，可免费获得人才服务机构和公共就业部门提供的创业指导服务，包括政策咨询、项目开发、风险评估、融资服务、跟踪扶持等创业服务。

（五）大学生创业指导服务

大学生创业者可享受各地区、各高校对自主创业学生实行的持续帮扶、全程指导、一站式服务。地方、高校两级信息服务平台可以为其提供国家政策、市场动向等信息。除此之外，各地在充分发挥各类创业孵化基地作用的基础上，还因地制宜地创建了大学生创业孵化基地，并提供相关培训、指导服务等。

随着创业环境的改善，除了政府之外，许多投资机构也开始关注大学生创业。在这样的社会背景下，准备创业的大学生一定要先了解清楚当地的创业政策，做好充分的准备。

（六）开设创新、创业教育课程

大学生创业者可享受创新、创业教育资源，参加面向全体学生开设的研究方法、学科前沿、创业基础等方面的必修课和选修课，同时还可以免费观看各高校资源共享的慕课、视频公开课等在线开放课程。

另外，大学生创业者还可享受各地区、各高校实施的系列"卓越计划"、科教结合协同育人行动计划等提供的资源，并且还能参加跨学科专业开设的交叉课程、创新创业教育实验班等。

（七）改革教学制度

大学生创业者可享受各高校建立的自主创业大学生创新创业学分累计与转换制度。该制度明确地将开展创新实验、发表论文、获得专利和自主创业等方面的实践成果折算为学分，将学生参与课题研究、项目实验等活动认定为课堂学习。

（八）强化创新创业实践

大学生创业者可享受学校面向全体学生开放的大学科技园、创业园、创业孵化基地、各类实验室、教学仪器设备等科技创新资源和实验教学资源，还可以参加全国大学生创新创业大赛、全国高职院校技能大赛，以及加入高校学生成立的创新创业协会、创业俱乐部等社团。

📊 案例点评

久香宇科技有限公司

大四学生李香宇和 3 名室友一起参加了学校的创业计划大赛，比赛结果虽然并不理想，但激发了他们的创业热情。比赛结束后，李香宇和班上两名同学商量，打算成立一家公司。筹备期间，李香宇对国家出台的一系列鼓励大学生创业的政策进行了认真研究，如创业税收优惠、创业贷款、免费服务等内容。按照国家相关规定，李香宇属于毕业年度内自主从事个体经营的高校毕业生，3年内可享受月销售额不超过2万元暂免征收增值税等优惠政策。于是，李香宇通过银行贷款的方式凑齐了前期的启动资金，并在学校旁租了一间小店铺，成立了久香宇科技有限公司。该公司主要业务为计算机及配件的代售、计算机故障维修，公司的经营和管理工作都由李香宇和两名同学来完成。目前该公司已营业1年，业绩尚可，已收回投资并开始盈利。对于公司来说，更好的消息是，税务部门主动与他们联系，办理了税收减免事宜。

点评

对于创业者而言，任何时间都是宝贵的，把所有时间都用在对自己创业的管理、经营是最理想的状态，而包括注册公司、资金筹集和税务缴纳等事项在内的非创业经营，都需要创业者调配出时间进行处理。而国家政策中对创业者的扶持政策，包括税收优惠、创业贷款、免费咨询等给了创业者便利的创业环境，让创业者可以有更多时间管理和经营创业事宜。

思政导学

习近平总书记在给北京大学学生回信中指出，"得其大者可以兼其小"，只有把进步的理想融入国家和民族的事业中，才能最终成就一番事业。大学生创新创业是新时代的要求，也是实现自身价值的重要途径。大学生创新创业不仅仅止于创富，而是要勇担社会责任，把自己激昂青春梦融入伟大的中国梦，在新时代的历史定位中找准自己的位置，创造出无愧于时代的业绩。

二、从创业环境中找机会

如果选择了创业，基本上都是经营自己熟悉或与自己所学专业相关的领域，每个领域都有自己的知识圈子，这就是自己创业所需要了解和熟悉的创业环境，在自己所需要接触的环境内寻找，挖掘更深层的机会，利用自己的专业知识或熟知的领域，找到其他人无法轻易获取到的创新创业点，这就也体现出了创业者的强大的竞争力。

（一）小微企业

大学生创业多数属于"白手起家"，其创业是从无到有的过程，必须先学习经验，积累启动资金，从小微企业做起。创业者必须具备超强的耐受力。

小微企业的创业模式要想成功，创业者至少应当具备广泛的社会关系、好的项目或产品、良好的信誉和人品、吃苦耐劳的精神。

（二）加盟创业

加盟创业是指采用加盟的方式进行创业，一般方式是加盟开店。据调查资料显示，在相同的经营领域，加盟创业的成功率高于个人创业的成功率。

加盟创业的关键是选择加盟项目。因为加盟创业并不是根据创业者自己的产品、品牌和经营模式来创业，而是借助和复制别人的产品和经营模式，所以加盟项目的质量好坏直接决定了创业者的创业前景。一般来说，选择加盟项目可以从行业和品牌等方面进行考虑。

（三）网络创业

网络创业就是通过网络来进行创业，是目前较为流行的一种创业方式，主要包括网上开店与网上加盟，通常适合技术人员、大学生和上班族。

随着互联网技术的发展，网络创业门槛大大降低，越来越多的人选择了网上开店或加盟微商的方式来创业。这种方式前期投入少、创业成本低，这也是大部分人选择网络创业的原因。进行网络创业需要注意以下3个方面。

1.货源的选择

网上开店的目的是盈利，而寻找物美价廉的货源能帮助创业者节约成本。一般可以在创业者所在地的批发市场或批发网站上寻找货源，这两个地方的商品货源充足，品种数量也多，可以让创业者有较大的选择余地。

2.服务和售后

不管是实体店还是网店，服务态度都是十分重要的。与实体店不同的是，网店不能和客户面对面地交流，因此要特别注意网上服务的技巧，不能让客户感觉不耐烦，不能怠慢客户，以免造成客户流失。

3.物流的选择

货物运输是网上开店的一个重要环节，要在最快时间内保证客户拿到产品，并且保证完好无损，这要求创业者找一家信誉好、价格合适的物流公司。

小贴士

创业项目计划的泄露，有可能是合作伙伴所致，也有可能是创业团队"内部人员"导致的。这种情况往往会给创业企业带来致命的风险。

思政导学

创业环境客观存在，决定着创业的成败。"没有调研就没有发言权"，大学生创业必须要了解自己所处的创业环境，在开始创业之前必须进行大量的市场调研，并对此进行冷静客观的分析，充分了解行业机遇和前景，深入研究国家方针政策，选择国家和地方支持和鼓励的行业，因为这些行业更有可能具有良好的市场。

三、从创业优势中找机会

"知己知彼，百战不殆"是《孙子兵法》中经典的一句话，在创业的过程中也非常适用。在创业初始寻找机会的过程中，创业者需要了解自己的优势和劣势，从自己的优势中寻找机会，避开劣势区。这样的创业过程才会提高成功率，才能把握住更多的机会。

（一）什么是创业优势

创业优势是指在与对手进行的竞争中，自身强于对手，或是自身拥有的对手不具备的特质。这类优势在创业中会大大加强自身的竞争力，在投资者选择创业企业时，这种优势会获得更多的投资者聚焦，从而使企业顺利发展。

（二）如何发挥优势

创业中的优势分为很多种，如积累的专业知识、更多的阅历和经验、可靠的合作团队、良好的社会形象和充足的影响力。创业过程中任何形式的优势都会对创业者的创业进行正向积极的影响，而创业者需要掌握的就是要学会展现本身的优势，并将其应用到创业中。下面主要以"团队创业的优势"进行介绍。

团队创业相比个人创业具有更多的优势，它能够集合团队成员的力量来推动创业，从而提高创业成功的概率。团队创业的优势主要包括以下 3 点。

1. 优势互补

俗话说"人无完人"。每个人的能力、性格和品质都有不足的地方，如果能找到可以互相取长补短、彼此协助的人，那么此人无疑是自己最好的搭档。通过优势互补建立起来的创业团队，能够充分发挥每个人的特点，将团队成员的能力发挥到极致，最终达到"1 + 1 > 2"的效果。

2. 分散风险

创业团队是一个整体，团队成员应该共同对企业运营过程中可能出现的问题负责。当资金不足时，团队成员可以分头寻找资金；当技术出现问题时，团队成员可以共同思考并解决。团队成员既明确分工又互相合作，这种共努力、共奋斗的精神，可以减轻每个成员的压力、分散创业的风险。

3. 帮助决策

不同的人对待同一件事的看法不同，所以大学生创业者需要具有判断能力和识别能力的合作伙伴对其提出忠告。这些忠告并不需要大学生创业者完全听从，但其有一定的参考价值，有助于大学生创业者做出更好的决策。

小贴士

如果创业团队中的领导者过于重视团结，强行将成员聚集在一起，可能会使成员产生排斥感，严重的还会导致团队解散，这种情况就需要团队领导者进行协调。

（三）优势项目中机会的把握

创业者在优势的创业项目中，积极体现出本身优势是竞争力所在。在招资过程中，让投资方看到创业者本身的专业性，体现出自己的经验和感染力，可以让投资方对其产业更具信心，从而得到产业起步的机会。在产业运营和拓展过程中，良好的团队氛围，积极的人脉建设可以使产业在发展过程中遇到的很多问题迎刃而解，在与同行的竞争中节省出更多时间解决产业内部的专业问题、创新问题，从而在竞争过程中把握住科研创新的机会。

第二节　选择创业项目

在严峻的就业形势面前，大学生选择创业已屡见不鲜了。大学生创业仅有激情是不够的，选对行业是创业成功的首要条件。大学生创业时可以选择自己熟悉的行业，也可以选择热门的行业。但是，无论如何选择，都应当先了解该行业的相关政策和法规等。如果大学生创业者的相关知识储备完整，那么创业过程会相对顺利。

一、创业项目选择的原则

在决定创业之后，大学生创业者就应该选择创业项目了。创业项目的选择并不简单，要选出符合自身条件和要求的项目就更困难了。那么，如何选择适合自己的创业项目呢？大学生创业者在选择创业项目时应该遵循以下 8 个基本原则。

（一）知己知彼原则

大学生创业者在选择创业项目时需要铭记 4 个字：知己知彼。所谓知己，就是指大学生创业者在选择创业项目之前，应该对自己的状况有一个清楚的认识和判断。例如，自己可以提供多少创业资金，自己的兴趣和爱好是什么，自己的知识积累和人脉状况如何，自己在性格上有哪些优势和弱点等。从大学生创业者自身的角度来看，自我认识越深入详尽，就越容易找到适合自己的创业项目。

所谓知彼，就是要了解创业地区的社会经济环境。既要认真分析当地的发展政策（包括产业结构政策、金融政策、税收政策等），又要认真分析当地的消费情况（包括居民的购买力水平、购买习惯等），还要认真分析当地的自然资源和人文资源（包括具有市场开发价值的工业原料和农林渔牧产品、传统的生产加工技术、独特的自然环境和人文景观等）。

（二）量力而行原则

创业是一种风险投资，每位大学生创业者都应该遵循量力而行的原则。若大学生创业者选择借钱创业，就更应该规避风险较大的创业项目，把为数不多的资金投入到风险较小、规模较小的创业项目当中，从而积少成多，逐步发展。

（三）短平快原则

大学生创业者在创业之初普遍缺乏资金和客户等资源。因此，为了尽快度过创业的"初始危险期"，使创业项目的运作进入良性循环，在同等条件下，大学生创业者应优先考虑"短平快"的创业项目。"短平快"的创业项目可以迅速收回投资成本，降低投资风险，即使项目后期的成长不好，大学生创业者也可以选择继续经营，或主动退出，利用挖掘到的"第一桶金"另寻出路。

（四）自有资源优先原则

大学生创业者在了解了创业环境之后，应该从中甄选出可以重点利用和开发的资源。甄选时应贯彻自有资源优先原则。自有资源就是大学生创业者本人拥有的或可以直接控制的资源，包括专有技术、行业从业经验、经营管理能力、个人社会关系、私有物质资产等。与其他非自有资源相比，自有资源的获取和使用成本往往较低。

（五）以市场为导向原则

不少大学生创业者一味地认为，哪个行业热门、利润高，创业时就应选择哪个行业。其实这种想法是错误的。大学生创业者必须树立"企业是为解决消费者需求而存在的"这一理念，这样才能确保企业稳定发展。创业项目的选择是以市场为导向的，必须从社会需求出发。大学生创业者要想明确社会需求，就一定要做好市场调查。尤其是对于首次创业的大学生创业者而言，对市场进行详细的调研则更是不可缺少的。对市场进行调研可以从消费者和竞争对手两方面入手。

1.了解消费者

消费者有性别、年龄、文化水平、职业等方面的差异，大学生创业者可根据这些因素对消费者进行分析、归类，把他们细分成多个消费群体，每个消费群体对应一个细分市场。因此，大学生创业者在选择创业项目时一定要明确自己所服务的消费群体及他们对产品或服务的需求程度。需求越强，创业项目就越容易实行。

2.了解竞争对手

大学生创业者要不断地采用各种方式去了解自己的竞争对手，判断彼此间的竞争属于恶性竞争还是良性竞争。如果属于恶性竞争，大学生创业者应考虑自己的产品或服务有没有独特的优势来应对，或者考虑转向其他项目。因此，大学生创业者不应该执着于竞争激烈的热门项目，而应该着重考虑有特色的新项目。需要注意的是，有些项目虽然很有特色，但是消费者不一定认可，所以大学生创业者应该选择既有特色又有市场需求的项目，这样才能提高创业成功率。

（六）因时而动原则

在开创自己的一番事业前，大学生创业者应该了解国家目前正在扶持、鼓励或限制的行业。大学生创业者若是选择了国家政策扶持、鼓励的行业，企业今后的发展将更加顺利。因此，选择创业项目时要因时而动，大学生创业者应密切关注以下两个时间段的市场行情。

1.当前行情

包括当前的市场需求、市场空白和市场上畅销的产品。大学生创业者若想选择当前畅销的产品，则一定要冷静分析，明确其畅销的真正原因。

2.未来前景

大学生创业者应仔细分析行业未来的发展前景，如该行业是否符合国家产业政策，是否符合人们的消费发展趋势等。

（七）项目特色原则

创业项目有特色是企业能持续发展的必要条件。这里所说的特色可以理解为：别人没有的、先于他人发现的、与人不同的、强于他人的。只有选择有特色的项目，才有可能在激烈的市场竞争中占有一席之地。因此，大学生创业者选择的创业项目一定要有特色。

（八）合法性原则

创业项目要在国家允许进入的行业和领域中选择。国家对部分领域是明令禁止的，如军火的生产和经营、非法传销等；对部分领域是有所限制的，如制药等；对部分行业是有资质限制准入门槛的，如大型的建筑安装工程、矿山开采等。而国家对生产普通民用商品的领域较为宽松。大学生创业者所选择的创业项目及经营范围一定要符合法律法规，否则将面临严重的后果。

小贴士

除此之外，大学生创业者在选择创业项目时还要考虑产品成本、价格与利润，如产品或服务成本、售价、毛利、毛利率等。毛利率低于 20% 的项目大学生创业者要慎重考虑，因为利润始终是创业的关键因素之一。

二、创业项目选择的策略

选择创业项目的过程是一个实践的过程，需要大学生创业者具备很强的创新、创造能力。自党的十七大提出"促进以创业带动就业"以来，创业成为很多大学生就业的选择之一，但其成功率极低。其原因之一就是他们在创业初期未能发掘一个适合自己的、有生命力的创业项目。如果大学生创业者在选择创业项目时采用科学的方法，准确识别和把握市场机会，就可以大大提高创业成功的概率。选择创业项目的策略如下。

（一）先加后减策略

大学生创业者在选择创业项目时，要开阔视野、扩展思维、拓宽选择范围，即"做加法"。具体做法如下。

（1）多阅读一些创业人物传记、贸易类出版物、财经图书等来开阔自己的视野，培养自己的创业感觉和兴趣。

（2）多参加一些投资贸易洽谈会、博览会及有针对性的创业项目洽谈会、创业项目大赛等，从而开阔眼界、刺激思维。

（3）多参加一些创业讲座、小企业管理课程等，多结交经销商、批发商、企业人士等，通过与他们的相识、交流，以及向他们请教来获取项目信息。

（4）通过"创业计划大赛""创意吧"等创新活动，锻炼自己的创新思维，获取项目信息。

"做加法"后，大学生创业者脑海中可能会产生许多的创业项目，此时就需要结合相关的评价指标、筛选机制，将一些不能做或不适合的项目逐一排除，即"做减法"，如将政策限制的项目、启动资金较大的项目、不环保的项目排除掉。

（二）条件筛选策略

在运用先加后减策略得到一部分创业项目后，大学生创业者还需要从中进行筛选，筛选过程可按以下 3 个步骤进行。

1. 根据自己的兴趣进行筛选

大学生创业者可以把最想做的创业项目挑选出来，即从兴趣出发。兴趣是一个人进行认识和实践的动力，影响着大学生创业者的能力和知识结构的形成。如果选择了自己感兴趣的创业项目，大学生创业者就会倾注全部心血，用坚忍的意志来督促自己不断努力。

2. 根据自己的能力进行筛选

大学生创业者可以把自己能够做的创业项目挑选出来，即从自有资源出发。在选择创业项目时，大学生创业者虽然要考虑自己的兴趣，但又不能只凭借兴趣，否则还是有很大的风险。自有资源一般包括技术专长、行业经验、经营策略、管理能力及个人社会关系等，这些是完成创业项目的切实保障。

3. 根据市场需求进行筛选

大学生创业者可以把具有市场需求的创业项目挑选出来。选择创业项目时必须以经济效益为导向，从市场需求出发，才能取得理想的结果。

经过以上 3 轮筛选，能够同时满足 3 个条件的创业项目就是适合大学生创业者的创业项目。

（三）市场调查策略

选好适合自己的创业项目后，大学生创业者还要对这个项目进行市场调查，以判断其可行性。大学生创业者在进行市场调查时应抓住以下 3 个关键点。

1. 确定调查目标

大学生创业者要确定市场调查的目标，即明确目标人群的组成，判断自己的产品或服务能否满足其需求等。

2. 把握调查要点

把握调查要点的关键是满足客户的需求。客户需求就是客户通过购买大学生创业者的产品或服务来实现的需求上的满足。客户需求的满足分为两种情形：这种需求已经存在，但还没有被满足；已有的产品或服务能够满足客户需求，但大学生创业者提供的产品或服务的客户价值更高。

所以，大学生创业者应该用有限的资源创造出最大的客户价值。

3.处理与分析数据

大学生创业者应对调查结果进行数据处理与分析，通过对数据的处理与分析，了解创业项目的市场需求，从而对项目进行有效的市场预测和决策，为创业成功提供保障。

> 思政导学
>
> 大学生在选择创业项目时需要具备发展的眼光，马克思主义发展观揭示了一切事物都不是一成不变的，社会处在不断变化和发展中。每一个创业项目都必须符合时代发展的要求，都是时代发展的产物，并且能顺应时代发展的变化，根据时代发展变化调整自己的发展战略。

三、创业项目可行性评估

不论是投资人还是大学生创业者，都可能会遇到需要对创业项目进行评估的情况。那么，作为一名大学生创业者，如何才能对创业项目进行合理评估呢？下面将对创业项目的评估准则和指标进行介绍。

（一）创业项目的评估准则

创业项目的评估准则主要包括市场和效益两个方面。

1.市场方面的评估准则

市场方面的评估准则主要包括市场定位、市场规模和市场占有率3个方面。

（1）市场定位。评估创业项目首先要评估的就是这个项目的市场定位是否准确。一个好的创业项目必然要有特定的市场定位，能够满足消费者的需求，为消费者带来利益。因此，评估者在评估创业项目的时候，可从市场定位是否明确、消费者需求分析是否清晰、产品线是否可以持续衍生等方面来判断创业项目可能具有的市场价值。

（2）市场规模。市场规模大小与成长空间也是影响创业项目成败的重要因素之一。一般而言，市场规模如果较大，其进入门槛就会相对较低，市场竞争也不会太过激烈。但一个十分成熟的市场，即使规模很大，但由于成长空间较少，利润空间必然较小，也是不宜进入的。

（3）市场占有率。市场占有率这一指标可以显示出创业项目未来的市场竞争力。一般而言，要成为市场中的领跑者，最少需要拥有20％以上的市场占有率。如果市场占有率低于5％，则这个创业项目的市场竞争力显然不足，自然也会影响企业的价值。

2.效益方面的评估准则

效益方面的评估准则主要包括以下两个方面。

（1）合理的税后净利。一般而言，具有吸引力的创业项目，至少能够创造15％以上的税后净利。如果创业项目预期的税后净利在5％以下，那可能就不是一个好的创业项目。

（2）投资回报率。考虑到创业可能面临的各项风险，合理的投资回报率应该在25％以上。一般而言，投资回报率低于8％的创业项目，不值得考虑。

（二）创业项目的评估指标

创业项目的评估指标主要包括企业未来的市场评估、产品与技术评估、项目投资规模评估、经营管理评估、财务评估、风险评估等，见表3-1。建立客观、可操作、有前瞻性的评估指标体系，可以帮助大学生创业者全方位了解创业项目的各方面信息。

表3-1 创业项目评估指标体系

评估内容	评估指标
市场评估	市场需求量预测、目标人群收入水平、市场接受时间、市场竞争激烈程度
产品与技术评估	替代产品、技术的先进性、技术的发展前景等
项目投资规模评估	需要的资金数量、生产规模、生产能力等
经营管理评估	经营规模、创业团队、员工技能等
财务评估	净利润增长率预测、销售收入增长率预测、投资回报率预测、内部收益率预测等
风险评估	财务风险、行业风险、退出壁垒等

另外，大学生创业者可以根据自身或行业特点，确定出每一项评估内容的具体指标。对于一些定性的指标，大学生创业者要通过量表的形式将其进行定量化处理，给每个指标打分，然后再根据给出的权重计算出最后得分。一般情况下，优秀的创业项目通常具有以下7项明显特征。①有比较优秀的掌舵人和能力互补的骨干团队成员。②有独特的核心竞争优势和核心价值。③发展规划及措施清晰、可行。④股权结构清晰，主营业务突出，市场前景好。⑤有创新的技术或商业模式。⑥具有非常好的成长性。⑦财务规划、盈利能力及现金流量表现良好。

（三）规避选择创业项目的误区

选择一个好的创业项目是大学生创业者创业成功的关键，但大学生创业者往往由于没有经验，所以总会被各种各样的创业项目所迷惑。那么大学生创业者在选择创业项目时，应该如何避免陷入误区，有效降低创业风险呢？

1.不要盲目创业

每年都会出现一些风口行业，如近年来热门的人工智能、无人超市等。面对这些热门行业时，许多大学生创业者会盲目跟风，而不考虑自身是否适合这个创业项目。大学生创业者在创业时一定要综合考虑各种情况，不要盲目创业。

2.不要以为当老板很自由

有的大学生创业者以为自己当上老板后就会很自由，不像上班族那样有那么多的约束。事实上，一个大学生创业者所要付出的时间、精力和所要承受的压力至少是一个普通上班族的3倍。一个真正白手起家的大学生创业者背后的辛酸、压力、责任是普通人无法体会的。

3.用心分析用户

很多大学生创业者在创业时，没有去认真、仔细地分析用户和市场，所以无法判断自己的产品是否符合市场需求，是否是市场刚需。如上门洗车服务，这就是一个伪需求，用户刚开始或许会觉得新鲜，时间久了，新鲜感过去了，就会逐渐淡忘。

因此，大学生创业者需要有目的地观察客户，并深入了解客户的消费需求，这样才能选择相应的创业项目来解决用户真实的高频痛点。

4. 切忌贪大求全

大学生创业者看准某个创业项目时最好适量投入资金，从实际出发，切忌贪大求全，应用较少的投资来试探市场，等到有足够的把握时再大量投入。俗话说"船小好调头"，即使出现失误，也有挽回的机会。

案例点评

选对行业，小事也能做大

小利是某大学广告专业的学生，毕业后就一直在寻找创业项目，刚开始小利也没想好做什么，看到别人做什么就跟着做什么，尤其是一些大多数人认为可以赚大钱的项目，小利会毫不犹豫地跟着干。几经坎坷，小利不仅没有赚到钱，还亏掉了几万元的创业资金。但是，小利并没有放弃创业，由于小利本身是学广告设计的，加上在内衣款式选择上有自己独到的眼光，所以小利就卖起了内衣。因为口碑好，所以小利的内衣店生意还算不错，也挣到了一点钱。但是，小利觉得贸易不是她的强项，于是，她花了两年时间重新寻找创业项目，最终小利将创业的"点子"锁定在炸臭豆腐上。

之所以选择炸臭豆腐，是因为这个行业门槛低，且没有一个标杆企业。

要卖炸臭豆腐，首先得学习。于是，小利每天都去当地很有名的炸臭豆腐的摊位前，一蹲就是半天。小利发现，这位老人拥有很多的回头客，生意非常兴隆。经过多日的观察之后，小利决定拜这位老先生为师，学习制作臭豆腐的技术。刚开始老先生是拒绝的，但是经过小利的不懈努力，老先生最终同意收小利为徒，并将自己制作臭豆腐的技术毫无保留地教给了她。

小利学会制作臭豆腐以后，没有摆摊炸臭豆腐，而是在当地开了第一家臭豆腐专卖店，并起名为"十年老磨坊"。因为口味地道、价格便宜，所以顾客不断，生意非常火爆。短短两年的时间，就从当初的 1 家店，发展到后来的 5 家店。

点评

大学生创业最重要的是选择合适的行业。一方面如果选择自己熟悉、感兴趣的行业，那么专业知识就是自己的优势，兴趣也会让自己更加投入到创业中。另一方面，要选择有市场前景的行业，不一定要"专业对口"，但学习大量该行业的知识是非常必要的。如果创业的资金、创业的经验和能力有限，那么大学生创业者不妨在低端产业里寻找机会，低端产业一般投资少、起点低，所以竞争对手也较少。

思政导学

实践是检验真理的唯一标准，一个成功的创新创业项目是历经项目孵化，通过技术革新、产品革新、不断适应市场变化，实践出真知，最终将创意实践成创业，真正为区域经济增长和国家发展做贡献。

第三节　设计商业模式

一、商业模式的概念与要素

商业模式不是单一的，或一成不变的，行业、企业类型、企业发展周期都会影响企业的商业模式。电子商务行业部分企业的商业模式见表3-2。

表3-2　电子商务行业部分企业的商业模式

项目	淘宝网	京东商城	当当网
商业模式	淘宝网的商业模式主要包括C2C（消费者对消费者）、B2C（商家对消费者）两部分。淘宝网主要是为买卖双方搭建在线交易平台，以比较低廉的价格在网络平台上销售商品	京东商城属于B2C电子商务网站，主要以商品零售业务为主。消费者可以通过在线订购的方式来购买商品，并可以选择在线支付、货到付款等方式支付货款	当当网属于典型的B2C网站，是全球较大的中文网上图书音像商城。消费者可通过在线订购的方式来购买商品，并可以选择在线支付、货到付款方式支付付款

在全球化浪潮冲击、技术变革加快和商业环境愈加不确定的时代，决定企业成功的最重要的因素不是技术，而是商业模式。企业要想获得成功，就必须从制订正确的商业模式开始，商业模式是企业在竞争中取胜的关键之一。

（一）商业模式的含义

商业模式是一个比较宽泛的概念，与其相关的说法有很多，包括运营模式、盈利模式等。一般认为，商业模式是企业整合资源与能力，进行战略规划，以充分开发创业机会，并且实现利润目标的方式。

简单来说，商业模式就是一个企业满足消费者需求的系统。这个系统组织管理企业的各种资源，包括资金、原材料、人力资源、销售方式、创新力等，能够提供消费者无法自力生产而必须购买的产品或服务。因此，它具有自己能复制而别人不能复制，或者自己在复制过程中能够占据市场优势地位的特性。

小贴士

海尔集团董事局主席张瑞敏认为，商业模式说到底就是消费者价值最大化，只要符合了这一点就没问题。如果脱离了消费者价值最大化，搞各种复杂的模型和公式都没有用。商业模式是一个让消费者和企业双赢的方式，不是一个模型。

（二）商业模式的要素

商业模式是一种包含了一系列要素及其关系的概念性工具，用以阐明某个特定实体的商业逻辑。它描述了企业能为消费者提供的价值，以及企业的内部结构、合作伙伴网络和关系资本等用以实现这一价值并产生可持续盈利收入的要素。具体来说，商业模式包括以下6个要素。

1. 定位

一个企业要想有足够的生存空间并能实现持续盈利，就必须要明确自身的定位。定位就是指企业应该做什么，它决定了企业应该提供什么样的产品和服务来满足消费者的需求。定位是商业模式体系的起点，也是企业战略选择的结果。

2. 业务系统

业务系统是指企业达成定位所需要的业务环节、各合作伙伴扮演的角色及利益相关者合作与交易的内容和方式。业务系统是商业模式的核心。

3. 关键资源能力

关键资源能力是指让业务系统运转所需要的重要资源和能力。

4. 盈利模式

盈利模式是指企业获得收入、分配成本、赚取利润的方法。具体来说，它是指在给定业务系统中，在各价值链所有权和价值链结构已经确定的前提下，企业利益相关者之间在利益分配格局中企业利益的表现。

5. 自由现金流结构

自由现金流结构是指企业经营过程中产生的现金收入扣除现金投资后的状况，其贴现值反映了采用该商业模式的企业的投资价值。

不同的现金流结构反映了企业在定位、业务系统、关键资源能力及盈利模式等方面的差异。它体现了企业商业模式的不同特征，决定了企业投资价值的高低、企业投资价值递增的速度及受资本市场青睐的程度。

6. 企业价值

企业价值即企业的投资价值，是企业预测未来可以产生的自由现金流的贴现值，是评判企业商业模式优劣的标准。

商业模式的6个要素环环相扣，互相影响。商业模式就是包含这6个要素及其关系的概念性工具，被用以阐述某种实体的商业逻辑，如图3-1所示。

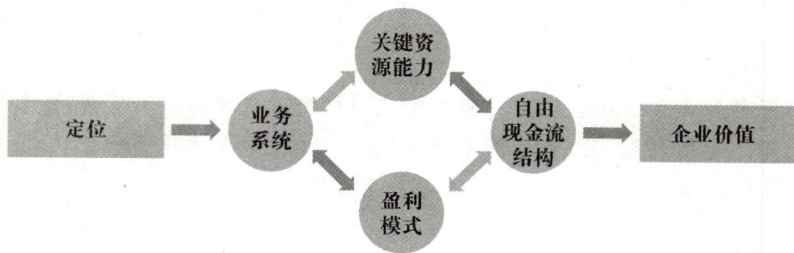

图3-1 商业模式各要素间的关系

（三）成功的商业模式的特征

虽然商业模式因行业、企业类型等因素的不同而不同，但成功的商业模式一般具有以下 5 个特征。

1．具有创新性

一个商业模式成功的关键不一定是在技术上做出了突破，也可能是在某一个环节中进行了改进，或是对原有模式进行了重组、创新。商业模式的创新贯穿企业经营的整个过程，贯穿企业资源的开发方式、制造方式、营销体系等各个方面，也就是说在企业经营的每一个环节中的创新都可能造就一个成功的商业模式。

2．能提供独特的价值

企业通过确立自己的独特价值来保证市场的占有率。有时候独特的价值可能是新的思想，而更多的时候是产品和服务的独特性组合。这种组合要么可以向消费者提供附加的价值，要么可以使消费者能用更低的价格获得同样的利益，或者用同样的价格获得更多的利益。例如，近年来流行的经济型连锁酒店，入住率能常年达到 90％ 以上，就是其区别于传统酒店的经营模式使其取得了成功。

3．难以模仿

企业通过确立自己与众不同的能力（如对消费者的贴心关照、强大的实施能力等）来提高行业的进入门槛。如直销模式，人人都知道其如何运作，也都知道戴尔公司是直销行业的标杆，但却很难复制戴尔公司的商业模式，其原因就在于直销模式的背后是一整套完整的、极难复制的资源和生产流程。商业模式难以模仿意味着企业的经营是可持续的，但难以维持企业较快的成长速度。

4．具有利润空间

成功的商业模式可以让企业在激烈的市场竞争中成功进入利润区，并在利润区内停留较长时间，创造出可长期持续的、高于行业平均水平的利润。企业经营的根本目的在于获取利润，不能盈利的企业是无法长久生存的。

5．脚踏实地

企业要做到量入为出、收支平衡。这个道理看似简单，但如果想要持续地做到，却并不容易。现在有很多企业，不管是传统企业还是新型企业，对自己的钱从何处来，消费者为什么看中自己企业的产品和服务，有多少消费者实际上不能为企业带来利润反而在侵蚀企业的收入等关键问题，都不甚了解。原因就是这些企业在生产经营过程中，没有做到脚踏实地、认真分析顾客。

📊 案例点评

一次失败的创业经验

肖玉毕业后没有从事与所学专业相关的工作，而是决定自己创业。刚开始他想了很多项目，如网上开店、开餐饮店、开培训机构等。最后，他将目标锁定在了连锁加盟上。肖玉听说某干果连锁店在附近的生意还不错，就打电话给该公司询问具体情况，然后马上筹集资金，开始了自己的加盟创业之路。然而，店铺开业一段时间后，肖玉发现，店里每天的生意并不好，每天来店里的顾客也比较少。肖玉以为这是由于店铺刚开业，宣传的力度还不够。但经过大力宣传，生意依然不见起色，肖玉又安慰自己说这是创业初期的正常情况，但他没有进一步深思和做出任何改变。几个月后，店里的库存积压严重，销量任务也没有完成，看着所剩无几的创业资金，肖玉才意识到自己创业的失败。

点评

本案例中的肖玉选择了一种比较便捷的方式来进行创业，即希望借用别人的商业模式。这种方法虽然也是可取的，但是在创业的过程中，他没有根据自己的实际情况进行分析，也没有做出及时调整和必要的创新，这才是导致他创业失败的主要原因。

二、商业模式分析工具

商业模式是一个抽象的概念，模式构成之后有很多与产业相关的数据需要分析。分析这些数据就需要相应的一些工具。当前市场上有很多商业模式的分析工具，如SAS 商业分析（SAS BA）、Board、QlikView、Splunk、Sisense等，这些工具都能专业地分析企业的运营数据，根据数据可以适当地调整企业的经营方式。下面以QlikView为例，介绍一下分析工具。

（一）超市会员 RFM 分析

分析工具可以适用数据值的形式，让使用者获取具体的数值，进行分析。也可以适用饼状图的方式，给使用者直观地展现数据间的关系和数据占比，如图3-2所示。

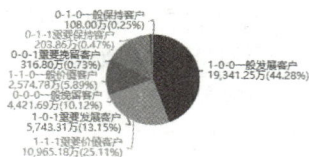

图3-2 会员RFM分析（饼状图）

分析工具还提供横向比对的柱状图，可查看动态分布的散点图，如图3-3所示。

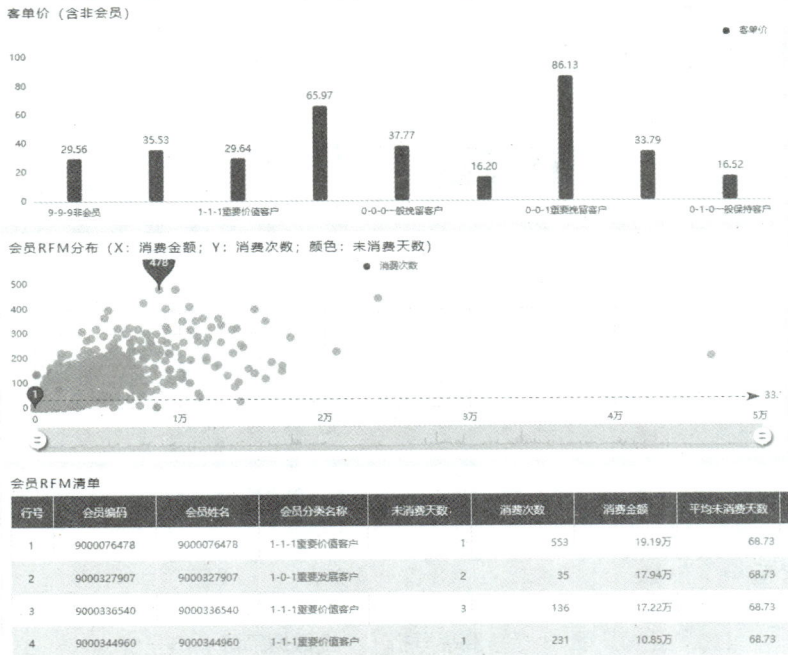

图 3-3　会员 RFM 分析（柱状图，散点图）

（二）商品 / 货物分析

通过多个柱状图组进行商品/货物分析，可以直观看出各个分类中的数据关系，如图 3-4 所示。

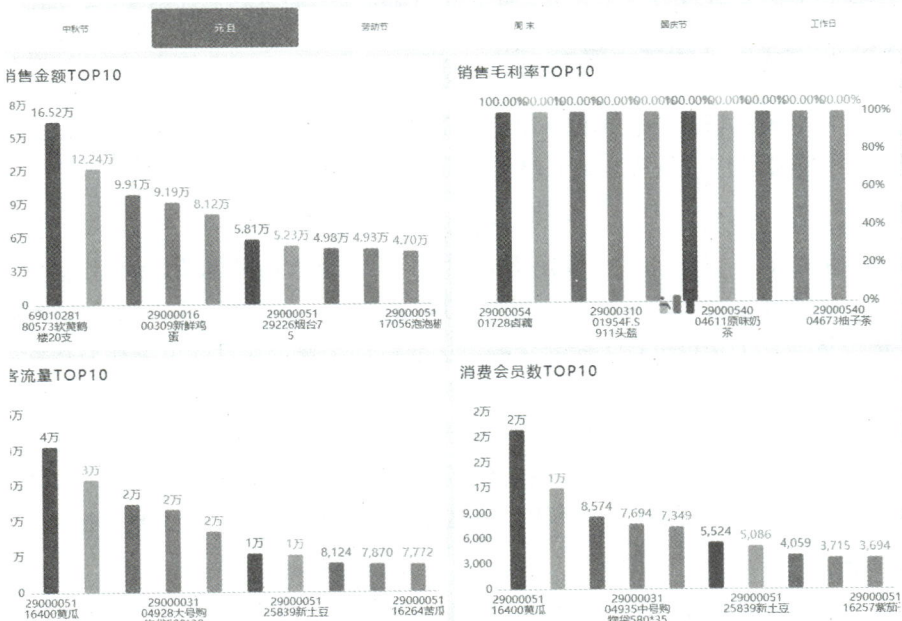

图 3-4　商品/货物分析（多柱状图）

可以通过鼠标点击操作，进行重要数据的提取，单独展示，如图3-5所示。

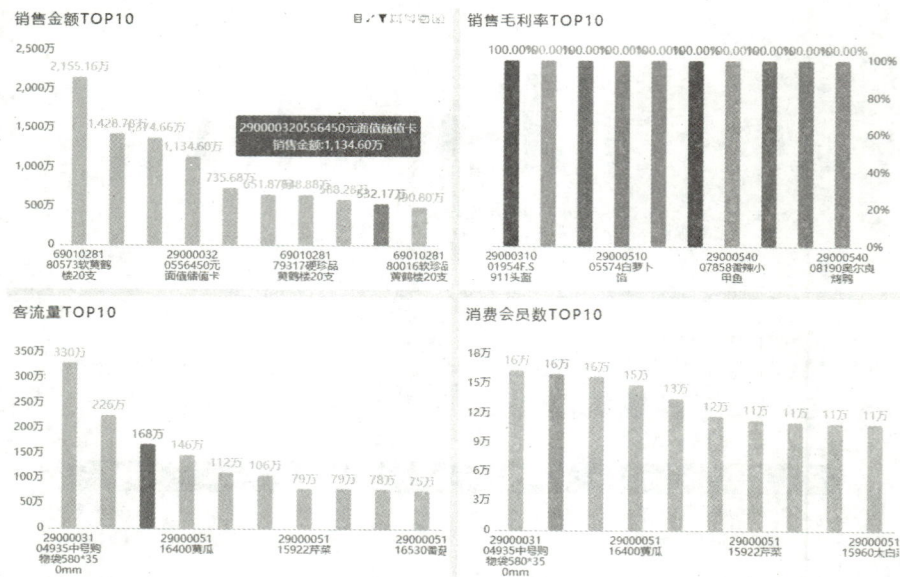

图3-5　商品分析（个别数据筛选）

商业模式分析工具有多种展示方式，根据数据分析的需求不同，可以直观展示图例或数据，方便创业者对自己产业细节的了解和发展方向的规划。

三、商业模式的设计

一个成功的商业模式，可以帮助企业更高效地在市场竞争中取得胜利，实现快速增长。那么，一个成功的商业模式的设计流程又是怎样的呢？本节将介绍商业模式设计的相关内容。

（一）商业模式设计的基本要求

一个好的商业模式通常符合定位精准、扩展快、壁垒高、风险低4项标准。因此，在设计商业模式时，企业就应重点从这4个方面入手。

1.定位精准

定位精准的核心是寻找到一个差异化市场，并为这个市场提供满足需要的、有价值的、独特的产品，让消费者愿意为此付费。在进行目标定位时，企业需要考虑以下6个基本问题，才能确保定位精准。①是否进行了差异化的市场分析？②是否为目标市场和消费者创造了价值？③是否确定了独特的市场定位？④是否设计出了消费者所需要的产品或服务？⑤产品本身为消费者创造了怎样的价值？⑥消费者为什么愿意认可该产品的价值并付费？当然，不是随意找一个细分市场并提供优质的产品和服务就可以成就一个优秀的市场的，关键在于寻找一个可持续增长、大规模、发展快速的市场，这才是优秀市场定位的一个重要标准。

2.扩展快

扩展快是很多企业在设计商业模式时容易忽略的问题。这里所说的扩展主要是指收入的扩展，收入是否快速扩展，是衡量商业模式能否迅速做大的关键因素。任何一个企业的收入规模根本上取决于消费者数量及平均消费者贡献两个因素。要想快速增长，就要制订能快速增加付费消费者数量或者是提高平均消费者的贡献额的各种策略。但从商业实践的角度来看，真正起到关键作用的还是消费者数量的增长速度，如果消费者数量太少，那么从单一消费者身上获得再高的收入也是枉然。

3. 壁垒高

好的商业模式一定要和自身的优势紧密结合起来，最好是有独特的优势，构筑出较高的竞争壁垒。很多企业之所以发展到一定阶段就会陷入瓶颈，就是因为忽略了竞争壁垒的问题，因此很容易被其他企业赶超。

4. 风险低

设计商业模式的最后一个环节，就是要综合评估企业可能面临的各种风险。在评估风险时，需要考虑以下5个方面。

是否存在政策及法律风险？

是否存在行业竞争风险？

是否有潜在的替代品威胁？

是否已经存在价值链龙头？

是否存在行业监管风险？这些都是考虑商业模式所面临的风险时需要注意的问题。评估风险的最终目标是要识别出所有可能的风险、制订相应的策略，使风险保持在合理的可控范围内。设计商业模式需要考虑的问题有很多，不仅仅包括上述4项。另外，商业模式的设计既不是一蹴而就的，也不是一成不变的，它需要企业在实践中不断尝试、不断修正，甚至是不断试错才会变得日趋完美。

（二）初创企业商业模式设计的工具——精益创业画布

埃里克·莱斯提出的精益创业理论为企业提供了一个探索商业模式的工具。精益创业理论的核心思想是，企业首先要集中资源开发符合核心价值的产品，然后通过不断学习和有价值的用户反馈对产品进行快速迭代优化，以适应市场发展的需求，最后将创业公司带入循序渐进的良性发展之中，使企业投入较少的资源就能够获得成功。

对初创企业而言，精益创业画布是一个非常优质的工具，利用此工具可以清晰地梳理商业模式。

1. 精益创业画布的基本要素

精益创业画布的基本要素包含9项内容，如图3-6所示。

问题	解决方案	独特价值定位	竞争优势	消费者细分
1	4	3	9	2
	关键指标 8		渠道 5	
成本分析 7			收入分析 6	

图3-6 精益创业画布的基本要素

（1）问题。问题即需求痛点，问题和消费者群体的匹配是商业模式设计的核心。明确将要服务的目标消费者群体后，针对每个细分群体列出1—3个最大的痛点。列举出让人感到不安、沮丧、紧急的痛点，再想想消费者会在什么时候最迫切需要解决这些问题，然后大学生创业者就可以据此寻找"让痛苦消失"的方案。

当然，大学生创业者还应该多和目标消费者群体进行交流、沟通，最好做一些小规模的测试、调研来验证痛点是否真正存在。

（2）消费者细分。创业一定要从消费者细分开始，因为消费者群体是有差异的，没有一种产品能够满足市场中的所有消费者群体。只有大学生创业者对消费者的定位足够准确，由此推出的产品或服务的针对性才会更强，才更能符合消费者的核心需求。与此同时，还可以对目标消费者群体进行进一步细分，列出重点用户，锁定潜在的早期用户，通过他们来获取消费者的需求痛点、提出解决方案。

（3）独特价值定位。简单地说，就是用一句简短有力的话来描述自己和别人的不同，这是商业模式设计中最重要也是最难的部分。寻找独特价值最好的方法是直接从要解决的首要问题出发去寻找独特卖点，也可以针对重点用户来设计。例如，京东除了以自营模式为主，还主打物流服务品质，就是因为物流一直是影响消费者体验的一大问题。

（4）解决方案。大学生创业者在创业早期可以利用有限资源，开发出最简化可实行产品（Minimum Viable Product，MVP）去验证自己的想法和解决方案。如果消费者接受了MVP，那说明创业初期设计的解决方案是可行的。反之，则需要重新去挖掘消费者的需求，针对每个需求痛点，重新思考能提供的最简单的解决方案，然后重新编写方案，经过验证和测试并反复修改后，让解决方案更加完善。

（5）渠道。在创业初期，任何能把产品推销给潜在消费者的渠道都可以利用。大学生创业者主要可以选择以下4种渠道：一是内联式渠道。它是使用"拉式策略"（即通过运用广告、营业推广、公共关系等促销手段，向消费者展开强大的促销攻略，使之产生强烈的兴趣和购买欲望）让消费者自然而然地找到产品，其渠道包括博客、电子书及网络讲堂等。二是外联式渠道。主要是使用"推式策略"（即企业利用人员推销，以中间商为主要促销对象，把产品推入分销渠道，最终推向市场）让产品"接触"客户，其渠道包括电视广告、展销会、直接打电话等。三是亲力亲为地推销产品来获取消费者，面对面与消费者进行交流，这是一种比较有效的方式。四是通过良好的口碑来留住消费者。虽然口碑营销是一种很有效的手段，但相关推销人员必须先取得消费者的认可。

（6）收入分析。在创业初期，大学生创业者需要在合适的时机通过不同的方式让消费者付费，以此来验证企业盈利模式的可行性。目前主要的盈利模式包括销售商品、广告收费、会员服务、增值服务等。

（7）成本分析。大学生创业者在对成本进行分析时，应重点关注产品发布前需要多少成本，包括固定成本和变动成本。然后把收入和成本结合起来分析，计算出一个盈亏平衡点，以此来预估需要花费多长时间、资金和精力才能达到盈亏平衡点，从而进一步检验企业的商业模式是否可行。

小贴士

　　融资成本也是进行成本分析时需要考虑的因素。不论是股权融资还是债权融资，都是需要考虑成本的。债权融资要考虑利息的支出成本，股权融资则要考虑取得股份的成本、融资的时间点及稀释的比例等。

　　（8）关键指标。不管是何种类型的产品或者服务，总能找出图3-7所示的5个关键指标来评估创业项目的进展情况，如是好还是坏，值得继续投入还是到此为止等。

图3-7　关键指标

　　获取是指把普通访客转换成对产品感兴趣的潜在消费者的过程。如服装店把路过橱窗的路人吸引到店铺内就是一次获取过程。激活是指让对产品感兴趣的潜在消费者对产品形成较好的第一印象。如潜在消费者走进服装店后发现店内服装物美价廉，服装店就成功激活了消费者。留客是指产品的"回头率"高或者是消费者的忠诚度高。如对服装店来说，留客就是让消费者再次光顾店铺。收入是指消费者实际支付商品的金额。口碑是指对产品满意的消费者会向他人推荐或者促成其他潜在消费者来购买产品，这是一种比较高级的消费者获取渠道。如服装店的消费者向朋友推荐该店铺。

　　（9）竞争优势。形成竞争优势有以下两种方法：一是先让竞争对手看不见、看不起、看不懂，然后让竞争对手学不会、拦不住、赶不上。二是把贵的变便宜，把收费变免费。这两种方式实际上是指从低端市场切入，开辟一个新的、之前被大企业忽视的市场，先从低端市场扩大市场占有率，然后再慢慢地往上提升产品档次。

　　2．精益创业画布的制作步骤

　　制作精益创业画布的过程可以分为以下3个步骤。

　　（1）写出初步计划。大学生创业者在编写初步计划时，不要刻意追求提供最好的问题解决方案，而要试着形成一整套完整的商业模式，并保证在该模式下所有元素都能够相互配合。编写初步计划的要点如下：迅速起草1张画布，在第1版画布上消耗的时间最好不超过15分钟；画布中有部分内容空着也没关系，要么马上写下来，要么就留白；尽量简短精练，将商业模式的精华部分提炼出来；站在当下的角度来思考，想想下一步应该先测试哪些想法；以消费者为本，仅调整消费者群体商业模式就会发生翻天覆地的变化。

　　（2）找出风险最高的部分。阿什·莫瑞亚认为创业一般分为3个阶段，如图3-8所示。第1阶段的核心是对要解决的关键问题提出一套最为精简的对应方案，可称之为"最简可行产品"；第 2 阶段的核心是检验企业所提供的产品和服务是不是消费者想要的，消费者是否愿意为此付费；第 3 阶段的核心是明确怎样才能使企业快速发展壮大。通过验证商业模式的各个环节，及时对不合理的环节进行改善，以便加速执行优化方案。

（3）测试计划。对商业模式的各个环节进行参与式观察，有效地测试该商业模式的可行性。

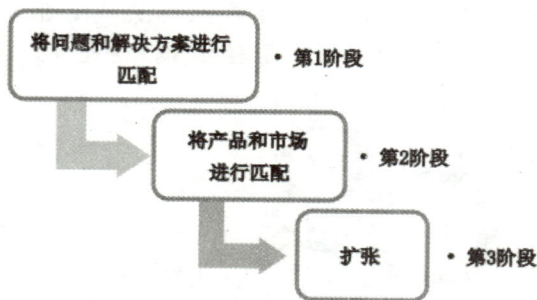

图 3-8　创业的 3 个阶段

四、商业模式的演变与创新

了解了初创企业商业模式和企业创新商业模式的设计方法后，下面来学习商业模式的演变与创新知识。

（一）商业模式的演变

商业模式不是静态的，而是不断演变和发展的。为了维护商业模式结构的稳定性，更好地应对其他竞争对手的挑战，企业倾向于用各种方式来发展自身的商业模式。商业模式的演变模式有以下 4 种。

1．店铺模式

店铺模式是最古老也是最基本的商业模式，它是指在具有潜在消费者群体的地方开设店铺并展示其产品或服务。商业模式是对一个组织如何行使其功能的描述，它定义了企业的消费者、产品、服务及业务流程。将商业模式与企业战略结合在一起，便可主导企业的主要决策。

2．"饵与钩"模式

随着时代的进步，商业模式也变得越来越精细。"饵与钩"模式也称为"剃刀与刀片"模式，或"搭售"模式。在这种模式里，基本产品的售价很低，但与之相关的消耗品或者服务的价格却十分昂贵。例如，剃须刀（饵）和刀片（钩），打印机（饵）和墨盒（钩）等。

小贴士

在"饵与钩"模式下衍生出了一个新的模式，即软件开发者为用户提供免费的文本阅读器，但是在使用文本编辑器时却要收费，且费用不低。这就是"饵与钩"模式的另一种演变。

3.硬件＋软件模式

苹果公司以其独到的iPod+iTunes商业模式创新，将硬件制造和软件开发进行有机结合，通过提供高质量的软件增加消费者对硬件使用的黏性，并以独有的ios系统在手机端承载这些软件。消费者在硬件升级时不得不考虑软件使用习惯等因素。

4.其他商业模式

其他商业模式的演变历程如下：20世纪50年代，麦当劳创造了新的商业模式；20世纪60年代的商业模式创新是混合式超市；20世纪70年代，联邦快递的经营过程中出现了新的商业模式；20世纪80年代的创新代表有家得宝公司、英特尔公司和戴尔公司；20世纪90年代的创新代表有美国西南航空公司、网飞公司、易趣网和星巴克公司。

小贴士

随着科学技术的不断发展，商业模式也有了多样化发展的趋势，其中互联网的免费模式是最为典型的。

（二）商业模式的创新

商业模式创新是改变企业价值创造的基本逻辑，是提升消费者价值和企业竞争力的活动，其最终目标是让企业以新的方式盈利。商业模式创新和其他类型的创新（如技术创新）一样，也会经历原始创新、被模仿、再创新的生命周期。处于不同创新阶段的商业模式创新，其过程特点和设计方法是不一样的。下面介绍两种创新模式，即商业模式的原始创新与模仿创新。

1.商业模式的原始创新

用前所未有的商业模式为消费者提供产品和服务，这种商业模式创新就是原始创新。它既可以发生在现存的企业中，也可以伴随新创企业或者新一代企业的成长而出现。原始创新又可分为构成要素创新、系统性创新和逆向思维创新3种。

（1）构成要素创新。商业模式是由不同要素组成的，因而商业模式的创新可以看作商业模式不同构成要素的创新。前面介绍的精益创业画布工具就可以帮助初创企业的创业者们设计一个前所未有的商业模式框架，也就是进行原始创新，它的作用是帮助追踪创业者的所有"创业假设"。例如，企业认为18—30岁的城市女青年（目标人群）应该会喜欢用精致的小饰品来打扮自己（价值主张），然后企业开始尝试在最低成本状态下验证这种设想。每一次尝试都会得到更多市场信息，进而帮助企业不断调整自身的商业模式，直到将"城市女青年喜欢用小饰品来打扮自己"这一创新设想得到验证为止。

（2）系统性创新。商业模式创新包括向谁、何时、何地、缘由、怎么做及成本，这些为消费者提供产品和服务方面的修正，从整体出发对商业模式进行创新和构建。商业模式创新往往伴随着产品、合作网络、价值主张等元素的创新，最终达到为企业利益相关者带来利润的目的。

（3）逆向思维创新。逆向思维创新是一种反其道而行之的创新方法。使用该方法进行原始创新时，需要注意以下 3 点：一是找到行业领导者或行业主流商业模式的核心点，以此制定逆向商业模式。二是只有在确保可以提供更高的消费者价值的前提下，企业才能选择逆向思维创新。三是防范行业领导者的报复行为，评估其可能的反制措施，并采取相应的对策。

2. 商业模式的模仿创新

并非所有的商业模式创新都属于原始创新，更多的商业模式创新属于模仿创新。模仿是商业模式创新的基础，模仿创新可以分为全盘复制和借鉴提升两种。

（1）全盘复制。顾名思义就是指对优秀企业的商业模式进行直接复制。在一些知名企业身上，几乎都可以找到与之对应的原型。同一行业的企业，尤其是同属一个子市场或拥有相同产品的企业间更容易产生互相复制模仿的效应。企业在进行商业模式的全盘复制时，需要注意以下两点：一是不能生搬硬套，要对企业或市场进行细节调整；二是捕捉优秀的商业模式信息，快速复制以取得先机。

（2）借鉴提升。依靠全盘复制的方法而成功的商业模式是很少的，几乎所有成功的模仿创新都是通过将模仿得来的商业模式与其他的商业模式和资源结合在一起，赋予其全新的形式或内容。例如，腾讯的商业模式就是在对其他商业模式不断模仿和结合中成长、成熟起来的，最终腾讯成为我国成功的互联网公司之一。企业在进行商业模式的借鉴提升时应注意以下两点：第一，企业要能够迅速洞察消费者需求，在商业模式上迅速做出反应，从而抢占市场先机。第二，通过不断改进工艺、再造流程等方法，提高产品效用，使消费者对产品的需求增大，同时随着成本的不断降低，从而获取更多收益。

📱 案例点评

创新的商业模式助力企业成功

不要去问消费者需要什么，要去创造消费者需要但表达不出来的需求。乔布斯曾经每天都在强调这样的创新观点。他强调的是一种商业模式的创新，而不是简单的营销手段。

乔布斯完美地演绎了这一创新。苹果公司在大获成功之前，也曾苦于无法找到更好的商业模式。技术创新从来都不是最难的，苹果公司的创举在于，推出 iPod 后又推出数字音乐购买平台 iTunes，推出 iPhone 后又推出 AppStore，并开始提供应用软件的有偿下载。正是对商业模式的不断创新，才使苹果公司更好地开发了消费者的潜在价值，为其带来了大量的利润。

点评

苹果公司成功的原因是商业模式的创新，其创新性主要体现在对消费者潜在价值的挖掘上。除了向消费者成功推销 iPod 和 iPhone 商品，苹果公司还向消费者提供有偿下载的应用软件。

　　从历史的角度来看，商业模式需要不断变化来适应社会的需求。随着经济不断发展，传统的供销社商业模式无法适应大众对于美好生活的追求，因此孕育了以淘宝网为代表的网络购物模式，极大地便利了大众购物的体验。庄子认为"一气之变，所适万形"，这个"气"的变化其实正是我们生活时代的变革，是人民对于美好生活的向往，因此商业模式就需要去应对、适应这种变化。

本章练习

　　1. 成功的商业模式应具有哪些特征？

　　2. 如何通过模仿设计出一个属于自己的商业模式？

　　3. 根据自己的经验，列举几个商业模式不同的企业，并说明它们的特点和经营模式，填入表3-3中。

表3-3　商业模式不同的企业特点及经营模式

企业类型	企业（品牌）名称	特点	经营模式
电子商务类企业			
服务类企业			
科技类企业			
创新类企业			

　　4. 根据精益模式画布，尝试独立进行商业模式设计。

第四章
创业团队组建与创新资源整合

本章导读

　　本章主要介绍如何组建自己的创业团队和整合创新资源。组建创业团队包括：组建原则、组建过程和创业团队的管理。创新资源整合包括人力资源、资金资源、技术资源和市场资源的整合。希望在本章的学习后，大学生创业者能够具备团队组建和管理能力，以及对创业所需资源的整合能力。

知识结构

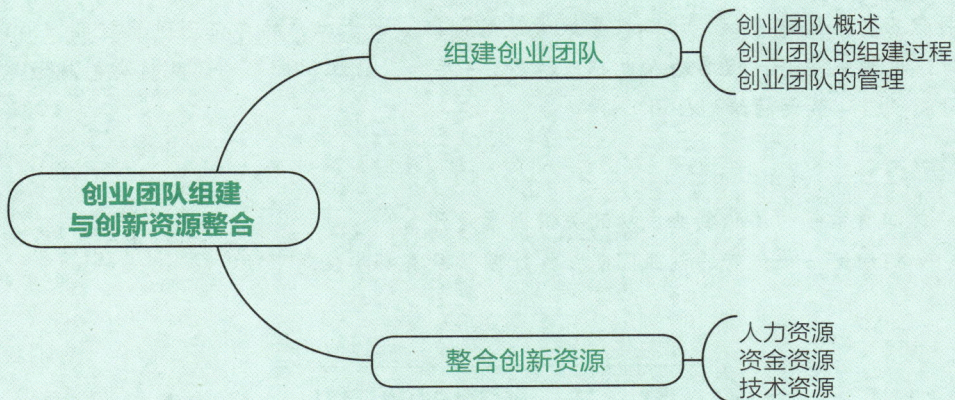

学习目标

知识目标：了解并掌握创业团队的组建原则和管理方式方法。了解创业资源的种类，掌握整合资源的方式。

技能目标：具备组建创业团队和整合创新资源的能力。

思政目标：发挥主观能动性，组建团结的创业团队，运用自己的专业知识，开发创新资源。

学习重点

创业团队的组建原则，创业团队的管理，创业团队人力资源管理，组建创业团队应避免的误区。创新资源的整合。

案例导入

创业团队成功的秘诀

在某大学的商学院有一个由 4 名大学生组成的创业团队，团队核心领导名叫魏江。魏江带领这个团队成立了一家公司，并将公司定位为考证培训服务类企业。由于缺乏经验，他们只能进行一些小语种方面的培训。为了改善师资力量匮乏的局面，魏江打算再找一些有能力的、想创业的同学加入他们的团队。经过团队成员们的认真筛选，仅用了一周的时间，整个团队的规模就从最初的 4 人发展为 8 人。

团队成员各有所长：有的口语能力强；有的擅长分析考试的重点和难点；还有的成员取

得过雅思考试高分。这些富有创业激情和才华的合伙人加入公司后，不仅使公司的氛围立马变得不一样了，还让语言培训班也得以顺利开班，公司也开始盈利。到了创业后期，由于团队成员专业知识扎实，公司形成了相对稳定的客户群，还增开了其他类型的培训班，如秘书职业资格认证考试、计算机等级考试培训班。由于客户的考证通过率较高，所以公司的口碑也越来越好，报名的人也越来越多。3年后，魏江所带领的团队将公司越做越大，使公司成了当地最大的培训公司。

思考：

1. 魏江所带领的团队创业成功的关键因素是什么？
2. 如何组建一个优秀的创业团队？组建团队时有哪些注意事项？

第一节　组建创业团队

创业所面临的环境是复杂多变的，单靠一个人很难应对各种错综复杂的形势，因此，寻找优秀的创业伙伴、组建一个一流的创业团队是非常明智的选择。

一、创业团队概述

（一）创业团队的含义

创业团队是指在创业过程中，一些有准确的定位、有共同价值观、愿为创业目标而奉献的少数人员的集合。

1. 共同的价值观

共同的价值观是创业团队成立和存在的基石，对创业团队具有导向、凝聚、约束和激励作用。如果团队成员有共同的价值观，那么在创业初期，团队成员就会团结一致，齐心协力向创业目标迈进。

2. 共同的目标

创业团队需要有一个既定的共同目标来为团队成员指引方向。在初创企业中，目标常以初创企业的愿景、战略等形式体现。

3. 准确的定位

创业团队的定位有两层含义：一方面是指创业团队在初创企业中所处的位置，创业团队对谁负责等；另一方面是指成员个体在创业团队中所扮演的角色等。

团队成员是创业成功的关键因素，只有适合创业的人员加入创业团队，才能保证创业企业的稳健发展，否则可能会对创业企业的经营发展产生不利影响，因此，创业者要谨慎选择团队成员。

（二）创业团队的作用

现代企业应尽量少走弯路，而从一开始就走规范化管理道路，因此，创业者在注册公司时就应该组建创业团队。一个好的创业团队对新创企业的成功起着举足轻重的作用。新创企业的发展潜力（包括其打破创始人的自有资源限制，从私人投资者和风险资本支持手中吸引资本的能力）与企业管理团队的素质之间有着十分紧密的联系。一个喜欢独立奋斗的创业者固然可以谋生，然而一个团队却能够创建出一个组织或一个公司，而且是一个能够创造重要价值并有收益选择权的公司。创业团队的凝聚力、合作精神、立足长远目标的敬业精神会帮助新创企业渡过危难时刻，加快成长步伐。另外，团队成员之间的互补、协调以及与创业者之间的补充和平衡，对新创企业起到了降低管理风险、提高管理水平的作用。

一项针对 104 家高科技企业的研究报告指出，在年销售额达到 500 万美元以上的高成长企业中，有 83.3% 是以团队形式建立的；而在另外 73 家停止经营的企业中，仅有 53.8% 有数位创始人。这一模式在一项关于"128 公路一百强"的研究中表现得更为明显：100 家创立时间较短、销售额高于平均数几倍的企业中 70% 有多位创始人。

阿瑞德·阿斯佩兰（Arild Aspelund）对新创公司的创业团队的研究表明，创业是一个包含众多人的组织形成过程，特别是这个过程更为复杂的技术型公司要求输入更多的能力。Arild Aspelund 还研究了团队成员在创业过程的不同阶段个人经历、能力和资源控制水平对新创企业死亡率的影响。他认为，创业团队的素质能提高新创企业的生存状况；创业团队对新创企业影响最大的并不是团队本身规模的大小，而是团队成员的经历。另外，广泛的经验比团队成员的异质性影响更大。

（三）创业团队的组建原则

大学生创业者在组建创业团队前需要了解团队组建的基本原则，这样才能使团队构成更加合理，最大限度地发挥团队的作用。大学生创业者组建创业团队的原则如下。

1．目标明确合理原则

创业目标必须明确、合理、切实可行，这样才能使团队成员清楚地认识到共同的奋斗方向，才能真正起到激励作用。

2．能力互补原则

大学生创业者之所以要组建团队，其目的就在于弥补创业目标与自身能力之间的差距。只有当团队成员相互间在知识、技能、经验等方面实现互补时，才有可能通过相互协作发挥出"1+1>2"的协同效应。因此，团队成员之间要做到诚实守信、志同道合、取长补短、分工协作、权责明确。

3．精简高效原则

为了减少创业期间的运作成本，使各成员分享到更多创业成果，创业团队的人员应在保证企业高效运作的前提下尽量精简。

4．动态开放原则

创业是一个充满不确定性的过程，团队中有成员可能由于能力、观念等方面的原因离开，同时也会有新成员加入。因此，大学生创业者在组建创业团队时，应注意保持团队的动态性和开放性，使真正适合的成员留在创业团队中。

（四）创业团队发展

创业团队的持续稳定发展，取决于以下几个方面的因素。

1.团队之道

"道"是指目标，正是因为团队成员志同道合，所以每个人知道该去做什么，成员从来不等待任务分配，而是都在积极地思考。创业初期，需要的是目标一致、向着前进的方向奋力奔跑。"道"将团队成员紧紧锁在一起，将分散的个体凝聚成为一股强劲的力量。也许个体能力不够强，也许个体经验不够丰富，不过只要个体能够全身心地为团队之道贡献力量，这才是创业团队最需要的。团结就是为量，凝聚就是希望。

2.团队之义

创业是艰难的，也许这段时间，团队成员只能勉强温饱，拿不到工资。而正是在这样的情况下，人和人之间的情感是最真实的流露，成员相互理解，相互鼓励。创业正是用激情燃烧着团队成员奋进的力量，创业正是用情义感染人、留住人。一个优秀的团队，绝对是有情有义的团队。

3.团队之魂

创业团队只能有一个灵魂人物，这个人需要有绝对的领导力，绝对的话语权，许多问题能商议，但方向的决策上，必须只能由这个人定夺，在目标确定后，团队成员无条件地服从。这样一支团队是做事坚决的团队，具有较强执行力的团队。所有的决策都有失败的可能，但绝对不会因为目标不一致而导致团队分崩离析，团队意见不合是创业失败的非重要的原因。华为的管理，团队训练有素，在几年间飞速发展。能接受失败的决策，但不该应有执行犹豫，失败不可怕，至少走出这一步，能看得更远，在执行中不断调整目标。没有去做，永远不会知道前方是什么。

4.团队之质

创业需要忍耐、包容、激情、魄力、果断。创业也需要极大的包容，尤其是核心成员，要包容一切艰苦，以开阔的心胸去接受团队成员。创业需要极大的忍耐，选择创业就选择了另一种不同的人生，创业者没有安逸的生活，精神是支撑创业者前进的动力源泉。激情点燃了创业者多彩的生命，用激情感染着自己、团队及周边的朋友，魄力、果断，是创业者做事的一种态度，创业中，创业者就是要风风火火，就是要意气风发，就是要颠覆传统，创造新规则。

5.团队之势

优秀的团队，内在有优秀的本质，同样在外部也需要有一定的光环，为什么？人们了解一家公司，或了解一个网站，也许最开始并不是直接接触，而是了解到这个网站、公司周边的一些信息，因而产生兴趣。从营销的角度来看，品牌文化并不是完全通过服务本身传递，而是在于每个细节。公众对新创企业的什么因素最关注？就是人。优秀的团队有必要将特点展示出来，甚至发挥到淋漓尽致。造势，是一种策略，成事、成势，同样重要。

二、创业团队的组建过程

（一）团队组建的基本过程

创业团队的组建是一个复杂的过程，不同类型的创业团队在组建过程中会有不同的侧重点，但其过程是大致相同的。基本的组建步骤如下。

1．明确创业目标

创业团队首先要制定一个明确的、鼓舞人心的创业目标，使各成员在目标方面达成一致。当团队成员对未来拥有共同愿景时，就会向着共同目标努力奋斗。

2．制订创业计划

在确定创业目标后，创业团队就要为实现这一目标制订一个周密的创业计划。创业计划是一份全面说明创业构想的文件，确定了在创业的不同阶段需要完成的任务。创业团队应通过逐步实现阶段性目标来实现创业总目标。

3．寻找更多团队成员

寻找团队成员的基础是志同道合、目标一致。共同的目标和经营理念可以将不同的团队成员凝聚在一起。此外，团队成员在性格、技能、知识能力等方面最好能形成互补，这种互补既有助于加强团队成员间的合作，又能增强团队的战斗力。

4．团队职权划分

创业团队职权划分是指根据执行创业计划的需要，具体确定每个团队成员所担负的职责和享有的权限。团队成员之间职权的划分必须明确，既要避免重叠和交叉，又要避免遗漏。

5．构建创业团队制度体系

创业团队制度体系体现了创业团队对成员的控制和激励能力，主要包括团队的各种约束制度和各种激励制度。

（1）创业团队通过各种制度约束（主要包括纪律条例、组织条例、财务条例、保密条例等）指导成员，避免成员做出不利于团队发展的行为，实现对成员行为的有效约束，保证团队的秩序稳定。

（2）创业团队要实现高效运作需要有效的激励机制（主要包括利益分配方案、奖惩制度、考核标准、激励措施等），激励机制能使团队成员能够切实体会到创业带来的利益，从而充分调动团队成员的积极性，最大限度发挥团队成员的作用。实现有效激励的前提是把团队成员的收益模式界定清楚，尤其是股权等与团队成员的重大利益密切相关的事宜。

6．团队整合

强大的创业团队并非是一开始就能建立起来的，很多时候团队是在企业创立一段时间之后才逐步形成的。随着团队的运作，团队在人员安排、制度设计、职权划分等方面的不合理之处会逐渐暴露出来，这时就需要对团队进行整合。

（二）创业团队组建的主要影响因素

创业团队的组建受多种因素的影响，这些因素相互作用，共同影响着团队组建过程，并进一步影响着团队建成后的运行效率。

1.创业者

创业者的能力和思想意识从根本上决定了是否要组建创业团队、团队组建的时间表以及由哪些人组成团队。创业者只有在意识到组建团队可以弥补自身能力与创业目标之间存在的差距，才有可能考虑是否需要组建创业团队，以及对什么时候需要引进什么样的人员做出准确判断。

2.商机

创业者应根据自己与商机间的匹配程度，决定是否要组建团队，以及何时、如何组建团队。

3.团队目标与价值观

共同的价值观、统一的目标是组建创业团队的前提，团队成员若不认可团队目标，就不可能全心全意为此目标的实现而与其他团队成员相互合作、共同奋斗。而不同的价值观将直接导致团队成员在创业过程中脱离团队，进而削弱创业团队作用的发挥。没有一致的目标和共同的价值观，创业团队即使组建起来，也无法形成有效协同的合力，缺乏战斗力。

4.团队成员

团队成员的能力的总和决定了创业团队的整体能力和发展潜力。创业团队成员的才能互补是组建创业团队的必要条件。而团队成员间的互信是形成团队的基础。互信的缺乏，将直接导致团队成员间协作障碍的出现。

5.外部环境

创业团队的生存和发展直接受到了制度环境、基础设施服务、经济环境、社会环境、市场环境、资源环境等多种外部要素的影响。这些外部环境要素从宏观上间接地影响着创业团队组建。

案例点评

团队成员的选择很重要

赵佳华在大学学习的是企业管理专业，毕业后在一家外贸企业的市场部工作。工作两年后，赵佳华积累了一些客户资源，并积累了一些和客户打交道的经验。刘厉和冯嘉嘉是赵佳华的大学同学，毕业后从事的是销售工作，也都积累了一些客户资源。

一次同学聚会中，3人谈得投机，萌生了共同创业的想法。很快他们就办好了营业执照，然后选好了办公地址，购买了办公设备。创业之初，她们轮流开展市场推广工作，奔波于各个展览会场向往来商户发放资料。经过不懈努力，她们很快就获得了订单。

但好景不长，由于客户订单金额较小，公司所赚的利润不多，加上水电费等日常开支较大，公司的经济效益并不好。一次，刘厉和冯嘉嘉因销售理念不合产生了小分歧并在客户面前争吵起来，从此两人产生了隔阂。在以后的工作中，两人开始明争暗斗、互相拆台，经常发生口角。两人恶劣的关系也给公司的名誉和利益造成了严重的损失。公司难以继续经营，很快就解散了。

点评

这个创业团队解散的主要原因是团队成员之间的销售理念不同，彼此之间不懂得沟通。因此，团队成员最好能清楚地认识到共同的奋斗方向，遇到问题要及时沟通，并能够相互理解和接纳对方，这样才能在工作上开心地配合、愉快地合作。

三、创业团队的管理

一个成功的大学生创业者应当具备领导、管理团队的能力。一般而言，创业团队的管理主要包括以下 6 个方面的内容。

（一）注重人才培养

即使是初创企业也不应该忽视人才的培养，大学生创业者应注重培养一些重要岗位的人才。不断地培养适合企业发展的精英型人才，组建人才梯队，不仅可以增强团队的凝聚力和作战能力，而且一旦出现职位空缺，大学生创业者能很快找到合适的替补人选，从而减轻因人员更换给企业带来的损失。

（二）提高创业团队的执行力

执行力是团队成员自动、自发地为取得有价值的成果的能力。执行力是衡量一个创业团队是否优秀的关键指标之一。应该如何提高创业团队的执行力呢？可以从以下 5 个方面入手。

（1）职责明确。即制定有效的职责分工制度，明确岗位的职责。让每一位成员明确自己岗位的职责范围，认真负责地履行工作职责。

（2）赏罚分明。在明确成员的工作目标和工作标准之后，就可以制定奖惩制度，做到赏罚分明。

（3）过程控制与监督。把工作分解，按步骤去完成，增加工作的透明度，以便对其进行控制和监督。

（4）限定完工时间。每一个项目都要限定具体的完工期限，到期必须完成。

（5）监督工作质量。在执行方案的过程中，一定要监督成员的工作质量是否符合要求，避免质量不过关。

（三）股权分配管理

创业团队成立后，面临的关键问题之一就是如何制订团队成员间的股权分配方案。股权分配是对企业利益分配方式的约定，它有助于长期维持团队的稳定和企业的发展。在进行股权分配时，大学生创业者应遵循以下 3 项原则。

（1）重视契约精神。在创业之初，大学生创业者就要把股权分配方案以公司章程的形式确定下来，并以合约的形式明确创业团队成员的利益分配机制，从而保证创业团队的长期稳定。

（2）遵循贡献决定权利原则。首先，大学生创业者可以依据出资比例来制订股权分配方案；其次，对于没有注入资金但持有关键技术的团队成员，则可以以技术的商业价值来计算其股权份额。

（3）控制权与决策权统一。股权分配本质上是对公司控制权的分配。在创业初期，控制权和决策权的统一至关重要。新创企业持股最多的团队成员不享有公司的控制权是非常危险的，该成员可能会更关注企业的长远发展，容易就决策问题与其他成员发生冲突，进而引发团队矛盾。

（四）内部冲突管理

创业团队的内部冲突是指成员间在人际关系或感情方面出现紧张情绪，主要表现为任务冲突、过程冲突以及关系冲突或情感冲突。任务冲突主要是团队成员对工作目标和内容的分歧。过程冲突主要是团队成员关于完成工作任务的手段和方法的分歧。关系冲突或情感冲突更加情绪化，其主要特征是敌对和愤怒。创业团队的内部冲突如果保持在一个合理的水平，是可以满足企业多样化和创造性的需求的。但如果内部冲突超出一定范畴，将会给创业团队带来负面影响。因此，为了将内部冲突控制在合理的范围内，大学生创业者在管理团队内部冲突时应注意以下几点。

（1）团队内部意见不统一是一种常态，大学生创业者应使团队成员在不统一的意见中寻求合作的可能性，在一些正面的、建设性的冲突当中寻找更多可能性，做出最佳决策。

（2）强调团队的整体利益和成就，不刻意突出某个成员，在保证团队利益的前提下，根据业绩分配个人利益。这样做有助于把团队成员间的冲突控制在合理的范围内。

（3）大学生创业者要广泛听取团队成员的意见，但要避免出现"议而不决"的情况，适当的时候要果断拍板。

（4）团队内部竞争是为了团队更好地发展，一切都要以团队整体利益为导向，要避免冲突过大。

（5）如果冲突过大，大学生创业者应理性地做出判断，通过成员调整来维持团队的稳定和发展。完善的团队架构不是一蹴而就的，需要经过实践不断地进行调整和磨合。

小贴士

对于创业团队的内部冲突，大学生创业者要制定有效的管理机制，同时保持开放的心态。在合理组建创业团队的基础上，不断加强团队管理，通过有效的激励和管理机制，使团队成员在公平、公正、尊重、信任的团队氛围中密切合作，从而保证创业团队的稳定发展。

（五）团队激励

创业是充满艰辛的，所以创业团队成员间容易产生分离倾向，管理上稍有松懈很可能就会导致团队绩效大幅度下降，因此大学生创业者需要定时对团队成员进行有效激励。激励的核心原则是奖惩分明，并对所有人一视同仁。

1. 团队激励原则

团队激励的原则主要有以下 5 个。

（1）公平。公平是创业团队管理中一个非常重要的原则，任何不公平的待遇都会影响团队成员的情绪和工作效率，并会影响激励效果。如果团队成员取得同等成绩或犯了同样的错误，大学生创业者就应给予同样的奖励或惩罚。大学生创业者一定要持公平的态度来处理团队成员问题，在工作中对成员要一视同仁。

（2）奖惩及时。奖惩的时效性比奖惩的力度更重要。在创业团队成员有良好表现时，大学生创业者要及时给予奖励，越及时越好，否则奖励的效果就可能大打折扣。

（3）灵活。不同的团队成员，其需求不同，而激励效果又往往取决于团队成员的需求满足程度，因此激励策略要具有灵活性。对于期望晋升且能力达标的成员，大学生创业者可以用高职位来激励；对于期望高物质回报的成员，大学生创业者可以用高薪和奖金来激励。

（4）差异。因贡献程度的不同，奖励程度也有所不同。贡献大则奖励多，贡献小则奖励少，无贡献则没有奖励。只有这样，才能真正调动团队成员的积极性，才能使他们为获得更多的收益而努力奋斗。

（5）适度。奖励和惩罚过度不仅会影响激励效果，还会增加激励成本。奖励过重会使被奖励者产生骄傲自满的情绪，失去进一步提高自己的欲望；奖励太轻则起不到激励效果，甚至会让被奖励者失去工作热情。惩罚过重会让团队成员感到失落，感情受到伤害；惩罚太轻则无法使团队成员认识到错误的严重性，起不到警示作用。因此，适度的奖惩措施也是至关重要的。

2. 团队激励方法

团队激励方法主要有以下 3 种。

（1）团队文化激励。大学生创业者可以通过调动团队成员的积极性、主动性和创造性来增强创业团队的竞争力和凝聚力，使团队成员与整个创业团队紧密联系在一起。

（2）权力与职位激励。团队成员参与创业不仅是为了追求经济利益，也是为了获得成就感以及权力和地位上的满足感。因此，大学生创业者可以多给予团队成员一些实际的权力，增强其成就感。

（3）经济激励。经济激励包括奖金和期权等，其中，奖金代表短期经济激励，具有很强的针对性和灵活性；期权代表长期经济激励，在未来可能会为团队成员带来丰厚的回报。因此，将二者结合起来会使经济激励发挥最大效力。

（六）建设团队文化

一个创业团队要想实现超越，就一定要找到可以传承的团队文化。团队成员可以新老更替，产品也可以更新换代，只有创业团队的文化可以不断传承、发扬。一个优秀的创业团队应具备以下 3 种团队文化。

（1）勇气文化。创业过程中会遇到很多意想不到的困难，团队成员要有知难而上的勇气，敢于直面困难，敢于探索未知领域，并勇敢地面对失败。

（2）忠诚文化。团队成员只有忠诚于团队，才会为团队的发展贡献全部的才智。也只有通过团队的成功实现个人价值并获得利益后，成员才会更忠诚于团队。因此，大学生创业者应通过建设合理的团队文化来提高团队成员的忠诚度。

（3）学习文化。团队成员在创业过程中需要不断地学习，努力吸收一切对创业有利的知识、技能和经验。只有善于学习的团队才会发展得更好。

第二节　整合创新资源

一、人力资源

对大学生创业者来说，人力资源整合是一项十分重要的工作。合理的工作安排会使人力资源管理工作达到事半功倍的效果。

（一）人力资源规划

大学生创业者在进行人力资源规划之前，应该首先思考下面的问题。创业团队的发展目标是什么？为实现这一目标，人力资源该如何进行配置？团队现在的人力资源状况如何？团队现在的组织架构是否合理？如果存在用人短缺，应该如何补足？团队成员的分工是否明确？是否对团队人力资源进行了合理有效的利用？是否还需要开发现有成员的其他潜能？明确上述问题后，大学生创业者就可以根据团队目标、团队规模、团队发展计划以及团队人力资源运行模式这几个核心要点来编制人力资源规划了。

（二）人才招聘

创业团队的人才招聘可以从以下 5 个方面入手。

1. 多花时间

大学生创业者需要花更多的时间去寻找人才，并且需要和面试者进行面对面交流以确保双方都充分了解对方的情况。

2. 躬身力行

大学生创业者应躬身力行地去了解所招聘岗位的工作内容。大学生创业者只有懂得这个职位的职责，才能招聘到最合适的人才。

3. 聘用高效的人才

每个特定的职位都有一些特殊的要求，但较高的工作效率却是大部分招聘者都看重的。在面试时，大学生创业者可以通过聊天提问的方式来判断面试者的工作效率。

4. 宁缺毋滥

在创业初期，千万不要因急迫需要人才而放宽要求，否则可能会产生严重的负面影响。

5. 随时招聘

对于创业团队来说，团队人才不是一步到位的，团队发展的各个阶段需要有不同类型的人才。因此，招聘通常是一项长期工作，创业团队应做好随时招聘的准备。

（三）员工绩效评价

当创业团队的人力资源管理工作进行到一定的阶段后，就需要对员工的工作绩效进行评价，让员工对自己在工作中的表现有一个明确、客观的认识。常用的员工绩效评价方法有以下4种。

1．相对比较法

相对比较法是指对员工进行两两比较，任意两名员工都要进行一次比较。对两名员工进行比较后，相对较好的员工记"1"，相对较差的员工记"0"。所有的员工相互比较完毕后，将每个员工的得分相加，总分越高，绩效考核的成绩越好。

2．关键绩效指标法

关键绩效指标法是指以创业团队的年度目标为依据，对员工工作绩效特征进行分析，从而确定反映员工一定期限内综合业绩的关键性量化指标，并以此为基础进行绩效考核。

3．目标管理法

目标管理法是指将创业团队的整体目标逐级分解至个人目标，最后根据被考核人完成工作目标的情况来进行考核的一种绩效考核方式。应注意的是，在开始工作之前，考核人和被考核人应该对需要完成的工作内容、时间期限、考核的标准达成一致。

4．重要事件法

重要事件法是指考核人在平时应注意搜集被考核人的"重要事件"。这里的"重要事件"是指会对团队的整体工作产生积极或消极影响的事件。对这些表现考核人要以书面的形式记录下来，然后根据这些书面记录进行整理和分析，最终形成考核结果。

小贴士

绩效评价所提供的信息有助于团队做出人事晋升、成员加薪方面的决策。与此同时，绩效评价还为大学生创业者及其下属人员提供了一个面对面交流的机会，避免了各种误会的产生。

（四）帮助员工进行职业规划

大学生创业者参与员工职业生涯规划可以了解员工的需求、能力和职业目标，使员工安心工作并发挥出最大潜能，从而营造出企业与员工共同发展的良好氛围。因此，组织员工做好职业规划是十分重要的。帮助员工进行职业规划时，应遵循以下原则。

（1）应向员工传递远景规划信息，为员工的职业生涯规划创造条件。

（2）应该公开、公平、公正地为每一位员工提供职业发展机会。

（3）应提供良好的成长环境；管理者应对员工进行沟通与鼓励，帮助其制订切合实际的计划。可以多为员工举办职业规划讲座、职业研讨会等，帮助员工确定自己的职业目标、职业兴趣、职业价值观等。同时，还可以为员工的职业规划提供专业性的指导建议，并引导员工树立职业生涯理念。

小贴士

　　开展员工职业规划是以企业的经营战略和发展目标为基础和指引的，帮助员工进行职业规划的目标就是实现企业和员工的共同发展。只有当企业和员工能够很好地契合时，员工的职业规划才具有实现的可能性。

思政导学

　　对于大学生创业者来说，创业之初选择和培养什么样的员工对于创业的成败起着至关重要的作用。企业的竞争归根结底是人才的竞争，人才的竞争归根结底是员工价值观与企业价值观的融合。员工价值观决定着企业的持续稳定发展，是企业实现可持续发展的决定性因素。所以创业过程中一定要培养员工的价值观，让其认同创业者的理念和创业价值观。

二、资金资源

（一）创业资金——融资

　　融资就是一个企业根据自身的生产经营状况、资金拥有状况及未来经营发展的需要，采用一定的方式，通过一定的渠道筹集资金，组织企业资金供应的行为、活动，是企业筹集资金的行为。初创企业融资比成熟企业融资所需的条件更加苛刻。初创企业融资，无论是对创业者还是资金提供者而言，都将面临许多的不确定因素；而成熟企业可以借助成熟的资本市场进行融资。初创企业作为成熟企业发展的初级阶段，其融资在表 4-1 所示的 7 个方面都与成熟企业融资存在差异。

表 4-1　初创企业融资与成熟企业融资的差异

项目	初创企业	成熟企业
资金来源	资金来源少，无法借助成熟的资本市场	资金来源广，可以和成熟的资本市场对接
资金用途	解决企业生存的紧急问题	解决企业持续发展的一般问题
资金数量	一般较小	一般较大
资金风险	一般较大	一般较小
资金回报率	较大	一般
融资方式	方式单一	方式较多，还可以组合使用
融资的难易程度	相对较难	相对较易

　　下面从 4 个方面来具体分析初创企业的融资问题。

1. 资金来源

　　初创企业在融资的过程中会面临许许多多的难题。例如：初创企业在品牌、信誉等方面不为大众熟知；未来市场的不确定性；收益不稳定等。初创企业必须采取对策，在保证未来利益牺牲较小的前提下，获得自身发展所需要的资金。

2. 资金用途与数量

成熟企业在融资时一般有其特定目的，如为了某一个新产品的研发、并购企业等，且成熟企业的融资金额一般较大。而初创企业首先需要做的是开发出能够满足市场需求的产品和服务，实现企业的生存和发展。因此，初创企业的融资一般是为了满足流动资金的需要、产品开发和企业成长的资金需要，且其融资金额一般较小。

3. 资金风险与回报率

与成熟企业相比，初创企业无疑面临着巨大的市场风险和技术风险。因此，初创企业在融资时，投资者所承担的风险较大，所以会期望较高的回报率。

4. 融资方式和融资难易程度

初创企业面临的市场不确定性、技术不确定性和团队不确定性都比成熟企业要大。而且由于经验不足、对市场的预期过于乐观、与资本市场讨价还价的能力不足等诸多因素的影响，初创企业的融资方式较为单一，主要包括亲友提供资金、天使融资、风险投资等。

另外，初创企业由于市场信誉缺失，无法进行商业信用融资，要想进行商业贷款、债券融资等都很困难。

（二）融资的原则

企业在创办之初或者由于想扩大经营规模等而没有足够资金的时候，往往会采用融资的方式来解决。为了确保融资活动的顺利进行，企业在进行融资时应遵循以下原则。

1. 把握最佳融资机会原则

融资机会是指由有利于企业融资的一系列因素所构成的有利的融资环境和时机。

从企业内部来讲，过早融资会造成资金闲置，而过晚融资又会造成投资机会的丧失。从企业外部来讲，由于经济形势瞬息万变，这些变化又将会影响企业融资的难度和成本。

因此，企业若能抓住企业内外部变化提供的有利时机进行融资，就会比较容易地获得成本较低的融资资金。

2. 选择最佳融资方式原则

企业在融资时通常会有很多种融资方式可供选择，每种融资方式由于特点不同，给企业带来的影响也是不一样的，而且这种影响也会反映到企业竞争力上，所以企业应选择最佳融资方式。

3. 测算融资期限适宜原则

按照测算期限来划分，企业融资可分为短期融资和长期融资。究竟是选择短期融资还是长期融资，主要取决于企业融资的用途和融资成本等关键因素。

4. 收益与风险相匹配原则

企业融资的目的是将融资资金投入企业运营中，并最终获取经济效益。在每次融资之前，企业往往会预测本次融资能够给企业带来的最终收益，收益越大意味着企业所获取的利润越多，因此，融资总收益的多少成了企业融资的一大原则。实质上，企业通过融资取得收益的同时，也要承担相应的风险。创业者首先需要思考自己所能承受的最大风险，并在自己所能承受的最大风险范围内对收益与风险进行权衡，使收益与风险相匹配。

5．控制融资成本最低原则

融资成本是决定企业融资效率的决定性因素之一，对企业选择何种融资方式有重要意义。一般情况下，按照融资来源划分，融资成本由高到低依次为财政融资、商业融资、内部融资、银行融资、债券融资、股票融资。

6．保证企业有控制权原则

企业控制权是指相关主体能对企业施以不同程度的影响。控制权的掌握具体体现在控制者拥有参与相关决策的权利，如能够参与企业决策，并对最终的决策有较大的影响。

7．融资规模量力而行原则

确定企业的融资规模，在企业融资过程中也非常重要。融资过多可能导致企业负债过多，使其偿还困难，增加经营风险。而如果企业融资不足，又会影响企业的经营。因此，企业在进行融资决策之初，要根据企业对资金的需要、企业的实际条件及融资的难易程度，合理确定企业的融资规模。

（三）融资的流程

面对越来越激烈的市场竞争，很多企业都进行融资，以求实现企业资金的供求平衡。那么，企业进行融资时需要经历什么样的办理流程呢？下面将进行简单介绍。

一般来说，企业融资按以下流程进行。

（1）通过适当的渠道接触合适的投资机构。

（2）投资机构以书面形式表示同意约谈。

（3）投资机构若感兴趣，将会发出投资意向书，确定最基础的投资额、估值和优先权条款。

（4）签署投资意向书后，投资机构会约企业相关人员进行访谈，主要是了解企业经营现状，搜集信息来说服本机构股东并给企业估值。

（5）投资机构对企业进行实地考察，整理并汇总材料。

（6）投资机构内部通过审核后，联系律师起草相关法律文件。

（7）所有投资合同文书轮转签署。

（8）投资机构打款。

（四）融资的渠道

1．债权融资

债权融资是指创业者以一定条件，向资金供给者借钱，到期偿还本金和利息的融资方式。也就是创业者不卖出自己的股权，投资者也不做创业者的合伙人或者股东，而只是借款给创业者，并收取一定的利息。具体可分为3种，向家人及亲戚朋友借款、大学生创业贷款、银行贷款。

案例点评

用废弃的厂房抵押贷款

江建北在一家外贸服装企业工作 5 年后，积累了一定的资金和客户资源，于是他打算自己创业开一家服装厂。经过一番计算，江建北发现，如果要开办一家小规模的服装厂至少需要 80 万元的设备和周转资金，以及一间面积为 100 平方米的厂房。江建北的朋友建议他找一间旧厂房来重新整修，这样可以节约成本。于是，江建北在离城区较远的镇上找到了一家濒临破产的砂石厂。该厂已经有两年时间没有投入生产了，老板正愁找不到合适的买家，因此开价非常低。就这样，江建北获得了砂石厂的所有财产和厂房。

解决了厂房的问题，江建北就开始筹资。虽然自己有一部分积蓄，但还差 50 万元，这可是一笔不小的数额，到哪里去筹呢？亲朋好友那里恐怕也借不到这么多钱。于是，江建北想到了去银行贷款。银行的贷款人员告诉江建北，贷款需要提供担保，一时可急坏了江建北。他转念一想，自己的砂石厂不就是现成的抵押物吗？

就这样，江建北用自己低价接手的砂石厂做抵押完成了前期资金的筹集，解决了厂房和资金的问题。但同时江建北也背负了很重的债务，需要通过自己的努力来偿还。

点评

江建北之所以可以成功申请到银行贷款，是因为他用自己的厂房做抵押。如果大学生创业者没有相关的抵押物作为担保，要想在银行取得贷款是很难的。

小贴士

相对而言，国有商业银行的贷款利率要低一些，但手续要求比较严格。如果大学生创业者的贷款手续完备，为了节省筹资成本，可以采用个人"询价招标"的方式，对各银行的贷款利率及其他额外收费情况进行比较，从中选择一家成本较低的银行办理抵押、质押或担保贷款。

2. 股权融资

股权融资是指企业的股东愿意出让部分企业所有权，通过增资的方式引进新股东，同时使企业总股本增加的一种融资方式。

股权融资包括创业者自己出资、争取国家财政投资、与其他企业合资、吸引投资基金投资及公开向市场筹集发行股票等方式。自己出资是股权融资的最初阶段，发行股票是最高阶段。包含创业资本融资、天使融资、私募股权投资。

案例点评

依靠优秀的技术及知识产权获得投资

梁宁和马丁是某公司的工程师，他们一起合作发明了一种无线通信技术，然后在实验室里通过模拟软件证明了这种无线通信技术的可行性，并向专利局提交了专利申请。王曼妮在做风险投资之前是一家通信技术公司的技术主管，她对这种新兴的通信技术十分感兴趣，在看了梁宁和马丁的实验结果、专利申请资料和《商业计划书》后，她觉得该技术十分独特，具有发展前景。在对梁宁和马丁的公司进行估价后，王曼妮决定向他们投资 200 万元，并拥有公司 30% 的股份。

点评

从梁宁和马丁的经历可以看出，知识产权对企业而言是很重要的。他们的技术十分先进且具有一定的复杂性，不容易被人模仿，而且具有广泛的市场前景，所以梁宁和马丁得到了风险投资者的青睐。

3. 不同发展阶段创业企业融资渠道的选择

创业企业的发展一般会经历种子期、启动期、成长期和成熟期 4 个不同阶段。处于不同发展阶段的创业企业具有不同的风险特征和资金需求，同时不同融资渠道所能提供的资金数量及所产生的风险程度也不同。

（1）种子期融资渠道的选择。种子期的创业企业规模较小，且具有高度的不确定性，此时，创业者所需资金主要用于对创意的实践或技术的商业化应用，但此时创业企业没有任何销售收入和盈利记录，风险程度非常高。所以，创业者很难从外部筹集资金。创业者的自有资金、亲朋好友的借款、国家创业资金的资助是种子期创业企业较多采用的融资渠道。

此外，天使投资人也常为处于起步阶段的创业企业提供资金。一些有创意或有特殊技术的项目很可能会受到天使投资人的青睐，所以撰写商业计划书，争取获得天使投资也是创业企业在种子期融资时的一种选择。

（2）启动期融资渠道的选择。启动期的创业企业处于开拓阶段，主要任务是进行科技成果的转化，所以资金需求量大而急迫。但由于创业企业成立时间短，业务量有限，投资机构评估比较困难，因此，依靠传统投资机构和金融机构对其提供资金的难度非常大。

此时，担保机构、风险投资机构是创业企业这一阶段投资的重要目标对象，创业企业可以进一步修改商业计划书，使其不断完善，从而吸引包括天使投资在内的风险投资。

（3）成长期融资渠道的选择。成长期的创业企业已具备一定的规模，销售量迅速增加，然而企业仍希望不断增强自身的创新能力，从而获得更多的市场份额。因此，这一阶段仍需投入大量的资金。该阶段的创业企业已有一定的知名度和资本积累，所以投资风险降低，更容易获得外界的认可。

在成长期，创业企业的融资渠道相对通畅，创业企业可以根据自身的具体情况考虑吸引风险投资，或者选择银行贷款。

（4）成熟期融资渠道的选择。进入成熟期后，创业企业步入稳步发展的轨道，经营稳定，面临的风险显著降低，获得了外界的普遍认可，该阶段的资金需求量相对稳定。因此，可以综合运用各种外界融资渠道，如债券、股票等资本市场为创业企业提供丰富的资金。

（五）创业企业融资的 10 个问题

对于创业者来说，融资的过程实质上是推销自己的企业、产品和梦想的过程。成功的企业家之所以会成功，一个重要的原因就在于他/她懂得怎样向经验最丰富的投资商推销自己的第一商品——初创企业，从而获得资金上的支持。

正因为如此，在这种推销和争取投资的过程中，以下 10 个问题需要创业者有所了解并尽量避免。

1.廉价出售技术或创意

许多创业者为了得到启动或周转资金，往往在融资时急于求成，或者出让大部分股份，或者轻易地低价卖出技术或创意。在"只要能获得启动资金就行"这种思想的引导下，有不少核心技术的拥有者会廉价出售自己的技术或创意。

2.花投资者的钱，圆自己的梦

创业不仅是创业者实现理想的过程，也是使投资者的投资保值和增值的过程。创业者和投资者是一个利益共同体，只有通过企业这个载体不断发展，才能实现双赢。若创业者抱有"花投资者的钱，圆自己的梦"的想法，说明其存在信用问题，这样的人很难成为一个成功的创业者。只有能为投资者创造价值的创业者才能得到更多的融资机会和成长机会。因此，创业者不仅要提升自身的技术能力，还需要加强道德修养，培养优秀企业家应具有的诚实守信的道德风范。

3.没有完善的融资战略设计

与任何推销过程一样，在筹资和融资的过程中，也需要有完善的策划和充分的准备。融资的具体战略设计是总体战略设计的一项重要内容。因此，对这一部分内容创业者应该用心进行策划。策划时需考虑的内容主要包括以下 3 点：一是哪些风险投资者对自己的项目和产品感兴趣？二是风险投资者一般可能采取哪种投资合作形式？三是风险投资者一般在第一次接触中会提出哪些问题？应该做哪些准备才能展现本项目的优势和特点？

4.缺少对融资方案的比较性选择

尽管国内的融资渠道建设还不是很完善，但可供选择的渠道还是比较多的，主要有以下 7 个渠道：创业基金；创业贷款；银行及金融机构贷款；风险投资；发行债券；发行股票；天使融资。对这 7 个融资渠道进行深入的比较与选择，可以有效降低融资成本，提高融资成功率。通过上述途径得到的发展资金可以分为资本金和债务资金两类。资本金与债务资金之间的比例应保持在合理的范围。如果资本金占比太高，说明创业企业对社会资源的利用率较低；如果债务资金比例过高，创业企业受债务制约的程度将加大，会面临债务到期的资金流动性风险，可能会因暂时的市场疲软和资金流动性管理不善而导致企业破产。

因此，创业企业应当根据自身的特点，合理确定资本金与债务资金的比例，从而有效地利用社会资源和自身资源。

5.缺乏资金规划和融资准备

企业融资是企业发展过程中的关键环节，创业企业要想获得发展，必须要有清晰的发展战略，并营造一个资金愿意流入且能够流入企业的经营格局。不少创业企业在发展过程中把企业融资当作一个短期行为来看待，希望突击拿款或突击融资，但实际上成功的概率很小。缺乏融资准备最典型的表现是多数创业者对资本的本性缺乏深刻的研究和理解。在这种情况下盲目进行融资，往往效果不佳。其实，资本的本性是逐利，不是救急，更不是慈善。因此，创业企业在正常经营时就应该考虑自己的融资策略。

6. 过度包装或不包装

有些创业企业为了融资，不惜对财务报表弄虚作假，进行"包装"融资，这是错误的做法。因为当财务数据与企业的实际经营状况严重不符时，投资者往往一眼就能看穿。但也有另一种情况，有些创业企业认为自身的经营效益好，应该很容易获得融资，因而不愿意花时间和精力去包装企业。但是投资者除了看重创业企业的发展前景和企业可能面临的风险外，更看重的是创业企业领导员工战胜困难的能力。因此，创业企业的主要领导应该有一个清醒、理性的认识和思考，在融资前对企业进行适度包装。

案例点评

过度包装错失融资机会

江明大学毕业后就回到了老家，用自有资金和政府补助金在家乡创办了一个养殖场，主要养殖奶牛。由于是大学生创业，当地政府对江明的项目十分关照，加上江明善于言谈，当地政府又专门给他划拨了养殖基地。江明也不负众望，将自己的养殖业干得红红火火，销量非常好。但现有的养殖场地实在是太小了，江明打算对其进行扩建。他考虑了一下自己目前的经济状况，结算了养殖场的租金、设备的购置款、人员工资等支出后，大约还需要 50 多万元。

到哪里去筹这么多钱呢？江明想到了去找风险投资者。为了给其留下良好的印象，江明可谓是下足了功夫来包装自己，不仅将自己打扮成商业精英，还专门请人给公司做了一份商业计划书，将公司的产品、运作方式、财务状况、发展前景等进行了一系列美化。然而让江明没有想到的是，风险投资者并非单单看中表面的业绩，在经过实地考察后风险投资者回绝了他的请求，并且明确告诉江明，没有事实根据和不符合企业经营状况的财务数据是没有说服力的，他们不需要一个不诚实的合作者。

点评

对于资金的问题都是重要的问题，资金问题必须锱铢必较。尤其是商业的交流过程中，资金问题一定要慎之又慎，不能轻信于他人，一定要以自己产业的利益为出发点考虑问题。

7. 缺少必要的融资知识

很多创业者虽有很强的融资意愿，但缺少相应的融资知识。真正理解融资的人很少，很多创业者总以为托人打个电话，写份商业计划书，就能把钱筹到手，而不注重用心去研究融资知识，他们往往把融资想得过于简单、随意。

由于缺乏必要的融资知识，创业者的融资视野就比较狭窄，谈到融资就只知道银行贷款或股权融资，而不懂得还有租赁、担保、合作、并购及无形资产输出和转让等方式。

8. 盲目对外出具融资担保函

由于创业融资比较困难，因此，一些创业企业在未了解清楚被担保企业的资质、融资条件、贷款条件等内容后，就对外出具融资担保函。这种盲目担保往往会给创业企业带来很多意想不到的风险。

9. 盲目扩张，不建立合理的公司管理结构

规范化管理是企业实力的一种体现。部分创业企业在不断扩张的同时，企业管理却越来越粗放、松散，没有在企业发展过程中不断完善公司管理结构，忽略了增强自身规避企业扩张过程中的经营风险的能力。

10. 融资缺乏信用

其实银行也是愿意贷款给讲信用的创业企业，并支持其做大、做强的。就一般情况而言，除了高新技术企业之外，银行从贷款原则出发，青睐那些产品有市场、法人代表对企业的管理控制能力强、经营规模和经济效益呈向上趋势，并拥有长期稳定销售合同的创业企业。对于信用不佳的创业企业，银行不会批准其贷款申请。

思政导学

大学生创业融资最重要的是讲信用，降低创业融资风险，融资规模要量力而行，实事求是。融资规模的大小要根据创业者本身的实力，从实际出发，避免债务过多，无法偿还的情况。同时，需要大学生具有更加综合的素质，应放眼大局，对国家经济的整体形势进行分析，熟知我国的货币政策和财政政策，了解国内以及国际的政治关系和政治环境，这都有利于更加准确判断这些因素对于融资效果的影响，以及各种利弊条件所引起的变化趋势。

三、技术资源

技术资源是企业的核心竞争力，在企业运营的过程中，可以让企业平稳发展，有稳定收入的是企业的技术资源。

（一）知识产权对企业竞争力的作用

知识产权对企业核心竞争力具有关键作用。知识产权一般是核心技术的创新，如企业专利，其他企业无法抄袭，企业的产品就肯定可以占领市场中一定的份额，这就是知识产权的创新带来的企业效益。企业间的竞争是无处不在的，有自己的专利等知识产权，就能优化自己的产品，从而在竞争中胜出。

（二）科技成果转化

科技成果的转化情况，其中科技技术成果的转化率是怎么样的，是否将科技科研创新成果成功转化成了企业的产出，对于创业企业来说是极其重要的。

（三）研究开发与技术创新组织管理

创业企业要建立研发立项管理制度，构建研发投入核算体系，制定产学研合作、设施设备、研发人员绩效考核制度等。

（四）技术的保密和保持专业人员的稳定

技术与企业的生产息息相关，也是企业运营的命脉所在。所以技术的保密工作是需要优先考虑的问题，所有接触到企业技术的人员都需要遵守保密协议。

专业技术人员的稳定性间接影响了企业盈利的稳定性，所以人事部门对技术人才的稳定也应该高度重视，在合理的范围内保证技术人员的相对稳定。

📝 本章练习

1. 创业团队组建的原则是什么？
2. 创业团队内部发生冲突怎么办？
3. 员工绩效评价的方法有哪些？
4. 阅读以下材料，分析李波和黄小双创业成功的原因。假如你想创业，你会选择什么样的成员来组成创业团队？

园林绿化公司的成功之道

李波和黄小双在大学毕业后合伙创办了一家园林绿化公司。李波在大学所学专业是园林绿化，公司成立后，他就负责园林景观设计工作。黄小双则负责日常管理，虽然他并没有与行政管理相关的专业知识背景，但他在大学社团活动中表现出的管理能力让李波很钦佩。就这样，两个人分工合作，为这家公司的发展共同努力。

经过两年的努力，李波带领设计团队为多家房地产开发公司、园林设计院等成功设计了不同风格和样式的景观，得到了他们的认可。黄小双也在实践中不断学习，逐渐提升了自己的管理能力，虽然他不苟言笑，但却能够用独到的管理方式把公司管理得井井有条。经过两人的不懈努力，现在他们的公司年销售额已经超过100万元。但他们并未就此停止前进，年销售额突破1000万元成了他们的新目标。

5. 组建创业团队时，应避免的误区有哪些？

第五章
撰写商业计划书

本章导读

　　撰写商业计划书对于企业的立体描述，对于企业的招商引资以及对于企业的立体形象都起着至关重要的作用。本章主要介绍了商业计划书的概念，商业计划书的撰写要求，商业计划书的撰写原则和作用，以及如何撰写商业计划书。

知识结构

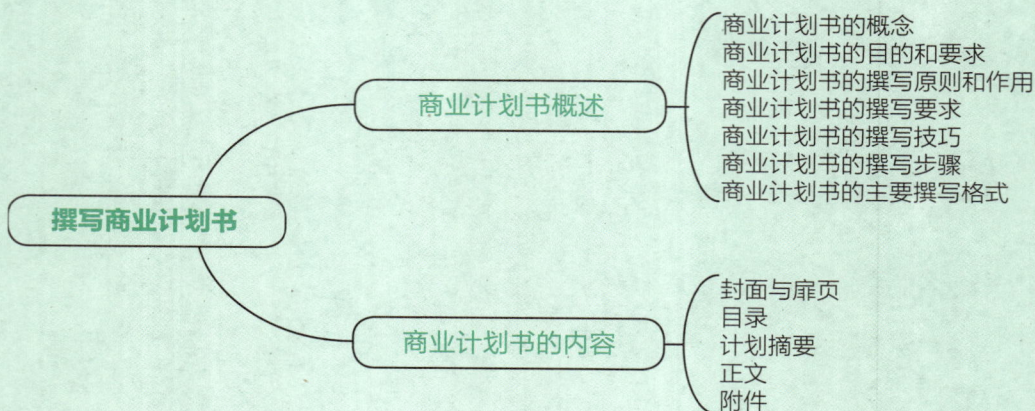

撰写商业计划书

商业计划书概述
- 商业计划书的概念
- 商业计划书的目的和要求
- 商业计划书的撰写原则和作用
- 商业计划书的撰写要求
- 商业计划书的撰写技巧
- 商业计划书的撰写步骤
- 商业计划书的主要撰写格式

商业计划书的内容
- 封面与扉页
- 目录
- 计划摘要
- 正文
- 附件

学习目标

知识目标：了解撰写商业计划书的目的，了解商业计划书的作用和撰写要求。

技能目标：掌握商业计划书的内容，掌握商业计划书的撰写原则与技巧。

思政目标：培育规范意识和质量意识，撰写优质的商业计划书。

学习重点

商业计划书的作用，商业计划书的撰写要求，商业计划书的内容，商业计划书的撰写原则与技巧。

案例导入

一份面向未来的商业计划书赢得投资者的青睐

又是一年毕业时，当很多大学毕业生还在为找工作而忙碌时，由3人组成的大学生创业团队已经是校园附近小有名气的"老板"。他们就是"无糖珍珠"团队。如今，毕业刚一年的他们已经在学校附近拥有了两家无糖饮品店。

说起他们的创业之路，也是一波三折。两年前，学校附近一个店面招标，很多人想利用这个地理优势开一个饮品店，但是迟迟无法获得投资者的青睐。

其中一个团队进行市场调查之后，向投资者详细阐述了饮品店的地理优势、学生客户群优势以及前景、发展战略等，甚至把什么样的装修风格能吸引客户、什么样的会员制度能留住客户等这些具体问题都进行了具体的分析。然而投资者不为所动。

另一个团队在阐述了饮品店的优劣势之外，还特别介绍了团队组成人员的基本情况，包括获得的荣誉、实习经历、学历背景等多个方面，而且各个成员都很优秀。然而投资者的答案依然是否定的。

"无糖珍珠"团队也是竞争者之一。他们不是急于把市场调查结果汇报给投资者，而是潜心撰写了一份翔实的商业计划书。首先就是把饮品店定性为"无糖"，以此来满足人们对食品健康日益增高的要求。同时，有计划、有步骤地阐明了"无糖饮品店"的基本情况，如需求分析、设备购置、原材料供应、投资估算、经济效益分析、团队风采等内容，以及对清洁生产、消防安全、员工培训等方面也做了详细表述。一本商业计划书似乎铺陈了一个饮品店的未来发展之路，投资者在看完这个计划书之后就好像吃到了定心丸，最终该团队获得了投资者的赞赏与支持。

目前，这个无糖饮品店的运营已经步入稳定良好的状态，接下来将继续开拓新的市场空间，扩大辐射范围和影响力，强化规范经营，实现稳健、可持续发展。

思考：

1. 商业计划书具体包含哪些内容？
2. 商业计划书的格式和书写顺序是怎样的？

第一节 商业计划书概述

商业计划书是大多数创业者寻找投资的"敲门砖"，而编写商业计划书的过程，也是创业者审视、分析自身及产品的好机会。好的商业计划书不仅能够帮助创业者吸引到优秀人才，获得投资者和合作伙伴的支持，还会在经营中达到事半功倍的效果。

一、商业计划书的概念

商业计划书，英文名称为"Business Plan"，是公司、企业或项目单位为了达到招商融资和其他发展目标，在经过前期对项目科学地调研、分析、搜集与整理有关资料的基础上，根据一定的格式和内容的具体要求而编辑整理的一个向投资者全面展示公司和项目目前状况、未来发展潜力的书面材料。商业计划书是以书面的形式全面描述企业所从事的业务。它详尽地介绍了一个公司的产品/服务、生产工艺、市场和客户、营销策略、人力资源、组织架构、对基础设施和供给的需求、融资需求，以及资源和资金的利用等。

编写商业计划书的直接目的是为了寻找战略合作伙伴或者风险投资资金，其内容应真实、科学的反映项目的投资价值。一般而言，项目规模越庞大，商业计划书的篇幅也就越长；如果企业的业务单一，则可简洁一些。一份好的商业计划书的特点是：关注产品，敢于竞争，充分市场调研，有力的资料说明，表明行动的方针，展示优秀团队，良好的财务预计，出色的计划概要等。在申请融资时，商业计划书是至关重要的一环，无论申请对象是风险投资机构或其他任何投资或信贷来源。因此，商业计划书应该做到内容完整、意愿真诚、基于事实、结构清晰、通俗易懂。

小贴士

商业计划书要全面翔实、简明扼要。因为撰写商业计划书的主要目的是获得投资，全面详细的商业计划书可以展示较多的内容，并提供各方面的依据，从而增加可信度。而简明扼要、通俗易懂的商业计划书则能够让投资者一目了然，从而使其能够快速地判断出计划的可行性和投资的收益等信息。

思政导学

社会是不断发展变化的，市场也同样是这样。对于创业者来说，最初进行的预测与分析极有可能在一段时日之后不再适应已经变化了的市场，因此，创业者必须密切关注市场发展，不断调整自己的商业计划书，使之始终与市场高度贴近。

二、商业计划书的目的和要求

（一）商业计划书的目的

商业计划书是呈现创业构想的载体，也是展现创业者如何实现创业目标的一份资料。商业计划书是一份全方位的项目计划，编写商业计划书的主要目的是向投资者传递消息，让投资者对某一新项目或服务做出评判，从而使创业者获得融资。一份好的商业计划书应具备细致的产品介绍、充分的市场调研信息、有力的资料说明、表明行动的方针、对团队风采及良好发展前景的展示等内容。

（二）商业计划书内容的要求

商业计划书应能反映经营者对项目的认识及取得成功的把握，它应突出经营者的核心竞争力；最低限度反映经营者如何创造自己的竞争优势，如何在市场中脱颖而出，如何争取较大的市场份额，如何发展和扩张。种种"如何"是构成商业计划书的重要元素。若只有远景目标、期望而忽略"如何"，则商业计划书便成为"宣传口号"而已。

商业计划书包含的范围很广，但一般离不开以下内容：经营者的理念、市场、客户、比较优势、管理团队、财务预测、风险因素等。对市场的分析应由大到小，从宏观到微观，以数据为基础，深刻地描述公司/项目在市场中将争取的定位。对比较优势，应在非常清楚本身强弱情况及竞争对手的战略的前提下而做分析。至于管理团队，应从各人的背景及经验入手，分析其对公司/项目中不同岗位的作用。财务预测是最关键的，应对绝大部分的假设及其所引致的财务影响进行彻底的描述及分析。当然，假设是不确定的，但有理有据的假设加上严谨的逻辑思维及系统的演示方法，将大大地增强可信性。虽知道绝大部分人都有倾向成功的心态，只要道理明白、不浮夸，自然会让人相信的。

通过编写商业计划书，经营者会更了解生意的整体情况及业务模型，亦能让投资者判断该生意的可盈利性，所以，商业计划书是创业企业融资的一种关键工具。

小贴士

商业计划书主要是为创业团队内部、潜在投资者和其他相关者 3 个群体服务的。其中，服务创业团队内部是指帮助创业团队梳理思路；服务潜在投资者是指吸引投资者的注意，最终顺利达成合作；而服务其他相关者，如创业大赛评委等，则是为他们的评审提供依据。

三、商业计划书的撰写原则和作用

（一）商业计划书的撰写原则

一份好的商业计划书必须呈现企业的竞争优势及投资者可以获得的利益，同时，要切实可行，并尽可能地提供较多的客观数据来加以佐证。在具体编写过程中，创业者应把握以下 5 项原则。

1.客观实际原则

要撰写一份较为完善的商业计划书，创业者就需要搜集和利用大量的信息，并对这些信息进行筛选和综合分析，尤其是财务规划部分要尽量客观、真实，切勿凭自己的主观想法进行判断。

2.文字精练原则

商业计划书要简洁明了，应该避免出现与主题无关的内容，应开门见山、直奔主题。风险投资者没有时间，也不愿意花过多的时间来阅读一些对他们来说毫无意义的东西。因此，文字精练的商业计划书较容易引起投资者的注意。

3.内容完整原则

创业者应尽可能地充实完善商业计划书，为投资者展示一个完整的企业发展蓝图。一份完整的商业计划书一般应该包括封面、计划摘要、企业概况、产品或服务介绍、行业分析、市场预测与分析、营销策略、经营管理计划、团队介绍、财务规划、风险与风险管理等内容。

4.展示优势原则

创业者编写商业计划书的主要目的之一是为投资者或贷款方提供决策依据，借以得到融资。因此，商业计划书中应尽可能地呈现出企业的竞争优势，显示出创业者创造利润的强烈愿望，并明确投资者预期可以获得的利润。与此同时，创业者也不能忽视投资过程中可能会遇到的困难或威胁，不能一味地强调投资的优势和机遇而忽略潜在的不足与风险。

5.前后一致原则

商业计划书要内容完整，尽量提供各项材料及佐证资料，并使预估与论证相互呼应、前后一致，具有较强的逻辑性。

（二）商业计划书的作用

1.达到企业融资的目的

一个好的商业计划书是获得贷款和投资的关键因素之一。一份高质量且内容丰富的商业计划书，将会使投资者更快、更有效地了解投资项目，将会使投资者对项目充满信心，并投资该项目，最终达到为项目筹集资金的作用。

商业计划书是争取项目融资投资的敲门砖。投资者每天会接收到很多商业计划书，商业计划书的质量和专业性就成了投资者投资的关键点。创业者在争取获得风险投资之初，应该将商业计划书的制作列为头等大事。

2.全面了解企业

通过制订相应的商业计划，创业者会对自己企业的各个方面有一个全面的了解。它可以更好地帮助创业者分析目标客户、规划市场范畴形成定价策略，并对竞争性的环境做出界定。商业计划书保证了这些方面的考虑能够协调一致。同样地，在制订过程中往往能够发展颇具竞争力的优势，或是计划书本身所蕴藏的新机遇或是不足。只要将计划书付诸纸上，这样才能确保提高创业者管理企业的能力。

3.向合作伙伴提供信息

使用商业计划书，为业务合作伙伴和其他相关机构提供信息。在编撰计划书过程中，最重要的目的是找到一个与自己能够成为战略合作伙伴，以期待企业更加充满活力，达到多方的共同发展。好的商业计划书可以吸引合作伙伴和其他相关机构。

思政导学

商业计划书的编写是创新创业教育的重中之重，也是各类创新创业大赛的主要参赛内容和形式。商业计划书的编写应当运用马克思主义哲学中的系统方法，统筹全局，以系统方法由局部形成整体，以构建商业计划书。

四、商业计划书的撰写要求

撰写商业计划书是一项非常复杂的工作，必须按照科学的逻辑顺序对许多可变因素进行系统的思考和分析，并得出相应结论。因此，要撰写一份内容真实、有效并对日后的生产经营活动有帮助的商业计划书，应遵循以下基本要求。

（一）信息的准确性和可靠性

如果想要撰写一份较为全面、完善的商业计划书，一个很重要的工作就是进行调研，并对所有的信息进行综合分析，以确定这些信息是否可以用来充实商业计划书。因此，撰写商业计划书的首要要求就是信息要准确和可靠。在信息如此发达的时代，创业者可以通过许多渠道来搜集信息，真实、可靠的信息不仅可以保证商业计划书的实用性，还可以让投资者更加信服。

（二）内容的全面性和条理性

商业计划书要尽可能全面地涵盖各个方面。如果创业者的项目很多，商业计划书就要对每一个项目进行分析和比较，从而得出最优方案。一般来说，商业计划书有较为固定的格式，创业者可以按这些格式来撰写商业计划书，以便让潜在的投资者在看计划书时找到他想要重点关注的内容。除此之外，将存在的每一个问题及所需要的东西全面、有条理地展示出来，这也是撰写商业计划书的要求之一。

（三）叙述的简洁性和通俗性

商业计划书的全面性与简洁性之间并不冲突。简洁性是指商业计划书的叙述语言应当平实，最好是开门见山，让投资者明白创业者想要做什么，不使用过于艳丽的图片和过于夸张的版式。通俗性是指商业计划书中应尽量避免使用复杂的专业术语，做到通俗流畅。

（四）计划的可接受性和实施性

在商业计划书中要明确有哪些资源是可以利用的，并分析计划的定位。不管是在商业计划书撰写之前还是之后，创业者都应该通过市场调查等方法进行查漏补缺。通过这种经常性的调查，创业者可以对商业计划书中的不足部分进行调整，让其可实施性大大增加。

五、商业计划书的撰写技巧

为了提高商业计划书的可读性和吸引力，创业者掌握一些商业计划书的撰写技巧是非常有必要的。

（一）关注产品

在商业计划书中，创业者要详细描述所有与企业的产品或服务有关的细节，包括产品正处于研发的哪个阶段，产品的独特体现在哪里，产品的生产成本和售价是多少，等等。这样才能将投资者带入企业的产品或服务中，让投资者感受到企业产品或服务的优势和与众不同。

（二）条理清晰

清晰的布局结构可以使投资者快速找到他们的兴趣要点，提升其阅读兴趣。另外，不同的阅读对象对创业项目的关注点会有所不同，因此，撰写商业计划书时不能套用固定模板，而应该根据不同的阅读对象进行调整，突出重点。

（三）借助外力完善商业计划书

商业计划书草稿完成并获团队全体成员一致通过后，可以聘请专业的咨询师进行完善。因为专业的咨询师有与投资者和银行沟通交流的丰富经验，他们对商业计划书的撰写具有非常充分的经验，所以创业团队可以借助专业咨询师来完善商业计划书。

（四）尽量使用第三人称

相对于频繁使用"我""我们"，使用第三人称"他""他们"会有更好的效果，这样会给投资者留下更专业和更客观的印象。

（五）注意格式和细节

在撰写商业计划书时，不要使用过于花哨的字体，如艺术字、斜体字等，避免给人留下不够严肃、正式的印象。另外，要在商业计划书的细节处理上多花一些心思，例如，在商业计划书的封面和每一页的页眉或页脚都加上设计精美的企业LOGO。

（六）使用 PPT 展示

绝大多数投资者更喜欢PPT格式的商业计划书，PPT中的图文展示更直观，表现更丰富，便于创业者清楚讲述创业项目。另外，PPT格式的商业计划书更适合在展示或路演时使用；而Word或PDF格式的商业计划书则适合后续的进一步展示，在内容上也更翔实。无论是哪种格式的商业计划书，将所有内容融会贯通是必不可少的。

（七）阅读优秀的商业计划书

阅读他人优秀的商业计划书可以在一定程度上帮助创业者提高自己的写作能力。因此，创业者在撰写商业计划书之前，可以多阅读他人的商业计划书，从中找到灵感，并得到一定的启发。

六、商业计划书的撰写步骤

商业计划书的撰写可以分为以下6个步骤。

（一）经验学习

创业者大多都没有撰写商业计划书的经验，此时可以先通过网络搜集一些较为成功的商业计划书范文、模板及相关资料，研究这些资料所包含的内容和写作手法后，吸收其中的精华，理清自己的撰写思路。

（二）创业构思

一个优秀的创业构思对创业企业的成败起着至关重要的作用。如果创业者只是单纯地跟着别人的步伐来创业，那么很可能会以失败告终。因此，创业者在进行创业构思时，要冷静分析、谨慎决策，考虑多方面的问题，如项目的切入点是什么、如何寻找合适的创业模式、怎样找到投资者、怎样预见可能遇到的各种问题等。

🏠 案例点评

开店前的创业构思

赵小丽从小就喜欢烘焙，但她大学期间所学的是食品科学与工程专业，与烘焙还是有一些差别。因此，在大学暑假期间，赵小丽选择到专业的烘焙学校进行系统学习，并拿到了职业资格证书（高级技能）。在大四实习期间，她还到一家大型的蛋糕店实际接触烘焙工作。由于赵小丽工作出色，店长录用她为正式员工，但赵小丽选择了离开。因为她觉得凭借自己对烘焙事业的热爱和专业的烘焙技术，应该可以自己开店。在开店前，她尝试进行自我测试，以帮助自己厘清创业构思。具体内容如下。

问：想要进入哪个行业？

答：我大学期间学的是食品科学与工程专业，而且烘焙是我从小的爱好，再加上我已取得了相应的烘焙师证书，因此烘焙行业比较适合我。

问：具体到哪个细分市场？

答：在大型蛋糕店的工作经历让我的理论知识和实践经验更加丰富，并掌握了相关的店铺运营知识，因此我想开一家蛋糕店。

问：自己有创业资金吗？需要投资者吗？

答：蛋糕店的资金投入较少，有父母的支持，再找朋友合伙，资金上完全没有问题。

问：店铺所需的食材找到合适的供货商了吗？

答：在蛋糕店实习的经历让我已经积累了一定的供货商资源，待实地考察后再确定最终的供货商。

问：这个店有消费者需求吗？

答：我们镇上类似的蛋糕店只有一家，竞争对手少；目前蛋糕等烘焙食品已经逐渐成为人们喜爱的食物，从消费者年龄段来说，蛋糕店的覆盖面较广，老人小孩都喜欢吃蛋糕。由此可以判断，烘焙食品的市场需求会越来越大。

问：怎么维护与消费者的关系？

答：以高质量和真诚的态度进行服务，并提供派送服务。

点评

赵小丽的创业构思主要是从自身爱好和消费者需求出发的，这使她成功创业的可能性大大增加。一个好的构思还必须要有市场机会和利用这个市场机会的技能与资源。从上面的案例可知，赵小丽都具备这些条件。

（三）市场调研

市场调研就是市场需求调查，即通过运用科学的方法，有目的、有计划地搜集、整理、分析有关的信息，并提出调研报告，以便帮助创业者了解营销环境，发现问题和机会。市场调研的主要内容包括市场环境调查、市场需求调查、市场供给调查、市场营销调查和市场竞争调查5个方面。

（1）市场环境调查。市场环境调查主要包括政治法律环境、社会文化环境、经济环境和自然地理环境等环境的调查。具体的调查内容可以是国家的方针、政策和法律法规，经济结构，市场的购买力水平，风俗习惯，气候等各种影响市场营销的因素。如最好不要在三线和四线城市开展与高端消费品有关的创业活动，因为这些城市消费者的购买力还不够高。

（2）市场需求调查。如果要生产或销售某个产品，应该对该产品进行市场需求调查。市场需求调查的主要目的是估计某个产品的市场规模的大小及产品潜在的需求量。创业者在对市场需求进行调查时，应重点关注以下问题：产品的需求量有多大？消费者的月/年收入是多少？让消费者产生购买行为的动机是什么？消费者喜欢以哪种方式进行购买？消费者能够接受的产品价格大概在什么范围？消费者在购买产品时是通过何种方式进行决策的？消费者对产品有什么其他的要求？产品最不令人满意的地方在哪里？消费者知道产品的途径是什么？

同类型的产品，消费者更喜欢哪个品牌？为什么？

（3）市场供给调查。市场供给调查主要包括产品生产能力调查、产品实体调查等。创业者在对市场供给情况进行调查时，应重点关注以下问题：产品的生产周期有多长？产品的产量有多大？产品的特色功能是什么？是否满足了市场的需求？产品的规格是否符合消费者的使用习惯？产品进货的渠道有哪些？除上述问题外，创业者还应对供应商的一些基本情况进行调查，如办公地址、负责人等，确保供应商的信誉没有问题，方便日后的长期合作。

（4）市场营销调查。市场营销调查主要是对目前市场上的某种产品或服务的促销手段、营销策略和销售方式等进行调查。创业者在对市场营销情况进行调查时，应关注以下问题：销售的渠道有哪些？销售的区域主要分布在哪些地方？产品的主要宣传方式是什么？产品有什么价格策略？产品有什么促销手段？对以上问题进行调查并分析，比较各个营销策略的优缺点，从而决定采取什么样的营销手段来推销产品或服务。

（5）市场竞争调查。市场竞争调查是通过获得的信息来查明竞争对手的策略，包括竞争对手的规模、数量、营销策略、分布与构成等，以此来帮助创业者制定合理的营销战略，使其快速占领一定的市场份额，这样才能在激烈的市场竞争中占据有利位置。

小贴士

当以消费者为对象进行调查时，应注意某些产品的购买者和使用者并不一致，如对婴儿用品进行调查时，其调查对象应该为孩子的父母。

（四）起草商业计划书

搜集到足够的信息后，创业者就可以开始起草商业计划书了。由于商业计划书中包含的内容较多，创业者在制订计划时要明确各个部分的作用，做到有的放矢。同时，在撰写商业计划书的过程中，创业者还可以咨询律师或顾问的意见，确保计划书中的文字和内容没有歧义，不会被他人误解。

（五）修饰

商业计划书的封面要简洁有新意，并且封面的纸质要坚硬耐磨，尽量使用彩色纸张，但颜色不要过于夸张。装订要精致，要按照资料的顺序进行排列，并提供目录和页码，最后还要附上商业计划书中相关材料的复印件。

（六）检查

撰写商业计划书的最后一步便是对商业计划书的文本和内容进行检查，以保证商业计划书的准确和美观。

七、商业计划书的主要撰写格式

（一）商业计划书摘要

商业计划书摘要是风险投资者首先要看到的内容，它浓缩了商业计划书的精华，反映商业全貌，是整个计划书的核心之所在。它必须让风险投资者有兴趣，并渴望得到更多的信息。篇幅一般控制在两千字左右。主要包括以下几项内容：公司概述、研究与开发、产品或服务、管理团队和管理组织情况、行业及市场、营销策略、融资说明、财务计划与分析、风险因素、退出机制。

（二）公司概述

介绍公司的发展历史、现在的情况以及未来的规划。具体而言，主要有：公司概述（包括公司名称、地址、联系方法等）；公司的自然业务情况；公司的发展历史；对公司未来发展的预测；本公司与众不同的竞争优势或者独特性；公司的纳税情况。

（三）公司的研究与开发

介绍投入研究开发的人员和资金计划及所要实现的目标，主要包括：研究资金投入、研发人员情况、研发设备、研发的产品的技术先进性及发展趋势。

（四）产品或者服务

创业者必须将自己的产品或服务创意向风险投资者做一介绍。主要有下列内容：产品的名称、特征及性能用途；产品的开发过程；产品处于生命周期的哪一段；产品的市场前景和竞争力如何；产品的技术改进和更新换代计划及成本。

（五）管理团队

在风险投资机构考察企业时，"人"是非常重要的因素。在某种意义上讲，创业者的创业能否成功，最终取决于该企业是否拥有一个强有力的管理团队，这一点特别重要。全面介绍公司管理团队情况，主要包括：公司的管理机构，主要股东、董事、关键的雇员、薪金、股票期权、劳工协议、奖惩制度及各部门的构成等情况；公司管理团队的战斗力和独特性及与众不同的凝聚力和团结战斗精神。

（六）市场与竞争分析

目标市场：主要对产品的销售金额、增长率和产品或服务的总需求等，做出有充分依据的判断。目标市场是企业的产品和服务销售的范围，而市场细分是对企业产品和服务及品牌的定位，应该细分各个目标市场，并且讨论企业到底想从他们那里取得多少销售总量收入、市场份额和利润。同时估计产品真正具有的潜力。

风险投资机构是不会因一个简单的数字就相信商业计划的，必须对可能影响需求和市场的因素进一步分析，以使潜在的投资者能够判断公司目标的合理性，以及他们将相应承担的风险。

（1）目标市场的阐述，应解决以下问题：

①细分市场是什么？

②目标顾客群是什么？

③5年生产计划、收入和利润多少？

④拥有多大的市场？目标市场份额为多大？

⑤营销策略是什么？

（2）行业分析，应该回答以下问题：

①该行业发展程度如何？

②现在发展动态如何？

③该行业的总销售额有多少？总收入多少？发展趋势怎样？

④经济发展对该行业的影响程度如何？

⑤政府是如何影响该行业的？

⑥是什么因素决定它的发展？

⑦竞争的本质是什么？采取什么样的战略？

⑧进入该行业的障碍是什么？将如何克服？

（3）竞争分析，要回答如下问题：

①主要竞争对手？

②竞争对手所占的市场份额和市场策略？

③可能出现什么样的新发展？

④策略是什么？

⑤在竞争中企业的发展、市场和地理位置的优势所在？

⑥能否承受、竞争所带来的压力？

⑦产品的价格、性能、质量在市场竞争中所具备的优势？

（4）市场营销，应该说明以下问题：

①营销机构和营销队伍。

②营销渠道的选择和营销网络的建设。

③广告策略和促销策略。

④价格策略。

⑤市场渗透于开拓计划。

⑥市场营销中意外情况的应急对策。

（七）生产经营计划

生产经营计划主要阐述创业者的新产品的生产制造及经营过程。这一部分非常重要，风险投资者从这一部分要了解生产产品的原料如何采购、供应商的有关情况，劳动力和雇员的情况，生产资金的安排以及厂房、土地等。内容要详细，细节要明确。这一部分是以后投资谈判中对投资项目进行估值时的重要依据，也是创业者所占股权的一个重要组成部分。生产经营计划主要包括以下内容：新产品的生产经营计划、公司现有的生产技术能力、品质控制和质量改进能力、现有的生产设备或者将要购置的生产设备、现有的生产工艺流程、生产产品的经济分析及生产过程。

（八）财务分析和融资需求

财务分析资料是一个需求花费相当多时间和精力来撰写的部分。风险投资者将会期望从财务分析部分来判断创业企业未来经营的财务损益状况，进而从中判断能否确保自己的投资获得预期的理想回报。财务分析包括以下三方面的内容。

（1）过去三年的历史数据，今后三年的发展预测。主要提供过去三年现金流量表、资产负债表、损益表以及年度的财务总结报告书。

（2）投资计划。内容包括预计的风险投资数额，创业企业未来的筹资资本结构如何安排，获取风险投资的抵押、担保条件，投资收益和再投资的安排，风险投资者投资后双方股权的比例安排，投资资金的收支安排及财务报告编制，投资者介入公司经营管理的程度。

（3）融资需求。主要包括两个部分：①资金需求计划。为实现公司发展计划所需要的资金额，资金需求的时间，资金用途（详细说明资金用途，并列表说明）。②融资方案。公司所希望的投资人及所占股份的说明，资金其他来源，如银行贷段等。

（九）风险因素

详细说明项目实施过程中可能遇到的风险，提出有效的风险控制和防范手段，技术风险，市场风险，管理风险，财务风险，其他不可预见的风险。

（十）投资者退出方式

（1）股票上市：依照商业计划的分析，公司上市的可能性做出分析，对上市的前提条件做出说明。

（2）股权转让：投资者可以通过股权转让的方式收回投资。

（3）股权回购：依照事业商业计划的分析，公司对实施股权回购计划应向投资者说明。

（4）利润分红：投资者可以通过公司利润分红达到收回投资的目的，按照本商业计划的分析，公司对实施股权利润分红计划应向投资者说明。

思政导学

商业计划书的撰写一定要本着实事求是，尊重规律的严谨态度，尊重科学、尊重制度的理性精神，保证数据真实完整，不能有任何的数据修饰和造假行为。

第二节　商业计划书的内容

商业计划书的内容往往会直接影响创业者能否找到合作伙伴、获得资金及其他政策的支持。因此，一份完整的商业计划书一般应包括封面、计划摘要、企业概况、产品服务介绍、行业分析、市场预测与分析、营销策略、经营管理计划、团队介绍、财务规划、风险与风险管理等内容。

一、封面与扉页

封面的设计要给人美感。一个好的封面会使阅读者产生最初的好感，形成良好的第一印象。商业计划书的封面应包括项目名称、团队名称、联系方式等内容，如果企业已经设计好了LOGO，也可以在封面中展示出来。商业计划书的封面示意图如图5-1所示。

图5-1　商业计划书封面示意图

二、目录

商业计划书的目录要展示本计划书介绍的全部内容，并标名页码。利用不同的字体展示出不同的层次，可以直观地让投资者了解企业的方方面面。例如：

星空酒店项目商业计划书

（本商业计划书案例为星空酒店项目获得2016年第二届中国"互联网+"大学生创新创业大赛全国总决赛银奖作品，部分内容酌情更改）

案例目录：

1　执行总结
 1.1　公司概况
 1.2　产品与服务
 1.3　商场分析与营销规划
 1.4　财务分析
 1.5　发展规划
2　项目背景
 2.1　酒店行业背景
 2.2　知识经济时代背景

三、计划摘要

计划摘要是商业计划书的重要部分，也是投资者首先要看的内容，它是整个商业计划书的精华和灵魂。因此，创业者在撰写计划摘要时要反复推敲，并涵盖整个计划的要点，以便在短时间内给投资者留下深刻印象。

（一）概述项目的亮点

采用最具吸引力的话语来解释为什么该项目是一个商机。通常可以直接、简洁地描述解决某个重大问题的方案或产品。

（二）介绍产品或服务

首先清晰地描述消费者当前面临的或未来将会面临的某个重大问题，然后说明该项目将怎样解决这个问题。最好采用通俗易懂的语言来具体描述企业的产品或服务，尽量不要使用复杂的专业术语。

（三）介绍行业前景

用科学、客观的语言来简要描述市场规模、增长趋势。要有调查、有结论、有数据，必要时也可对调查的局限性做出说明。避免使用空洞、宽泛的语句。

（四）分析竞争对手

主要描述该项目的竞争优势和核心竞争力，当面对竞争对手时，创业团队预先设计了什么样的解决方案，每一种解决方案有什么优劣势等。此外，对如何保持该项目的核心竞争力也应该进行简短的描述。

（五）介绍团队

用简洁的语言展示创业者和核心管理团队的背景及成就。不要用标准的套话，如"李萧，有 8 年的新媒体运营管理经验"。比较理想的描述为"李萧，曾在互联网公司从事 8 年数据存储方面的研究"。

（六）财务分析

一般使用表格（如现金流量表、资产负债表、利润表）将未来 1—3 年的核心财务指标展现出来。

（七）融资说明

陈述该项目期望的融资金额、主要用途及使用计划等。例如，融资 100 万元，出让 10% 的股权，用于新设备的购买。

小贴士

需要注意的是，上述的计划摘要中的内容不能全部照搬，因为该模板不是适合所有创业企业的。对创业企业而言，需要考虑哪些要点是最重要的，哪些是无关紧要的，哪些需要强调，哪些可以略写，这些需要创业者根据企业实际情况进行判断。

📊 案例点评

一页纸的计划摘要

大四学生张明首次参加了本地各高校联合举办的创新创业大赛。在大赛上，张明展示了和校友共同研发的室内绿化项目，吸引了风险投资者的兴趣。尤其是张明的那份一页纸的计划摘要。

项目简介

本公司着力打造"人与自然"和谐共处的居住环境。随着社会经济的发展，人们的居住条件得到了改善，但生存环境却在不断恶化，尤其是装修污染问题日益严重。目前，部分新装修的房屋的室内环境都达不到国家环保的标准，而由于室内空气污染引起的支气管炎、肺癌、呼吸道疾病及白血病患者的数量也在不断增加。因此，如何通过室内绿化设计来美化环境、消除污染将成为人们在装修时最关注的问题。

项目进展

项目初始投资100万元。经过3年的发展，公司营业收入及利润将每年递增，第5年营业收入将达到460万元，税后利润达到120万元。

竞争优势

绿化环保产业是国家重点扶持和重点发展的产业。目前，市场上还没有将室内绿化设计与植物的特效功能（如吸收有害气体等）联系在一起的公司，该领域处于市场空白阶段。另外，地方政府对该产业有相关补贴政策。

产品介绍

通过室内绿化项目，消费者可以在健康与舒适的环境中生活，同时还能减少因室内空气污染而引发的疾病。

团队介绍

创业团队由一群充满激情与创新精神的大学生组成，该团队拥有园林植物与观赏园艺专业的研究生，技术经济及管理专业的研究生，以及植物相关专业的本科生。其中，团队创始人还取得了初级室内设计师证书。

点评

上述材料中，张明的项目之所以能够吸引投资者的目光，原因就在于他的"一页纸计划摘要"。通过这份计划摘要，张明不但让投资者明白了该项目的商业价值，还清楚地介绍了所提供的产品，以及该产品是如何解决消费者的问题的。由此可见，商业计划书中计划摘要是非常重要的。

四、正文

（一）企业概况

企业概况是对创业团队拟成立企业的总体情况的说明，明确阐述创业背景和企业发展的立足点，以及企业理念、经营思路和企业的战略目标等。例如："时尚休闲小食吧"的企业概况如下：

企业理念：为学生提供吃饭及聚会聊天的空间；为社团、学生会提供举办小型活动的空间。

经营思路：坚持以"服务消费者"为中心，将个性化与大众化结合起来开展业务，个性化与大众化相结合是指在以大众化服务为标准的同时，企业将会推出为消费者提供的个性化专属服务。

战略目标：结合市场现状及企业自身的实际情况，企业每年获取利润大约3万元人民币，预计通过3年的经营可以收回全部前期投资。

（二）产品或服务介绍

在进行投资项目评估时，投资者非常关心产品或服务是否具有新颖性、先进性、独特性和竞争优势，以及该产品或服务能否或能多大程度地解决现实生活中的问题。因此，产品或服务介绍是商业计划书中不可或缺的内容。

通常，产品或服务介绍应包括以下内容：产品的概念、性能及特性；产品的研究和开发过程；使用企业的产品或服务的人群；产品或服务的市场竞争力；新产品的生产成本和售价；产品或服务的市场前景预测；产品的品牌和专利。

在产品或服务介绍部分，创业者要对产品或服务做详细的说明，说明要准确，也要通俗易懂，使非专业的投资者也能看懂。一般来说，产品或服务介绍应附上产品或服务原型、图片或其他介绍等内容。

小贴士

创业者在撰写产品或服务介绍时，要避免陷入一些误区，例如，苛求细节，过于细致地展现产品；追求大而全，目标太多，让项目失去焦点；只表述想法和创意，没有明确介绍实施过程。

（三）行业分析

一般来说，创业者在撰写商业计划书时，应该把行业分析写在市场分析前面。在行业分析中，创业者应该正确评估所选行业的基本特点、竞争状况和未来的发展趋势等内容。行业分析可以从以下4个方面展开：一是简要说明企业所涉及的行业。企业如果涉及多个行业，应该分别进行说明。二是说明该行业的现状。这一部分尽可能多用数字、图表等方式来展示所要传达的信息，如行业增长率、销售百分比等。三是说明该行业的发展趋势和前景。在预测行业的发展趋势时，创业者不仅要考虑微观的行业环境变化，还要考虑整个行业乃至整个社会的发展状况，并在此基础上对行业前景做简短的说明和预测。四是说明进入该行业的障碍及克服的方法。

（四）市场预测分析

行业分析关注的是企业所涉及的行业领域，而市场预测与分析则是将产业进行细分，并瞄准企业所涉及的细分市场。市场预测与分析应包括以下4个方面的内容。

1.市场细分和目标市场的选择

市场细分和目标市场的选择是在行业分析的基础上，找到企业具体的目标市场。它可以是一个细分市场，也可以是两个或者多个细分市场。在撰写商业计划书时，要对每个细分市场都进行详细的分析和说明。

2.购买者行为分析

购买者行为分析是专门针对目标市场的消费者所进行的分析。只有对目标市场的消费者进行深入了解后，企业提供的产品或服务才能满足他们的实际需求。在商业计划书中，这部分内容通常采用调查问卷的形式对购买者行为进行分析。

3.竞争对手分析

对市场的竞争情况进行分析，也就是确定竞争对手，分析竞争对手所采用的销售策略及其所售的产品或服务的优势等。对竞争对手进行详细分析有助于了解竞争对手所处的位置，使企业能更好地把握市场机会。

4.销售额和市场份额预测

市场预测与分析的最后部分是销售额和市场份额预测。有的商业计划书中将这一部分内容放在财务规划中进行分析。对销售额和市场份额进行预测时，可采用以下3种方法。

（1）联系行业协会，查找行业相关的销售数据。
（2）寻找一个竞争企业，参考竞争企业的销售数据。
（3）通过网络、报纸、杂志等渠道搜集行业内企业的相关资料，并从中找到可用数据。

📊 案例点评

分析市场的必要性

沈明华是室内设计专业的学生。凭着自身扎实的专业功底和对艺术的热爱，沈明华在大学时期就专注于装饰品的学习和研究，并且凭借自己所学的专业知识，拿下了多个室内设计比赛的大奖。

大学毕业前，沈明华仔细分析了自己学习的专业，发现该专业目前的就业形势并不乐观，他也不想在自己感兴趣的领域中止步不前，于是他想到了自己创业。在决定创业之前，沈明华首先在他所在的城市对装饰行业进行了一次较大规模的市场调查，主要包括目标消费者、目标市场需求、市场规模及未来的发展趋势等。他发现在自己所在的城市，装饰品大多是一些装饰公司的附属产品，或者是没什么特色的批发小产品，由此他认为装饰品行业的发展空间还是很大的。

　　有了充分的市场调查，沈明华下定决心毕业后就开始创业。公司主要从事装饰品和工艺品的创作与生产，并可以根据客户的需求进行定制。此外，沈明华在创作工艺品时还将当下流行的时尚潮流元素融入其中，打造了一批极具个性和特色的产品，产品一经推出就受到了广大消费者的青睐。

点评

　　上述材料中，沈明华创业成功的原因之一是他进行了市场分析。创业者必须深入了解市场，并反复调整和修正才能明确市场的准确定位。在进行市场分析时，创业者应该寻找自身产品与其他产品的不同特点，以此为切入点进行深入分析，确定自身产品的特色，方能打入市场。

（五）营销策略

　　营销策略是商业计划书中最具挑战性且非常重要的部分，消费者特点、产品特征、企业自身状况及市场环境等各方面的因素都会影响企业的营销策略。商业计划书中的营销策略包括总体营销策略、定价策略、渠道与销售策略、促销策略等内容。

　　1.总体营销策略

　　简单介绍企业为销售其产品或服务所采用的总体方法。

　　2.定价策略

　　定价策略是营销策略中一个非常关键的组成部分。企业定价的目的是促进销售、获取利润，这就要求企业既要考虑成本，又要考虑消费者对价格的接受能力。定价策略的类型有折扣定价、心理定价、差别定价、地区定价、组合定价及新产品定价6种。

　　3.渠道与销售策略

　　渠道与销售策略主要说明企业的产品或服务如何从生产者处到达消费者手中，具体分为两种策略：通过中间商和发展自己的销售网络。

　　4.促销策略

　　促销策略即企业打算采用什么方法来促销产品或服务。一般来说，促销方式有4种：广告、人员推销、公共关系以及营业推广。在实际经营中，以上4种促销方式都是结合使用的，因此，促销策略又称为促销组合策略。

（六）经营管理计划

　　经营管理计划旨在使投资者了解产品或服务的生产经营状况。因此，创业者应尽量使经营管理计划的细节更加详细、可靠。经营管理计划一般包括生产工艺和服务流程、设备的购置、人员的配备、新产品投产的计划、产品或服务质量控制与管理等内容。

　　一般来讲，经营管理计划应阐述清楚以下6个问题。

　　（1）企业生产所需的厂房设备和设备的引进与安装问题；

　　（2）新产品的设计和研制、新工艺和投产前的技术准备；

　　（3）物料需求计划及其保证措施；

（4）质量控制方法；

（5）产品单位成本计划、全部产品成本计划和产品成本降低计划等；

（6）生产计划所需的各类人员的数量、劳动生产率、工资总额和平均工资水平、奖励制度和奖金等。

（七）团队介绍

在商业计划书中，创业者还应该对团队成员进行简要介绍，对其中的管理人员要详细介绍，如介绍管理人员所具有的能力、主要职责及过去的详细经历与背景等。

此外，创业者还应对企业目前的组织结构进行简要介绍，具体包括企业的组织结构、各部门的职能和责任、各部门的负责人及主要成员等。图5-2所示即为一个模拟的企业组织结构图，该企业主要由总经理、采购部、销售部、客服部、财务部组成。

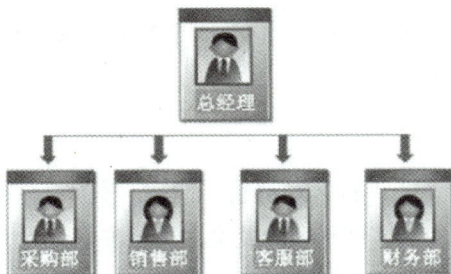

图5-2　企业组织结构

（八）财务规划

财务规划可以使投资者据此来判断企业未来经营的财务状况，进而判断其投资能否获得理想的回报。财务规划的重点是编制资产负债表、利润表及现金流量表。

（1）资产负债表。资产负债表反映企业在一定时间段的财务状况。投资者可通过查看资产负债表来得到所需数据值，以此来衡量可能的投资回报率。

（2）利润表。利润表反映的是企业的盈利状况，即反映企业在一段时期内的经营成果。

（3）现金流量表。现金流量表是反映企业在一定会计期间内，现金和现金等价物流入和流出的报表。现金流量表能够反映企业在一定期间内经营活动、投资活动和筹资活动产生的现金流入与现金流出情况，能够为企业提供在特定期间内现金收入和支出的信息，以及为企业提供该期间内有关投资活动和理财活动的信息。

（九）风险与风险管理

在商业计划书中，创业者要如实向投资者分析企业可能面临的各种风险，同时还应阐明企业为降低或防范风险所采取的各种措施。投资风险被描述得越详细，交代得越清楚，就越容易引起投资者的兴趣。

企业面临的风险主要有战略风险、市场风险、管理风险、竞争风险、核心竞争力缺乏风险及法律风险等。这些风险中哪些是可以控制的，哪些是不可控制的，哪些是需要极力避免的，哪些是致命的或不可管理的，这些问题都应该在商业计划书中做出详细说明。

小贴士

创业者最好采取客观的态度，不能因为风险发生的可能性小而忽略不计，更不能为了增加获得投资的机会而刻意隐瞒风险。正确的做法是，对企业所面临的各种风险都要认真地分析，并对每一种可能发生的风险提出切实可行的防范措施，这样才能取得投资者的信任。

思政导学

撰写商业计划书需要具备一定的规则意识，在经过前期对项目科学地调研、分析、搜集与整理有关资料的基础上，发挥主观能动性，根据一定的格式和内容的具体要求而编辑整理的一个向投资者全面展示公司和项目目前状况、未来发展潜力，不能随意改变行文格式。

五、附件

商业计划书的附件是在企业进行各种分析、调研、采样、企划等行为时产生的如图表、图片、分析图、问卷等形式的实体展示项。此类附件附在商业计划书的最后，用来完善商业企划书，提升商业计划书的真实性。

本章练习

1.什么是商业计划书？
2.商业计划书的撰写原则与要求是什么？
3.商业计划书应包含哪些内容？
4.计划摘要一般包含哪些内容？
5.结合本章内容，谈谈你对商业计划书的理解，并试着撰写一份PPT格式的商业计划书。

第六章
创办新企业

本章导读

　　本章根据个体工商户、合伙企业、有限公司三种企业介绍不同的法律形式。也阐述了新企业创办的基本条件，新企业创办的一般程序，新企业创办的注意事项。同时也介绍了初创企业创办后的人力资源管理、市场营销管理、客户关系管理、财务管理、风险管理。

知识结构 🔗

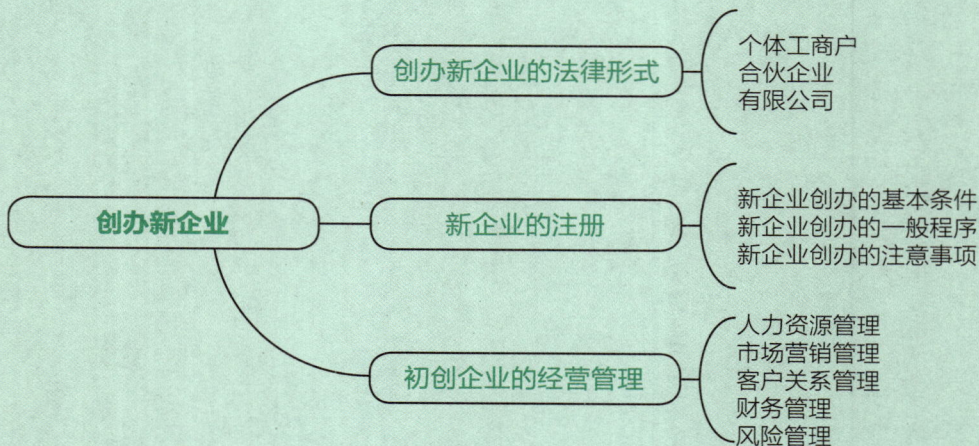

学习目标

　　知识目标：了解个体工商户、合伙企业、有限公司的法律形式，新企业注册的基本条件和注意事项。

　　技能目标：掌握新企业注册程序流程，以及初创企业创办后的人力资源管理、市场营销管理、客户关系管理、财务管理、风险管理。

　　思政目标：了解本地政策，掌握如何顺利的创办新企业。

学习重点

　　企业的法律形式，新新企业的注册程序、基本条件和注意事项，初创企业运营中的人力资源管理、市场营销、客户关系管理、财务管理、风险管理。

第一节 创办新企业的法律形式

一、个体工商户

（一）什么是个体工商户

个体工商户是指公民个人或家庭依法经核准登记，以个体财产或家庭财产为经营资本，在法定范围内从事工商业经营的一种特殊民事主体。在我国，个体工商户是作为公民的一种特殊形式存在的，其实际上享受权利、承担义务的仍然是公民（自然人），但此时的公民作为民事主体是以户的特殊形式出现的，法律地位比较特殊。个体工商户有个人经营、家庭经营与个人合伙经营三种组织形式。具体的法律法规依据包括：《个体工商户条例》《个体工商户登记管理办法》《中华人民共和国个人独资企业法》《个人独资企业登记管理办法》《中华人民共和国民法典》等。

（二）个体工商户的法律定义

个体工商户是指经合法登记，以个人财产或家庭财产进行经营的民事主体。个体工商户实际上与自然人（户）是一回事，不同的是自然人（户）的经营属性需要经过许可而已。自然人（户）在经过许可后，具备了在特定行业范围内从事经营的资格，成为个体工商户。

个体工商户具备经营资格后，就需要为满足经营需要而招用人员、布置经营场所、对外进行营销活动等。这一系列行为均产生相应的法律关系。

个体工商户在我国经济发展的历史中发挥了重大作用。我国很多大型企业，最初就是从个体工商户发展起来的。个体工商户组织形式简单，有利于更多的民事主体加入，繁荣经济。

（三）个体工商户的法律地位

个体工商户是我国法律明确规定的民事主体之一。其有权利起字号，对外从事经营活动。个体工商户在诉讼中以登记业主为诉讼当事人。登记的经营者与实际经营者不一致时，以二者为共同诉讼人。有字号的，则需要列明字号。

从法律上讲，个体工商户需要注意以下 5 个方面。

1.个体工商户必须建账

大多数个体工商户都没有建账的习惯，而且税务部门对个体工商户的监管相对比较松，但是《个体工商户建账管理暂行办法》第二条规定："凡从事生产、经营并有固定生产、经营场所的个体工商户，都应当按照法律、行政法规和本办法的规定设置、使用和保管账簿及凭证，并根据合法、有效凭证记账核算。税务机关应同时采取有效措施，巩固已有建账成果，积极引导个体工商户建立健全账簿，正确进行核算，如实申报纳税。"

根据国家税务总局的要求，符合条件的个体工商户也必须建账，和企业一样建账纳税，接受税务部门监督管理。

2.个体工商户必须交税

根据《财政部税务总局关于明确增值税小规模纳税人免征增值税政策的公告》(2021 年第 11 号)，只要是小规模纳税人，不管是个体工商户还是公司，合计月销售额未超过 15 万元(以 1 个季度为 1 个纳税期的，季度销售额未超过 45 万元)的，免征增值税。

3.个体工商户必须年检

《个体工商户条例》第十三条规定，"个体工商户应当于每年 1 月 1 日至 6 月 30 日，向登记机关报送年度报告。个体工商户应当对其年度报告的真实性、合法性负责"。第十四条规定，"登记机关将未按照规定履行年度报告义务的个体工商户载入经营异常名录，并在企业信用信息公示系统上向社会公示"。

4.个体工商户必须办理审批

凡是经营范围涉及前置或后置审批的，个体工商户和公司一样都需要办理审批。《个体工商户条例》第二十三条规定，"个体工商户登记事项变更，未办理变更登记的，由登记机关责令改正，处 1 500 元以下的罚款；情节严重的，吊销营业执照。个体工商户未办理税务登记的，由税务机关责令限期改正；逾期未改正的，经税务机关提请，由登记机关吊销营业执照"。个体工商户若有变更事项，也和公司一样，需要办理变更登记。

5.个体工商户会被抽查

很多个体工商户是自给自足的自由职业者，那么就意味着工商部门不会抽查吗？当然不是。不仅会被查，而且还会被严查。不少个体工商户办了营业执照后，在两证整合之前，不及时办理税务登记证，也没有办相关的经营许可证；或是发生变更后没有到工商部门申请变更备案；或是因为经营期间的卫生、环境、消防等问题没有做好维护，存有风险或被周边住户举报。

不少企业主以为个体工商户不用记账、不用交税、不被抽查，实则不然。对于企业主来说，好的组织形式不仅影响着企业的经营效率，还影响着以后的发展和财税管理。因此在创业时，选择个体工商户还是企业制，应慎重思考。

(四)个体工商户的债务承担

1.个体工商户债务，个人经营的，以个人财产承担

(1)所谓"个人经营"，也就是公民一人独资经营。独资经营的权利主体是公民个人。由个人行为而产生的法律责任只能由个人承担，不能转移给其他人；另一方面，个人也仅对自己的行为负责，不因他人与自己无关的行为而受牵连。因此，作为独资经营者的个体工商户是以全部个人财产，而不是以全部家庭财产对经营债务承担责任的。

个体工商户一人经营的，其财产责任不涉及家庭共有财产，这是一般原则。个人财产既包括自己所有的财产，也包括与其共有的财产中应归其所有的财产部分。如果个人财产没有从家庭共有财产中分离出来，那就应该在分割家庭共有财产之后，以归属于独资经营者个人那一部分财产来满足债权人的请求。

总之，个体工商户一人经营的财产责任，只涉及其个人财产；债权人只能就独资经营者的

个人财产来满足自己的全部债权请求，而不能将债权请求权扩大到其他家庭成员在家庭共有财产中的"应有份额"。

（2）个体工商户的个人财产，包括其经营资本和其他的个人财产。换言之，经营资本和属于经营者的那一部分其他财产，都是经营者的个人财产。个人经营的个体工商户，一般应首先以全部经营资本来清偿债务，经营资本不足清偿的，再动用其他财产清偿。

2.个体工商户的债务，家庭经营的，以家庭财产承担

（1）经公民个人名义申请登记的个体工商户用家庭共有财产投资，或者收益的主要部分供家庭成员享用的，其债务应以家庭共有财产清偿。

（2）在夫妻关系存续期间，一方从事个体经营，其收入为夫妻财产，债务亦应以夫妻共有财产清偿。

（3）由于参加经营的家庭成员的身份关系不同，家庭经营的责任范围也不尽一致：

①配偶双方共同经营或配偶双方与未婚子女共同经营时，一般说，全部家庭财产都应当作为履行债务的担保。全部家庭成员既作为整体从事经营，亦作为整体承接民事责任，责任限度当然涉及全部家庭财产。

②配偶一方与已婚子女共同经营配偶方并不参加经营的，不参加经营的另一方配偶对经营债务不承担责任，因此他（她）的个人财产与他（她）在家庭共有财产中的应有份额不能用于清偿经营债务。

③未婚的兄弟姐妹之间共同经营的，父母只要不加入经营活动，就不应以他们的共同财产对子女经营债务负责。如果父母出资而不经营，就应以出资为限对子女的经营债务负责。

3.个人经营的工商个体户，个人财产与家庭财产难以区分的，以家庭财产承担

债务的清偿责任。个体工商户的债务，如以家庭共有财产承担责任时，应当保留家庭成员的生活必需品和必要的生产工具。

思政导学

个体工商户从事经营活动，必须遵守法律、法规，遵守社会公德、商业道德，诚实守信，接受政府及其有关部门依法实施的监督。同时，个体工商户的合法权益受法律保护，任何单位和个人不得侵害。

二、合伙企业

（一）什么是合伙企业

合伙企业是由两个或两个以上的自然人通过订立合伙协议，共同出资经营、共负盈亏、共担风险的企业组织形式。我国合伙组织形式仅属限于私营企业。合伙企业一般无法人资格，不缴纳所得税。

合伙企业可以由部分合伙人经营，其他合伙人仅出资并共负盈亏，也可以由所有合伙人共同经营。

根据《中华人民共和国合伙企业法》第二条"本法所称合伙企业，是指依照本法在中国境内设立的由各合伙人订立合伙协议，共同出资、合伙经营、共享收益、共担风险，并对合伙企业债务承担无限连带责任的营利性组织。"可见，合伙企业的合伙人不一定必须是自然人，也可以是企业。合伙企业名称中应当标明"普通合伙"字样。

（二）合伙企业法律形态特点

合伙企业是指由各合伙人订立合伙协议，共同出资、合伙经营、共享收益、共担风险，并对合伙企业债务承担无限连带责任的营利性组织。合伙企业有以下特点：

（1）合伙协议是合伙企业成立的基础。合伙人之间是平等的，合伙企业的利润和亏损，由合伙人依照合伙协议约定的比例分配和分担。合伙协议未约定利润分配和亏损分担比例的，由各合伙人平均分配和分担。

（2）合伙企业不具有法人资格。

（3）合伙企业的合伙人对企业债务承担无限连带责任。所谓无限连带责任，是指合伙企业财产不足以抵偿企业债务时，合伙人应以其个人甚至家庭财产清偿债务，而且债权人可以就合伙企业财产不足清偿的那部分债务，向任何一个合伙人要求全部偿还。

（三）合伙企业相关法律规定

《中华人民共和国合伙企业法》第二十七条规定，委托一个或者数个合伙人执行合伙事务的，其他合伙人不再执行合伙事务。不执行合伙事务的合伙人有权监督执行事务合伙人执行合伙事务的情况。

第二十八条规定，由一个或者数个合伙人执行合伙事务的，执行事务合伙人应当定期向其他合伙人报告事务执行情况以及合伙企业的经营和财务状况，其执行合伙事务所产生的收益归合伙企业，所产生的费用和亏损由合伙企业承担。合伙人为了解合伙企业的经营状况和财务状况，有权查阅合伙企业会计账簿等财务资料。

第二十九条规定，合伙人分别执行合伙事务的，执行事务合伙人可以对其他合伙人执行的事务提出异议。提出异议时，应当暂停该项事务的执行。受委托执行合伙事务的合伙人不按照合伙协议或者全体合伙人的决定执行事务的，其他合伙人可以决定撤销该委托。

第三十条规定，合伙人对合伙企业有关事项做出决议，按照合伙协议约定的表决办法办理。合伙协议未约定或者约定不明确的，实行合伙人一人一票并经全体合伙人过半数通过的表决办法。

思政导学

设立合伙企业，应当遵循自愿、平等、公平、诚实信用原则。合伙企业及其合伙人必须遵守法律、行政法规，遵守社会公德、商业道德，并自觉承担相应的社会责任。

三、有限公司

（一）什么是有限责任公司

有限责任公司又称有限公司，指股东仅以自己的出资额为限对公司债务负责。

同股份有限公司相比，有限公司的股东较少，许多国家公司法对有限公司的股东人数都有严格规定。如英、法等国规定，有限责任公司的股东人数应在 2—50 人之间，如果超过 50 人，必须向法院申请特许或转为股份有限公司。同时，有限公司的资本并不必分为等额股份，也不公开发行股票，股东持有的公司股票可以在公司内部股东之间自由转让，若向公司以外的人转让，须经过公司的股东的同意。由于股东少，因此公司设立手续非常简便，而且公司也无须向社会公开公司营业状况，增强了公司的竞争能力。

公司不能公开募集股份，不能发行股票。公司生产经营过程中所需资金只能由其他合法方法方式融资取得。有限责任公司相对股份有限公司而言，设立条件和程序较为简单、灵活。

（二）有限责任公司的特征

1.人资两合性

有限责任公司的性质介于股份有限公司与合伙企业之间，兼具资合性和人合性。资金的联合和股东间的信任是有限责任公司两个不可或缺的信用基础。

2.封闭性

有限责任公司的封闭主要表现在：

（1）公司设立时，出资总额全部由发起人认购；发起人数一般不得超过 50 人。

（2）公司不向社会公开募集股份、发行股票；出资人在公司成立后领取出资证明书。

（3）出资不能像股份那样自由转让；股东相对稳定。

（4）出资证明不能像股票那样上市交易。

（5）正因为公司不公开发行股票，股东的出资证明也不能上市交易，公司的财务会计等信息资料就无须向社会公开。

3.规模可大可小，适应性强

有限责任公司的股东人数而言，有各种不同的限制。有限责任公司的最低资本限额通常低于股份有限公司。有限责任公司规模的可塑性，适应了现实经济生活开办各种规模不等的企业，尤其是小型企业的需要。

4.设立程序简单

有了责任公司基本上实行准则登记制，除从事特殊行业的经营外，只要符合法律规定的条件，政府均给予注册，而没有烦琐的审查批准程序。

5.组织设置灵活

因有限责任公司多数属于中小型企业，股东会、董事会等组织机构的设置往往根据需要选择：股东会不是必设机构；设置了股东会，可不设董事会；监事会是任意机构。

第二节　新企业的注册

一、新企业创办的基本条件

创业企业需要具备国家规定的一系列设立条件，准备开业所需的文件，并进行企业法人登记注册，营业登记和税务登记等。另外还要经过一系列法定程序，不同的经营范围所经过的程序也有所不同。

1.申请设立私营有限企业应具备的一般条件

（1）产品为社会所需要。

（2）有能源、原材料、交通运输的必要条件。

（3）有自己的名称和生产经营场所。

（4）有符合国家规定的资金。

（5）有自己的组织机构。

（6）有明确的经营范围。

（7）法律和法规规定的其他条件。

2.开办私营有限企业所需的文件

（1）人员条件：农村村民；城镇待业人员；个体工商户经营者；辞职、退职人员；企事业单位优化组合后的富余人员；其他符合条件的人员等。

（2）申请人身份证明：独资经营的，提供本人身份证明，合伙经营的，提交合伙各方的身份证明。

（3）公司章程：有限责任公司申请登记时，应提交公司章程。章程包括下列事项：①公司名称和住所。②公司经营范围。③公司注册资本。④股东的姓名或者名称。⑤股东的权利和义务。⑥股东的出资方式和出资额。⑦股东转让出资的条件。⑧公司的机构及其产生办法、职权、议事规则。⑨公司的法定代表人。⑩公司的破产事由与清算办法。⑪股东认为需要规定的其他事项。

（4）资金条件：私营企业申请的注册资本数额须符合国家规定，与企业实有财产相一致，并与其生产经营和服务规模相适应。①私营有限责任公司的注册资本。以生产经营为主的公司，其注册资本不得少于50万元（人民币，下同）；以商品批发为主的公司，注册资本不得少于30万元；科技开发、咨询服务性公司的注册资本不得少于10万元。私营独资企业、合伙企业的注册资本一般不得少于3万元。②保持一定数额的自有流动资金；生产性公司不得少于10万元；以批发业务为主的商业性公司不得少于20万元；以零售业务为主的商业性公司不得少于10万元；咨询服务性公司不得少于5万元。

（5）验资证明：验资证明是会计师事务所或审计事务所出具的资金证明的文件。

（6）技术资格证明：私营企业应提供与经营范围有关的主要专业人员（包括会计、技术人员等）的技术资格证明，法律法规另有规定的除外。

（7）场地条件：有固定的经营场所和必要措施，并与企业经营范围和规模相适应。

（8）场地使用证明：①自有的经营场所应提交产权证明。②租赁场地应提交产权证明和租赁协议，租赁期必须在1年以上。

（9）特殊行业审批文件：申请经营国家有关专项规定的行业，应提交有关部门的审批证件，主要有：运输业、饮食业、食品加工和销售业、资源开采、建筑设计、施工、旅店、外贸、刻字业、印刷业、文化娱乐业等。

3．企业法人登记注册

（1）企业法人的条件。企业法人是按照法定程序成立的，具有固定的组织机构，拥有独立的财产，并能以自己的名义取得权利和承担义务的社会组织。作为法人组织必须具备以下条件：①按照法定程序成立。即经过上级主管部门审核批准；在工商行政管理部门申请注册登记，领取营业执照；在税务部门办理申报纳税手续。②具有固定的组织机构和活动场所。③拥有独立支配的财产或经费。支配的财产可能表现为所有权，也可能表现为经营权。④以自己的名义享受权利，承担义务。⑤为维护自身合法权益，有权向人民法院起诉、应诉。

（2）企业申请法人登记注册具备的条件。①名称、组织机构、章程。②固定的经营场所和必要的设施。③符合国家规定并与其生产经营和服务规模相适应的资金额和从业人员。④能够独立承担民事责任。⑤有健全的财务制度，能够实行独立检验，自负盈亏，独立编制资金平衡表或资产负债表。⑥符合国家法律、法规和政策规定的经营范围。企业办理法人登记，由该企业组建负责人申请。

（3）企业法人登记注册的内容。主要包括：企业法人名称、住所、法定代表人、企业类型、经营期限、注册资本等。

（4）企业名称。①企业名称结构要完整。根据《〈中华人民共和国企业法人登记管理条例〉实施细则》的规定，企业名称一般由行政区划名称、字号（商号）、所属行业或经营特点、组织形式等部分组成。外商投资企业名称前可以不冠行政区划名称。②企业名称应名副其实，反映所属行业或经营特点。企业名称所反映的行业或经营特点，应与生产经营范围、方式和所从事的行业或经营特点一致。③企业不得登记使用与已登记的企业名称相同或混同的名称。④挂"总公司"名称的企业，必须有所属"分公司"，反之亦然；除全国性公司和国家工商行政管理局核准的以外，企业不得使用"中国""中华"等字样的名称。

（5）企业的法定代表人。有下列情况之一的不得担任法定代表人。①无民事行为能力或限制行为能力的人。②因犯贪污、贿赂、侵占财产、挪用财产罪或破坏社会经济秩序，被判处刑罚，执行期满未逾5年，或因犯罪被剥夺政治权利执行期满未逾5年的。③担担任因经营不善破产清算的企业董事长、厂长、经理，并对该公司破产负有个人责任的，自该公司破产清算完结之日起，未逾3年的。④担任因违法被吊销营业执照的公司企业法定代表人，并负有个人责任的，自该公司、企业被吊销营业执照之日起，未逾3年的。⑤个人所负数额较大的债务，到期未偿还清的。⑥《公司法》规定，国家公务员不得兼任公司董事、监事、经理。⑦注册资本。注册资本为企业法人独立占有，脱离原所有者，当投资者按合同、协议投出任缴的资本金后，在企业法人存续期间，投资者除依法转让股权外，不得以任何形式抽回。

4.营业登记

（1）营业登记的对象和程序。营业登记是指登记注册机关依法确定企业的合法经营资格，准许企业从事生产经营活动，并对其生产经营行为实施监督管理活动的总称。营业登记的对象是指一切具备法人资格而又从事生产经营活动的企业或单位。营业登记的程序一般是申请—审查核准—发照。

（2）营业登记的法律效力与法律责任。营业登记的法律效力即确认生产经营单位的合法经营权，但营业单位不具法人资格，营业单位在核准登记的范围内从事生产经营活动，享受法律的保护。营业登记的法律责任，包括行政法律责任、民事法律责任和刑事法律责任。营业单位本身不具备企业法人资格的，其法律责任应由其隶属法人承担。若无隶属法人，由营业单位作为自然人独立承担。

5.税务登记

从事生产经营的纳税人自领营业执照之日起30日内，应持有关证件向税务机关申报办理税务登记，由税务机关审核后发给税务机关登记证件。税务登记内容发生变化的，自工商行政管理机关办理变更登记之日30日内，或在向工商行政管理机关申请办理注销登记之前，应持有关证件向税务机关办理变更或者注销税务登记。

思政导学

新企业的注册是一项细致而严谨的工作，有明确规定的注册流程。因此，在申请新企业注册的过程中一定要按照规矩办事，根据新企业注册的具体要求准备齐全各方面材料，严禁投机取巧，走捷径。

二、新企业创办的一般程序

新企业的创办流程程序根据不同的企业形式执行不同的程序。下面详细说明个体工商户、合伙企业和有限责任公司3种企业的创办程序。

（一）个体工商户

1.申请

（1）申请人或者委托的代理人可以直接到经营场所所在地登记机关登记。

（2）登记机关委托其下属工商所办理个体工商户登记的，到经营场所所在地工商所登记。

（3）申请人或者其委托的代理人可以通过邮寄、传真、电子数据交换、电子邮件等方式向经营场所所在地登记机关提交申请。通过传真、电子数据交换、电子邮件等方式提交申请的，应当提供申请人或者其代理人的联络方式及通信地址。对登记机关予以受理的申请，申请人应当自收到受理通知书之日起5日内，提交与传真、电子数据交换、电子邮件内容一致的申请材料原件。

2.受理

（1）对于申请材料齐全、符合法定形式的，登记机关应当受理。申请材料不齐全或者不符合法定形式，登记机关应当当场告知申请人需要补正的全部内容，申请人按照要求提交全部补正申请材料的，登记机关应当受理。申请材料存在可以当场更正的错误的，登记机关应当允许申请人当场更正。

（2）登记机关受理登记申请，除当场予以登记的外，应当发给申请人受理通知书。对于不符合受理条件的登记申请，登记机关不予受理，并发给申请人不予受理通知书。申请事项依法不属于个体工商户登记范畴的，登记机关应当即时决定不予受理，并向申请人说明理由。

3.审查和决定

登记机关对决定予以受理的登记申请，根据下列情况分别做出是否准予登记的决定：

（1）申请人提交的申请材料齐全、符合法定形式的，登记机关应当当场予以登记，并发给申请人准予登记通知书。根据法定条件和程序，需要对申请材料的实质性内容进行核实的，登记机关应当指派两名以上工作人员进行核查，并填写申请材料核查情况报告书。登记机关应当自受理登记申请之日起 15 日内做出是否准予登记的决定。

（2）对于以邮寄、传真、电子数据交换、电子邮件等方式提出申请并经登记机关受理的，登记机关应当自受理登记申请之日起 15 日内做出是否准予登记的决定。

（3）登记机关做出准予登记决定的，应当发给申请人准予个体工商户登记通知书，并在 10 日内发给申请人营业执照。

不予登记的，应当发给申请人个体工商户登记驳回通知书。

4.需准备的材料

（1）经营者签署的个体工商户注册登记申请书。

（2）委托代理人办理的，还应当提交经营者签署的《委托代理人证明》及委托代理人身份证明。

（3）经营者身份证明。

（4）经营场所证明。

（5）《个体工商户名称预先核准通知书》（设立申请前已经办理名称预先核准的须提交）。

（6）申请登记的经营范围中有法律、行政法规和国务院决定规定必须在登记前报经批准的项目，应当提交有关许可证书或者批准文件。

（7）申请登记为家庭经营的，以主持经营者作为经营者登记，由全体参加经营家庭成员在《个体工商户开业登记申请书》经营者签名栏中签字予以确认。提交居民户口簿或者结婚证复印件作为家庭成员亲属关系证明，同时提交其他参加经营家庭成员的身份证复印件。

（8）国家市场监督管理总局规定提交的其他文件。

（二）合伙企业

1.申请

设立合伙企业，应当由全体合伙人指定的代表或者共同委托的代理人向企业登记机关申请设立登记。

2.受理、审查和决定

申请人提交的登记申请材料齐全、符合法定形式，企业登记机关能够当场登记的，应予当场登记，发给合伙企业营业执照。

除前款规定情形外，企业登记机关应当自受理申请之日起20日内，做出是否登记的决定。予以登记的，发给合伙企业营业执照；不予登记的，应当给予书面答复，并说明理由。

3.需要准备的材料

（1）全体合伙人签署的《合伙企业登记（备案）申请书》。

（2）全体合伙人的主体资格证明或者自然人的身份证明。

（3）全体合伙人指定代表或者共同委托代理人的委托书。

（4）全体合伙人签署的合伙协议。

（5）全体合伙人签署的对各合伙人缴付出资的确认书。

（6）主要经营场所证明。

（7）《名称预先核准通知书》（设立申请前已经办理名称预先核准的须提交）。

（8）全体合伙人签署的委托执行事务合伙人的委托书；执行事务合伙人是法人或其他组织的，还应当提交其委派代表的委托书和身份证明复印件（核对原件）。

（9）以非货币形式出资的，提交全体合伙人签署的协商作价确认书或者经全体合伙人委托的法定评估机构出具的评估作价证明。

（10）法律、行政法规或者国务院规定设立合伙企业须经批准的，或者从事法律、行政法规或者国务院决定规定在登记前须经批准的经营项目，须提交有关批准文件。

（11）法律、行政法规规定设立特殊的普通合伙企业需要提交合伙人的职业资格证明的，提交相应证明。

（12）国家市场监督管理总局规定提交的其他文件。

（三）有限责任公司

1.申请

设立有限责任公司，应当由全体股东指定的代表或者共同委托的代理人向公司登记机关申请设立登记。

2.受理

公司登记机关根据下列情况分别做出是否受理的决定。

（1）申请文件、材料齐全，符合法定形式的，或者申请人按照公司登记机关的要求提交全部补正申请文件、材料的，决定予以受理。

（2）申请文件、材料齐全，符合法定形式，但公司登记机关认为申请文件、材料需要核实的，决定予以受理，同时书面告知申请人需要核实的事项、理由以及时间。

（3）申请文件、材料存在可以当场更正的错误的，允许申请人当场予以更正，由申请人在更正处签名或者盖章，注明更正日期；经确认申请文件、材料齐全，符合法定形式的，决定予以受理。

（4）申请文件、材料不齐全或者不符合法定形式的，当场或者在5日内一次告知申请人需要补正的全部内容；当场告知时，将申请文件、材料退回申请人；属于 5 日内告知的，收取申请文件、材料并出具收到申请文件、材料的凭据，逾期不告知的，自收到申请文件、材料之日起即为受理。

（5）不属于公司登记范畴或者不属于本机关登记管辖范围的事项，即时决定不予受理，并告知申请人向有关行政机关申请。

公司登记机关对通过信函、电报、电传、传真、电子数据交换和电子邮件等方式提出申请的，自收到申请文件、材料之日起 5 日内做出是否受理的决定。

3.审查和决定

公司登记机关对决定予以受理的登记申请，分别情况在规定的期限内做出是否准予登记的决定。

（1）对申请人到公司登记机关提出的申请予以受理的，当场做出准予登记的决定。

（2）对申请人通过信函方式提交的申请予以受理的，自受理之日起 15 日内做出准予登记的决定。

（3）通过电报、电传、传真、电子数据交换和电子邮件等方式提交申请的，申请人应当自收到《受理通知书》之日起 15 日内，提交与电报、电传、传真、电子数据交换和电子邮件等内容一致并符合法定形式的申请文件、材料原件；申请人到公司登记机关提交申请文件、材料原件的，当场做出准予登记的决定；申请人通过信函方式提交申请文件、材料原件的，自受理之日起 15 日内做出准予登记的决定。

（4）公司登记机关自发出《受理通知书》之日起 60 日内，未收到申请文件、材料原件，或者申请文件、材料原件与公司登记机关所受理的申请文件、材料不一致的，做出不予登记的决定。公司登记机关需要对申请文件、材料核实的，自受理之日起 15 日内做出是否准予登记的决定。

4.发照

公司登记机关做出准予公司设立登记决定的，出具《准予设立登记通知书》，告知申请人自决定之日起 10 日内，领取营业执照。

公司登记机关做出不予登记决定的，出具《登记驳回通知书》，说明不予登记的理由，并告知申请人享有依法申请行政复议或者提起行政诉讼的权利。

5.需准备的材料

（1）公司法定代表人签署的设立登记申请书。

（2）全体股东指定代表或者共同委托代理人的证明。

（3）公司章程。

（4）股东的主体资格证明或者自然人身份证明。

（5）载明公司董事、监事、经理的姓名、住所的文件以及有关委派、选举或者聘用的证明。

（6）公司法定代表人任职文件和身份证明。

（7）企业名称预先核准通知书。

（8）公司住所证明。

（9）国家市场监督管理总局规定要求提交的其他文件。

法律、行政法规或者国务院决定规定设立有限责任公司必须报经批准的，还应当提交批准文件。

三、新企业创办的注意事项

公司新成立后的注意事项：

（一）记账报税

（1）按照国家会计法公司成立后即需建账申报税公司成立后需在次月15号之前进行申报税，如逾期未申报税会在税务局留下企业税务污点记录、且可能被罚款。

（2）公司成立后需每月申报税公司成立的第一个月起，税务机关要求每个月记账报税，即使没有收入支出也需要进行零申报税。

（3）根据企业的规模等，选择适用《企业会计准则》或《企业会计制度》或《小企业会计制度》。

（4）购买账簿。工业企业由于会计核算涉及内容多，又有成本归集与计算问题，所以工业企业建账是最复杂的，一般而言，工业企业应设置的账簿有。

①现金日记账。一般企业只设1本现金日记账。但如有外币，则应就不同的币种分设现金日记账。

②银行存款日记账。一般应根据每个银行账号单独设立1本账。如果企业只有1个基本账户，则就设1本银行存款日记账。现金日记账和银行存款日记账均应使用订本账。根据单位业务量大小可以选择购买100页的或200页的。

③总分类账。一般企业只设1本总分类账。外形使用订本账，根据单位业务量大小可以选择购买100页的或200页的。这1本总分类账包含企业所设置的全部账户的总括信息。

④明细分类账。明细分类账要使用活页的，所以不能直接买到现成的。存货类的明细账要用数量金额式的账页；收入、费用、成本类的明细账要用多栏式的账页；应交增值税的明细账单有账页；其他的基本全用三栏式账页。因此，我们要分别购买这4种账页，根据所需每种格式账页大概页数分别取部分出来，外加明细账封皮及经管人员一览表，再以鞋带系上即可。

当然，本数的多少依然是根据单位业务量等情况而不同。业务简单且很少的企业可以把所有的明细账户设在1本明细账上；业务多的企业可根据需要分别就资产、权益、损益类分3本明细账；也可单独就存货、往来各设1本……无固定情况，完全视企业管理需要来设。另外，有些大公司固定资产明细账用卡片账。一般小公司都是和其他资产类合在一起。

（5）选科目。可以参照会计准则应用指南中的会计科目，结合自己单位所属行业及企业管理需要，依次从资产类、负债类、所有者权益类、成本类、损益类中选择出应设置的会计科目。

（二）银行开户

1.基本账户是什么

基本账户用于企业的存款户，可用于与客户汇收款，发放员工工资奖金等现金的支取都只能通过此账户办理。

2.哪个银行比较好

每家银行的费用不同，并且每个地区的银行费用也有所不同，建议选择附近的银行以后方便办事。

3.开基本账户需要注意什么

签署扣税协议，方便企业交纳税款。

（三）申请一般纳税人

要申请一般纳税人可自行开具17%的增值税专用发票，提升企业形象及综合实力。
申请一般纳税人好处进项专用发票可抵扣销售税金的增值税专用发票。

（四）注册商标

想开创自己的品牌注册商标十分重要。
申请商标能够提升自身价值、并且可以扩大知名度并且拓展交际圈，为商品服务铸就一道防护墙。

思政导学

无论是什么类型的企业，一旦决定注册的那一刻起，就应该担负起应有的社会责任。企业所售产品，或是关乎人命，或是关乎健康，或是关乎国计民生，没有一份对社会的责任感，做不好这些产品，将贻害国家、社会和人民生命财产安全。

第三节　初创企业的经营管理

一、人力资源管理

人力资源管理是指企业的一系列人力资源政策以及相应的管理活动。这些活动主要包括企业人力资源战略的制定，员工的招募与选拔，培训与开发，绩效管理，薪酬管理，员工流动管理，员工关系管理，员工安全与健康管理等。即企业运用现代管理方法，对人力资源的获取（选人）、开发（育人）、保持（留人）和利用（用人）等方面所进行的计划、组织、指挥、控制和协调等一系列活动，最终达到实现企业发展目标的一种管理行为。

（一）人力资源管理的历史和发展

人力资源管理是一门新兴的学科，问世于20世纪70年代末。人力资源管理的历史虽然不长，但人事管理的思想却源远流长。从时间上看，从18世纪末开始的工业革命，一直到20

世纪 70 年代，这一时期被称为传统的人事管理阶段。从 20 世纪 70 年代末以来，人事管理让位于人力资源管理。

1. 人事管理阶段

人事管理阶段又可具体分为以下几个阶段：科学管理阶段、工业心理学阶段、人际关系管理阶段。

（1）科学管理阶段。20 世纪初，以弗里得里克·泰勒等为代表，开创了科学管理理论学派，并推动了科学管理实践在美国的大规模推广和开展。泰勒提出了"计件工资制"和"计时工资制"，提出了实行劳动定额管理。1911 年泰勒发表了《科学管理原理》一书，这本著作奠定了科学管理理论的基础，因而被西方管理学界称为"科学管理之父"。

（2）工业心理学阶段。以德国心理学家雨果·芒斯特伯格等为代表的心理学家的研究结果，推动了人事管理工作的科学化进程。雨果·芒斯特伯格于 1913 年出版的《心理学与工业效率》标志着工业心理学的诞生。

（3）人际关系管理阶段。1929 年美国哈佛大学教授梅奥率领一个研究小组到美国西屋电气公司的霍桑工厂进行了长达九年的霍桑实验，真正揭开了对组织中的人的行为研究的序幕。

2. 人力资源管理阶段

人力资源管理阶段又可分为人力资源管理的提出和人力资源管理的发展两个阶段。

"人力资源"这一概念早在 1954 年就由彼得·德鲁克在其著作《管理的实践》提出并加以明确界定。20 世纪 80 年代以来，人力资源管理理论不断成熟，并在实践中得到进一步发展，为企业所广泛接受，并逐渐取代人事管理。进入 20 世纪 90 年代，人力资源管理理论不断发展，也不断成熟。人们更多的探讨人力资源管理如何为企业的战略服务，人力资源部门的角色如何向企业管理的战略合作伙伴关系转变。战略人力资源管理理论的提出和发展，标志着现代人力资源管理的新阶段。

（二）人力资源管理的特征

1. 人本特征

人力资源管理采取人本取向，始终贯彻员工是组织的宝贵财富的主题，强调对人的关心、爱护，把人真正作为资源加以保护、利用和开发。

2. 专业性与实践性

人力资源管理是组织的最重要的管理职能之一，具有较高的专业性，从小公司的多面手到大公司的人力资源专家及高层人力资源领导，都有着很细的专业分工和深入的专业知识。人力资源管理是组织管理的基本实践活动，是旨在实现组织目标的主要活动，表现其高度的应用性。

3. 双赢性与互惠性

人力资源管理采取互惠取向，强调管理应该是获取组织的绩效和员工的满意感与成长的双重结果；强调组织和员工之间的"共同利益"，并重视发掘员工更大的主动性和责任感。

4.战略性与全面性

人力资源管理聚焦于组织管理中为组织创造财富、创造竞争优势的人员的管理上，即以员工为基础，以知识员工为中心和导向，是在组织最高层进行的一种决策性、战略性管理。人力资源管理是对于全部人员的全面活动和招聘、任用、培训、发展的全过程的管理。只要有人参与的活动与地方，就要进行人力资源管理。

5.理论基础的学科交叉性

人力资源管理采取科学取向，重视跨学科的理论基础和指导，包括管理学、心理学、经济学、法学、社会学等多个学科，因此现代人力资源管理对其专业人员的专业素质提出了更高的要求。

6.系统性和整体性

人力资源管理采取系统取向，强调整体地对待人和组织，兼顾组织的技术系统和社会心理系统；强调运作的整体性，一方面是人力资源管理各项职能之间具有一致性，另一方面是与组织中其他战略相配合，依靠和支持整个组织的战略和管理。

（三）人力资源管理的目标

人力资源管理的最终目标是促进企业目标的实现。迈克尔·阿姆斯特朗对人力资源管理体系的目标作出了如下规定。

（1）企业的目标最终将通过其最有价值的资源——它的员工来实现。

（2）为提高员工个人和企业整体的业绩，人们应把促进企业的成功当作自己的义务。

（3）制定与企业业绩紧密相连，具有连贯性的人力资源方针和制度，是企业最有效利用资源和实现商业目标的必要前提。

（4）应努力寻求人力资源管理政策与商业目标之间的匹配和统一。

（5）当企业文化合理时，人力资源管理政策应起支持作用；当企业文化不合理时，人力资源管理政策应促使其改进。

（6）创造理想的企业环境，鼓励员工创造，培养积极向上的作风；人力资源政策应为合作、创新和全面质量管理的完善提供合适的环境。

（7）创造反应灵敏、适应性强的组织体系，从而帮助企业实现竞争环境下的具体目标。

（8）增强员工上班时间和工作内容的灵活性。

（9）提供相对完善的工作和组织条件，为员工充分发挥其潜力提供所需要的各种支持。

（10）维护和完善员工队伍以及产品和服务。

二、市场营销管理

营销管理是指为了实现企业或组织目标，建立和保持与目标市场之间的互利的交换关系，而对设计项目的分析、规划、实施和控制。营销管理的实质，是需求管理，即对需求的水平、时机和性质进行有效的调解。在营销管理实践中，企业通常需要预先设定一个预期的市场需求水平，然而，实际的市场需求水平可能与预期的市场需求水平并不一致。这就需要企业营销管理者针对不同的需求情况，采取不同的营销管理对策，进而有效地满足市场需求，确保企业目标的实现。

但是营销管理到底是管什么，还是回到市场营销的本质上来。每个人、每个企业在社会上生存和发展，都有需要，并愿意付出一定的报酬来满足部分需要，于是这部分需要就形成了需求。可以通过很多方式来满足需求，有自行生产、有乞讨、有抢夺、有交换等。市场营销的出发点是通过交换满足需求。也就是说，市场营销是企业通过交换，满足自身需求的过程。企业存在的价值，在于企业提供的产品能满足别人的需求，双方愿意交换，如此而已。所以需求是营销的基础，交换是满足需求的手段，两者缺一不可，营销管理就是需求管理。

（一）营销管理的五种需求

营销管理要管什么需求呢？这个问题涉及企业的很多方面，企业强调团队合作，强调供应链，因此各个环节的需求都要考虑到，这样的营销政策才是好政策。但在营销中，企业制定营销政策，要充分考虑营销政策推行的各个方面，其中主要是企业、消费者、经销商、终端、销售队伍，这5个方面。营销管理要满足企业的需求、满足消费者的需求、满足经销商的需求、满足终端的需求、满足销售队伍的需求，在不断满足需求的过程中企业得到了发展。

1.满足企业的需求

企业的需求有哪些呢？企业追求可持续发展，说白了就是可持续赚钱。企业可以短期不赢利，去扩张，去追求发展，但最终目的是赢利。所有的人员、资金、管理等都是为企业实现可以持续赚钱的手段。按照营销理论，企业要坚持"4C"原则，以消费者为中心。但实际上"以消费者为中心"是企业思考问题的方式，企业要按照自己的利益来行动。老板要把命运掌握在自己手上，要操控市场，要掌握市场的主动权。企业发展的不同阶段，市场发展的不同阶段，企业有不同的需求。

市场孕育期，企业开发了创新产品。企业面临两个问题，一是要迅速完成资金的原始积累，二是要迅速打开市场。所以此时企业可能采取急功近利的操作手法，怎么来钱，就怎么来，怎么出销量就怎么来。可能采取的政策是高提成、高返利、做大户等。

市场成长期，企业飞速发展，出现了类似的竞争对手。因此企业要用比对手快的速度，扩大市场份额，占领市场制高点。可能采取的措施是开发多品种、完善渠道规划、激励经销商等。

市场成熟期，在市场成熟期，企业需要延续产品的生命周期。企业要追求稳定的现金流量，同时还要开发其他产品。这时企业要不断推出，花样翻新的促销政策。

市场衰退期，企业要尽快回收投资，变现。

从上面简单的生命周期描述中，我们看到，不同时段企业有不同需求，满足企业需求是第一位的。营销管理是对企业需求的管理，以满足企业的需求为根本。所以作为营销决策者首先要考虑："我的老板要求我做什么？公司现在需要我做什么？股东需要我做什么？"然后在具体落实企业需求的过程中，考虑下面的四个需求。

2.满足消费者的需求

一些消费者是不成熟的，所以才容易被企业误导，策划人搞得概念满天飞，风光三五年。真实的、理性的消费者需求是什么呢？消费者对好的产品质量有需求，消费者对合理的价格有需求，消费者对良好的售后服务有需求。消费者的需求对企业来说是最重要、最长久的，企业可以满足短期利益，忽略消费者需求，但消费者是用"脚"投票的，他们会选择离开。

例如著名的春都，发家于火腿肠，上市公司。在20世纪90年代是中国知名企业，行业先锋，但在多元化战略下，迷失了自己的方向，主营业务大幅萎缩。为在价格战中取胜，春都竟然通过降低产品质量，损害消费者利益，来降低生产成本，含肉量一度从85％降到15％，春都职工用自己的火腿肠喂狗，戏称为"面棍"。只考虑自己需求，而没满足消费者需求的春都，付出了惨重代价，销量直线下滑，市场占有率从最高时的70％狂跌到不足10％。春都的灭亡是必然的，只考虑企业的需求是危险的。企业可以在一段时间欺骗所有的消费者，也可以在所有的时候欺骗一个消费者。但群众的眼睛是雪亮的，企业不可能在所有的时候欺骗所有的人。所以对企业来说，满足消费者的需求是企业存在的价值，是企业最长久的保障。在满足需求的基础上，企业还要发掘需求，引导消费的潮流。甚至去取悦消费者，去讨好消费者。

3.满足经销商的需求

企业在制定营销政策时要知道经销商的需求是什么。经销商是要长远发展，还是要短期赢利。企业制定政策时候，要考虑到经销商的发展，而不是仅仅从企业自己出发，也不是仅仅从消费者的角度出发。毕竟有些行业，经销商是不可或缺的。经销商也有发展阶段，他在创业阶段需要你给他指点，需要你给他支持。当他的网络已经形成，管理基本规范时，他最需要的就是利润。不同发展阶段，他的需求是不同的。因此企业要针对经销商实际需要不断制定出符合经销商的销售政策、产品政策、促销政策。

4.满足终端的需求

终端的需求越来越多，尤其是连锁商家，更是"难缠"。因为国美等连锁家电而导致，创维这样的彩电巨头都要采取"第三条道路。"手机行业的连锁巨头也很"可怕"，上百家连锁店，迫使厂家对他出台倾斜政策。终端和经销商同为渠道的组成部分，如果让厂家做出选择，宁肯选择终端，而不是选择经销商。做终端的办法，很多企业不一样，宝洁公司的市场人员就只做终端的维护和支持，而不管窜货、不管价格。在宝洁眼中，终端比经销商更重要。毕竟是终端的三尺柜台决定了厂家的最终成败。

5.满足销售队伍的需求

销售队伍是最容易被忽略的，因为是自己人，所以先满足外人的利益，如果有剩余就用来满足销售队伍的利益，这是很多老板的做法。表面上看销售队伍不是很重要，只要赚钱就会跟公司走。但一个销售代表的背叛可能导致一个地区业务的失控。

任何营销政策，最终都靠销售队伍来贯彻，销售代表执行力度的大小，可能比政策本身的好坏更重要。这是个"打群架"的时代，营销竞争是靠团队的，所有的经销商、终端、消费者的需求，都要通过销售队伍来满足。他们的需求有哪些呢？无外乎生存和发展，销售队伍对合理的待遇有需求，对培训机会有需求，对发展空间有需求。因此企业要在不同阶段，发掘销售队伍的需求，尽量满足他们。

企业需求是根本，是营销管理的出发点。其中消费者的需求、营销商的需求、终端的需求是串联的，一个环节没满足，就会使营销政策的执行出现偏差。一个环节"不爽"，就可能导致企业"不爽"。作为营销管理者，要从这 5 个方面出发，来考虑营销问题。如果营销出了问题，就一定是这 5 个方面出了问题。优秀的营销管理者，要善于分析这五个方面，善于平衡这五个方面的资源投入，取得营销的最佳效果。

（二）营销管理的八大类型

1.扭转性营销

需求状况：负需求（是指全部或大部分潜在购买者对某种产品或服务不仅没有需求，甚至厌恶。）营销任务：扭转需求。

2.刺激性营销

需求状况：无需求或对新产品、新的服务项目不了解而没有需求；或非生活必需的"奢侈品""赏玩品"等，是"有闲阶级""有钱阶级"的选择。营销任务：激发需求要在预期收益上做文章，设法引起消费者的兴趣刺激需求。

3.开发性营销

需求状况：潜在需求是指消费者对现实市场上还不存在的某种产品或服务的强烈需求。营销任务：实现需求设法提供能满足潜在需求的产品或服务。

4.平衡性营销

需求状况：不规则需求即在不同时间、季节需求量不同，因而与供给量不协调。营销任务：调节需求设法调节需求与供给的矛盾，使二者达到协调同步。

5.恢复性营销

需求状况：需求衰退是指消费者对产品的需求和兴趣从高潮走向衰退。营销任务：恢复需求设法使已衰退的需求重新兴起，但实行恢复性营销的前提是：处于衰退期的产品或服务有出现新的生命周期的可能性，否则将劳而无功。

6.维护性营销

需求状况：饱和需求是指当前的需求在数量和时间上同预期需求已达到一致，但会变化：一是消费者偏好和兴趣的改变；一是同业者之间的竞争。营销任务：维护需求设法维护现有的销售水平，防止出现下降趋势。

7.限制性营销

需求状况：过剩需求是指需求量超过了卖方所能供给或所愿供给的水平。营销任务：限制需求通常采取提高价格、减少服务项目和供应网点、劝导节约等措施。

8.抑制性营销

需求状况：有害需求。营销任务：消除需求强调产品或服务的有害性，从而抵制这种产品或服务的生产和经营。

三、客户关系管理

最早发展客户关系管理的国家是美国，在 1980 年初便有所谓的"接触管理"（Contact

Management），即专门收集客户与公司联系的所有信息；1985年，巴巴拉·本德·杰克逊提出了关系营销的概念，使人们对市场营销理论的研究又迈上了一个新的台阶；到1990年则演变成包括电话服务中心支持资料分析的客户关怀（Customer care）。

1999年，Gartner Group Inc公司提出了CRM概念（Customer Relationship Management 客户关系管理）。Gartner Group Inc在早些提出的ERP概念中，强调对供应链进行整体管理。而客户作为供应链中的一环，为什么要针对它单独提出一个CRM概念呢？

原因之一在于，在ERP的实际应用中人们发现，由于ERP系统本身功能方面的局限性，也由于IT技术发展阶段的局限性，ERP系统并没有很好地实现对供应链下游（客户端）的管理，针对3C因素中的客户多样性，ERP并没有给出良好的解决办法。另一方面，到20世纪90年代末期，互联网的应用越来越普及，CTI、客户信息处理技术（如数据仓库、商业智能、知识发现等技术）得到了长足的发展。结合新经济的需求和新技术的发展，Gartner Group Inc提出了CRM概念。从90年代末期开始，CRM市场一直处于一种爆炸性增长的状态。

（一）客户关系管理（CRM）的定义

关于CRM的定义，不同的研究机构有着不同的表述。

最早提出该概念的Gartner Group认为：所谓的客户关系管理就是为企业提供全方位的管理视角；赋予企业更完善的客户交流能力，最大化客户的收益率。Hurwitz Group 认为：CRM的焦点是自动化并改善与销售、市场营销、客户服务和支持等领域的客户关系有关的商业流程。CRM既是一套原则制度，也是一套软件和技术。它的目标是缩减销售周期和销售成本、增加收入、寻找扩展业务所需的新的市场和渠道以及提高客户的价值、满意度、营利性和忠实度。CRM应用软件将最佳的实践具体化并使用了先进的技术来协助各企业实现这些目标。CRM在整个客户生命期中都以客户为中心，这意味着CRM应用软件将客户当作企业运作的核心。CRM应用软件简化协调了各类业务功能（如销售、市场营销、服务和支持）的过程并将其注意力集中于满足客户的需要上。CRM应用还将多种与客户交流的渠道，如面对面、电话接洽以及Web访问协调为一体，这样，企业就可以按客户的喜好使用适当的渠道与之进行交流。而IBM则认为：客户关系管理包括企业识别、挑选、获取、发展和保持客户的整个商业过程。IBM把客户关系管理分为三类：关系管理、流程管理和接入管理。从管理科学的角度来考察，客户关系管理（CRM）源于市场营销理论。从解决方案的角度考察，客户关系管理（CRM）是将市场营销的科学管理理念通过信息技术的手段集成在软件上面，得以在全球大规模的普及和应用。

作为解决方案（Solution）的客户关系管理（CRM），它集合了当今最新的信息技术，它们包括Internet和电子商务、多媒体技术、数据仓库和数据挖掘、专家系统和人工智能、呼叫中心等等。作为一个应用软件的客户关系管理（CRM），凝聚了市场营销的管理理念。市场营销、销售管理、客户关怀、服务和支持构成了CRM软件的基石。

综上，客户关系管理（CRM）有3层含义。

（1）体现为新态企业管理的指导思想和理念。

（2）是创新的企业管理模式和运营机制。

（3）是企业管理中信息技术、软硬件系统集成的管理方法和应用解决方案的总和。

其核心思想就是：客户是企业的一项重要资产，客户关怀是CRM的中心，客户关怀的目的是与所选客户建立长期和有效的业务关系，在与客户的每一个"接触点"上都更加接近客户、了解客户，最大限度地增加利润和利润占有率。

CRM的核心是客户价值管理，它将客户价值分为既成价值、潜在价值和模型价值，通过一对一营销原则，满足不同价值客户的个性化需求，提高客户忠诚度和保有率，实现客户价值持续贡献，从而全面提升企业盈利能力。

尽管CRM最初的定义为企业商务战略，但随着IT技术的参与，CRM已经成为管理软件、企业管理信息解决方案的一种类型。

因此另一家著名咨询公司盖洛普（Gallup）将CRM定义为：策略＋管理＋IT。强调了IT技术在CRM管理战略中的地位，同时，也从另一个方面强调了CRM的应用不仅仅是IT系统的应用，和企业战略和管理实践密不可分。

（二）客户关系管理日常的管理工作

除了信息技术的运用外，我们还应该如何切实地改变企业日常的管理工作，为改善企业的客户关系管理做出努力。

阶段一，识别你的客户。将更多的客户名输入到数据库中。采集客户的有关信息。验证并更新客户信息，删除过时信息。

阶段二，对客户进行差异分析。识别企业的"金牌"客户。哪些客户导致了企业成本的发生？企业本年度最想和哪些企业建立商业关系？选择出几个这样的企业。上年度有哪些大宗客户对企业的产品或服务多次提出了抱怨？列出这些企业。去年最大的客户是否今年也订了不少的产品？找出这个客户。是否有些客户从你的企业只购买一两种产品，却会从其他地方订购很多种产品？根据客户对于本企业的价值（如市场花费、销售收入、与本公司有业务交往的年限等），把客户（包括上述5％与20％的客户）分为A、B、C三类。

阶段三，与客户保持良性接触。给自己的客户联系部门打电话，看得到问题答案的难易程度如何。给竞争对手的客户联系部门打电话，比较服务水平的不同。把客户打来的电话看作是一次销售机会。测试客户服务中心的自动语音系统的质量。对企业内记录客户信息的文本或纸张进行跟踪。哪些客户给企业带来了更高的价值？与他们更主动的对话。通过信息技术的应用，使得客户与企业做生意更加方便。改善对客户抱怨的处理。

阶段四，调整产品或服务以满足每一个客户的需求。改进客户服务过程中的纸面工作，节省客户时间，节约公司资金。使发给客户邮件更加个性化。替客户填写各种表格。询问客户，他们希望以怎样的方式、怎样的频率获得企业的信息。找出客户真正需要的是什么。征求名列前十位的客户的意见，看企业究竟可以向这些客户提供哪些特殊的产品或服务。争取企业高层对客户关系管理工作的参与。

案例点评

迪克连锁超市客户关系管理

肯·罗布有一个秘密，但实际上他并非那种不愿袒露心迹的人。他性格外向开朗，心里想什么就说什么，从不犹豫，这一点很好，因为他是迪克连锁超市的高级营销副总裁，这是一家在威斯康星州乡村地区拥有八家分店的超级市场。噢，原来这与当美国中央情报局的头不太一样，所以他的"秘密"也不可能让詹姆斯·邦德（James Bond，007系列电影中的神探——译者注）感兴趣。我们只是想说罗布知道一些不为其对手所了解的东西。

罗布的秘密是当他的顾客来商场采购时，他十分了解这些顾客想要买些什么。这一点连同超市所提供的优质服务的良好声誉，是迪克连锁超市对付低价位竞争对手及类别杀手的主要防御手段。迪克超市采用数据优势软件（DataVantage）——一种由康涅狄格州的关系营销集团（RMG，Relationship Marketing Group）所开发的软件产品，对扫描设备里的数据加以梳理，即可预测出其顾客什么时候会再次购买某些特定产品。接下来，该系统就会"恰如其时地"推出特惠价格。

它是这样运行的：在迪克超市每周消费25美元以上的顾客每隔一周就会收到一份订制的购物清单。这张清单是由顾客以往的采购记录及厂家所提供的商品现价、交易政策或折扣共同派生出来的。顾客购物时可随身携带此清单也可以将其放在家中。当顾客到收银台结账时，收银员就会扫描一下印有条形码的购物清单或者顾客常用的优惠俱乐部会员卡。无论哪种方式，购物单上的任何特价商品都会被自动予以兑现，而且这位顾客在该店的购物记录会被刷新，生成下一份购物清单。

"这对于我们和生产厂家都很有利，因为你能根据顾客的需求订制促销方案。由此你就可以做出一个与顾客商业价值成正比的方案，"罗布说。

迪克超市还依靠顾客特定信息，跨越一系列商品种类把订制的促销品瞄准各类最有价值的顾客。比如，非阿司匹林产品（如泰诺）的服用者可以被分成三组：全国性品牌，商店品牌和摇摆不定者。这些组中的每组顾客又可以根据低、中、高用量被分成三个次组。用量就代表着在某类商品中顾客对迪克超市所提供的长期价值（仅在这一个产品种类中，就有六个"模件"，产生出总共9种不同类型的顾客——这足以发动一次批量订制营销活动了）。

假设超市的目标是要把泰诺用户转变成商店品牌的用户，那么罗布就会将其最具攻击性的营销活动专用于用量大的顾客，因为他们最有潜在价值。给予大用量顾客的初始折扣优惠远高于给予低用量和中等用量的顾客。促销活动的时间会恰好与每一位顾客独有的购买周期相吻合，而对这一点，罗布通过分析顾客的以往购物记录即可做出合理预测。

"顾客们认为这太棒了，因为购物清单准确地反映了他们要购买的商品。如果顾客养有狗或猫，我们就会给他提供狗粮或猫粮优惠；如果顾客有小孩，他们就可以得到孩童产品优惠，比如尿布及婴幼儿食品；常买很多蔬菜的顾客会得到许多蔬菜类产品的优惠，"罗布说，"如果他们不只在一家超市购物，他们就会错过我们根据其购物记录而专门提供的一些特价优惠，因为很显然我们无法得知他们在其他地方买了些什么。但是，如果他们所购商品中的大部分源于我们商店，他们通常可以得到相当的价值回报。我们比较忠诚的顾客常会随同购物清单一起得到价值为30到40美元的折价券。我们的目标就是回报那些把他们大部分的日常消费都花在我们这儿的顾客。"

罗布将这种信息看作是自己的小秘密。"在多数情况下，"他说，"如果你的对手想了解你的商品价位，他们只需到你的店里查看一下货架上的价格标签，要么也可以浏览一下你每周的广告。但是，有了这种购物清单，竞争对手对你目前所做的一切一无所知，因为每位顾客的购物清单都不一样。"

点评

有时可以通过获取其他相关单位的赞助，来尽量减少折扣优惠所造成的经济损失；反过来，这些单位可以分享你不断收集到的信息资讯。以迪克超市为例，生产厂商会给予绝大多数的打折商品补贴。作为整个协议的一部分，生产厂家可以获得从极为详尽的销售信息中所发现的分析结果（消费者名字已去除）。这些销售信息的处理加工均是由关系营销集团进行的，这家公司不但提供软件产品，而且还提供扫描数据采掘服务。

四、财务管理

财务管理（Financial Management）是在一定的整体目标下，关于资产的购置（投资），资本的融通（筹资）和经营中现金流量（营运资金），以及利润分配的管理。

西方财务学主要由三大领域构成，即公司财务（Corporation Finance）、投资学（Investments）和宏观财务（Macro Finance）。其中，公司财务在我国常被译为"公司理财学"或"企业财务管理"。

（一）财务管理的基本理论

1.资本结构理论

资本结构理论（Capital Structure）是研究公司筹资方式及结构与公司市场价值关系的理论。1958年莫迪利安尼和米勒的研究结论是：在完善和有效率的金融市场上，企业价值与资本结构和股利政策无关——MM理论。米勒因MM理论获1990年诺贝尔经济学奖，莫迪利尼亚1985年获诺贝尔经济学奖。

2.现代资产组合理论与资本资产定价模型

现代资产组合理论（CAPM）是关于最佳投资组合的理论。1952年马科维茨（Harry Markowitz）提出了该理论，他的研究结论是：只要不同资产之间的收益变化不完全正相关，就可以通过资产组合方式来降低投资风险。马科维茨为此获1990年诺贝尔经济学奖。资本资产定价模型是研究风险与收益关系的理论。夏普等人的研究结论是：单项资产的风险收益率取决于无风险收益率，市场组合的风险收益率和该风险资产的风险。夏普因此获得1990年诺贝尔经济学纪念奖。

3.期权定价理论

期权定价理论（Option Pricing Model）是有关期权（股票期权、外汇期权、股票指数期权、可转换债券、可转换优先股、认股权证等）的价值或理论价格确定的理论。1973年斯科尔斯提出了期权定价模型，又称B—S模型。90年代以来期权交易已成为世界金融领域的主旋律。斯科尔斯和莫顿因此获1997年诺贝尔经济学奖。

4.有效市场假说

有效市场假说（Efficient Markets Hypothesis，EMH）是研究资本市场上证券价格对信息反映程度的理论。若资本市场在证券价格中充分反映了全部相关信息，则称资本市场为有效率的。在这种市场上，证券交易不可能取得经济利益。理论主要贡献者是法玛。

5.代理理论

代理理论（Agency Theory）是研究不同筹资方式和不同资本结构下代理成本的高低，以及如何降低代理成本提高公司价值。理论主要贡献者有詹森和麦科林。

6.信息不对称理论

信息不对称理论（Asymmetric Information）是指公司内外部人员对公司实际经营状况了解的程度不同，即在公司有关人员中存在着信息不对称，这种信息不对称会造成对公司价值的不同判断。

（二）财务管理十项基本原则

原则一：风险收益的权衡——对额外的风险需要有额外的收益进行补偿。
原则二：货币的时间价值——今天的一元钱比未来的一元钱更值钱。
原则三：价值的衡量要考虑的是现金而不是利润。
原则四：增量现金流——只有增量是相关的。
原则五：在竞争市场上没有利润特别高的项目。
原则六：有效的资本市场——市场是灵敏的，价格是合理的。
原则七：代理问题——管理人员与所有者的利益不一致。
原则八：纳税影响业务决策。
原则九：风险分为不同的类别——有些可以通过分散化消除，有些则不可以。
原则十：道德行为就是要做正确的事情，而在金融业中处处存在着道德困惑。

思政导学

财务管理需要财务人员实事求是、客观公正，遵守最基本的职业道德。一定要热爱本职工作，忠于职守，廉洁奉公，严守职业道德；认真学习国家财经政策、法令，熟悉财经制度；积极钻研会计业务，精通专业知识，掌握会计技术方法；严守法纪，坚持原则，执行有关的会计法规，维护国家利益，抵制一切违法乱纪、贪污盗窃的行为。

五、风险管理

（一）风险管理的起源和定义

风险管理（Risk Management）是指如何在项目或者企业一个肯定有风险的环境里把风险减至最低的管理过程。风险管理是指通过对风险的认识、衡量和分析，选择最有效的方式，主动地、有目的地、有计划地处理风险，以最小成本争取获得最大安全保证的管理方法。当企业面临市场开放、法规解禁、产品创新，均使变化波动程度提高，连带增加经营的风险性。良好的风险管理有助于降低决策错误之概率、避免损失之可能、相对提高企业本身之附加价值。

风险管理作为企业的一种管理活动，起源于20世纪50年代的美国。当时美国一些大公司发生了重大损失使公司高层决策者开始认识到风险管理的重要性。其中一次是1953年8月12日通用汽车公司在密歇根州的一个汽车变速箱厂因火灾损失了5 000万美元，成为美国历史上损失最为严重的15起重大火灾之一。这场大火与50年代其他一些偶发事件一起，推动了美国风险管理活动的兴起。后来，随着经济、社会和技术的迅速发展，人类开始面临越来越多、越来越严重的风险。科学技术的进步在给人类带来巨大利益的同时，也给社会带来了前所未有的风险。1979年3月美国三里岛核电站的爆炸事故，1984年12月3日美国联合碳化物公司在印度的一家农药厂发生了毒气泄漏事故，1986年苏联乌克兰切尔诺贝利核电站发生的核事故等一系列事件，大大推动了风险管理在世界范围内的发展，同时，在美国的商学院里首先出现了一门涉及如何对企业的人员、财产、责任、财务资源等进行保护的新型管理学科，这就是风险管理。目前，风险管理已经发展成企业管理中一个具有相对独立职能的管理领域，在围绕企业的经营和发展目标方面，风险管理和企业的经营管理、战略管理一样具有十分重要的意义。

（二）风险管理的职能

1.计划职能

风险管理的计划职能是指通过对企业风险识别、估测、评价和选择处理风险的手段，设计管理方案，并制定风险处理的实施计划。风险处理预算的编制则在处理手段选定后，计算合理的、必要的风险处理费用，并编制风险处理费用预算以及拟订风险处理的实施计划。

2.组织职能

风险管理的组织职能是根据风险管理计划，分配各种风险处理技术的业务分担，权限的下放，组织上的职务调整等方面进行组织。也就是说，风险管理的组织职能意味着创造为达到风险管理目标和实现风险处理计划所必须的人、财、物的结合。风险管理组织职能的关键在于组织关系的确立，在风险管理部门处于企业主管部门位置的情况下，把执行权限下放给部门各成员；在风险管理部门处于参谋部门位置的情况下，风险管理则对生产、销售、财务、劳动人事等主管部门进行工作上的联系、建议和调整。

3.指导职能

风险管理的指导职能是对风险处理计划进行解释、判断、传达计划方案，交流信息和指挥活动。也就是说，是组织该机构的成员去实现风险管理计划。

4.管制职能

风险管理的管制职能是指对风险处理计划执行情况的检查、监督、分析和评价，也就是根据事先设计的标准以计划的执行情况测定、评价和分析，对计划与实际不符之处予以纠正。管制职能的范围包括：风险的识别是否准确全面、风险的估测是否有误、风险处理技术的选择是否奏效、风险处理技术的组合是否最佳、自保和基金的留取是否恰当、控制风险技术能否防止或减少风险的发生、按制定的预算能否保障计划内的保险事故发生后得到及时补偿等。

（三）风险管理的基本程序

风险管理的基本程序包括风险识别、风险估测、风险评价、风险控制和风险管理效果评价等环节。

1.风险的识别

风险的识别是经济单位和个人对所面临的以及潜在的风险加以判断、归类整理，并对风险的性质进行鉴定的过程。

2.风险的估测

风险的估测是指在风险识别的基础上，通过对所收集的大量的详细损失资料加以分析，运用概率论和数理统计，估计和预测风险发生的概率和损失程度。风险估测的内容主要包括损失频率和损失程度两个方面。

3.风险管理方法

风险管理方法分为控制法和财务法两大类，前者的目的是降低损失频率和损失程度，重点在于改变引起风险事故和扩大损失的各种条件；后者是事先做好吸纳风险成本的财务安排。

4.风险管理效果评价

风险管理效果评价是分析、比较已实施的风险管理方法的结果与预期目标的契合程度，以此来评判管理方案的科学性、适应性和收益性。

（四）处理风险的方法

随着社会的发展和科技的进步，现实生活中的风险因素越来越多，无论企业还是家庭，都日益认识到进行风险管理的必要性和迫切性。人们想出种种办法来对付风险，但无论采用何种方法，风险管理的一条基本原则是：以最小的成本获得最大的保障。对风险的处理有回避风险、预防风险、自留风险和转移风险4方法。

1.回避风险

回避风险是指主动避开损失发生的可能性。如考虑到游泳有溺水的危险，就不去游泳。虽然回避风险能从根本上消除隐患，但这种方法明显具有很大的局限性，因为并不是所有的风险都可以回避或应该进行回避。如人身意外伤害，无论如何小心翼翼，这类风险总是无法彻底消除。再如，因害怕出车祸就拒绝乘车，车祸这类风险虽可由此而完全避免，但将给日常生活带来极大的不便，实际上是不可行的。

2.预防风险

预防风险是指采取预防措施，以减小损失发生的可能性及损失程度。兴修水利、建造防护林就是典型的例子。预防风险涉及一个现时成本与潜在损失比较的问题：若潜在损失远大于采取预防措施所支出的成本，就应采用预防风险手段。以兴修堤坝为例，虽然施工成本很高，但与洪水泛滥造成的巨大灾害相比，就显得微不足道。

3.自留风险

自留风险是指自己非理性或理性地主动承担风险。非理性自留风险是指对损失发生存在侥幸心理或对潜在的损失程度估计不足从而暴露于风险中；理性自留风险是指经正确分析，认为潜在损失在承受范围之内，而且自己承担全部或部分风险比购买保险要经济合算。自留风险一般适用于对付发生概率小，且损失程度低的风险。

4.转移风险

转移风险是指通过某种安排，把自己面临的风险全部或部分转移给另一方。通过转移风险而得到保障，是应用范围最广、最有效的风险管理手段，保险就是其中之一。

思政导学

风险一直是人类面临的重大问题，也是人类社会在发展进步中必须要克服的系列屏障。无论从个体、团体组织、国家来说，风险都是无时不在、无处不在、难以避免的，一直都在威胁着人类生存发展，企业也是一样，但是风险越大，机遇越大。大学生创业应该从方法论的高度，深刻地认识到风险的两面性，采用矛盾论的对立统一思想，具体分析风险与风险管理有益的一面，把风险转化为机遇。

本章练习

1.阐述个体工商户的法律形式。

2.个体工商户创办流程是哪些？

3.分析合伙经营的利弊。

4.合伙企业的创办申请需要哪些材料？

下　编

大学生"互联网+"创新创业竞赛

第七章
大学生"互联网+"创新创业竞赛主要赛事

本章导读

　　大学生"互联网+"创新创业竞赛主要赛事包括中国国际"互联网+"大学生创新创业大赛、"挑战杯"中国大学生创业计划竞赛、"创青春"中国青年创新创业大赛等。这些赛事旨在深化高等教育综合改革，激发大学生的创造力，培养造就"大众创业、万众创新"的生力军；推动赛事成果转化，促进"互联网+"新业态形成，服务经济提质增效升级；以创新引领创业、创业带动就业，推动高校毕业生更高质量创业就业。本章通过回顾大学生"互联网+"创新创业竞赛主要赛事，归纳出各赛事呈现的主要特点，了解各赛事的主要内容、赛制，以及各赛道方案，解析其他创新创业大赛的文件精神，做好备赛工作。

🔗 知识结构

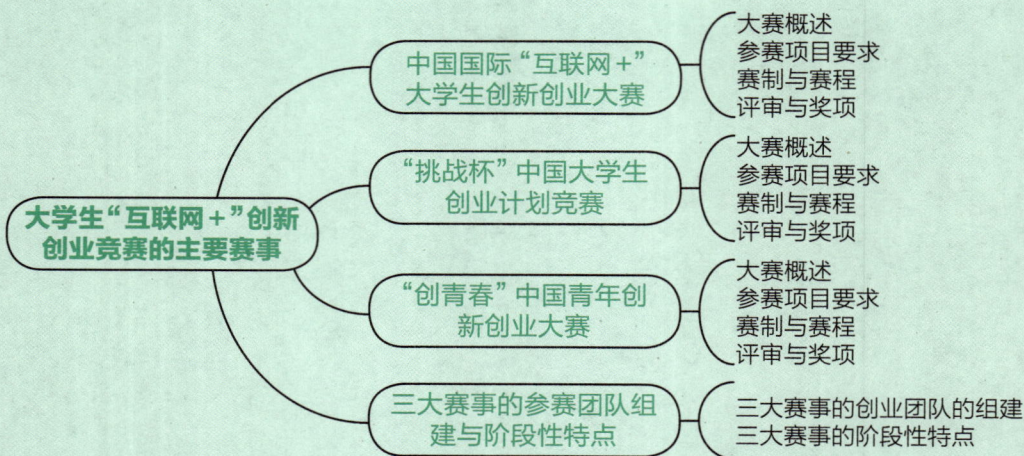

大学生"互联网 +"创新创业竞赛的主要赛事
- 中国国际"互联网 +"大学生创新创业大赛
  - 大赛概述
  - 参赛项目要求
  - 赛制与赛程
  - 评审与奖项
- "挑战杯"中国大学生创业计划竞赛
  - 大赛概述
  - 参赛项目要求
  - 赛制与赛程
  - 评审与奖项
- "创青春"中国青年创新创业大赛
  - 大赛概述
  - 参赛项目要求
  - 赛制与赛程
  - 评审与奖项
- 三大赛事的参赛团队组建与阶段性特点
  - 三大赛事的创业团队的组建
  - 三大赛事的阶段性特点

☰ 学习目标

知识目标：掌握大学生"互联网 +"创新创业竞赛主要赛事的参赛资料与流程。

技能目标：能够准确完成各赛事参赛步骤，做好备赛准备。

思政目标：学习创业精神，提高创新就业。

◎ 学习重点

熟悉中国国际"互联网 +"大学生创新创业大赛、"挑战杯"中国大学生创业计划竞赛、"创青春"中国青年创新创业大赛的参赛知识。

通过对往届获奖作品的分析吸取经验。

⚙ 案例导入

为何参加"三创赛"

大学 4 年在忙碌的学习和社会实践中很快就过去了，在这 4 年中，陈浩先后参加了中国国际"互联网 +"大学生创新创业大赛、"挑战杯"中国大学生创业计划竞赛和"创青春"中国青年创新创业大赛（简称"三创赛"），给他的大学生活增添了一些色彩。陈浩在读大三时，在导师的带领下和其他 3 个同学一起参加了中国国际"互联网 +"大学生创新创业大赛。陈浩所在团队的参赛作品是"米器网"，通过了校内竞赛后进入了省级选拔赛。在准备省级选拔赛期间，团队成员分工合作，有的负责完善策划案，有的负责技术咨询，有的负责演讲，各司其职。但在经过大赛组织委员会的层层筛选后，陈浩所在团队的项目还是因为创新不足、可行性差而遗憾出局。虽然此次参赛成绩不是很理想，但此次经历对陈浩了解创新创业仍大有益处。同时，参加比赛不仅是对陈浩综合能力的锻炼，也是其自我提升的过程。

通过此次比赛，陈浩所在的团队收获的不仅仅是理论知识和技术，更重要的是团队之间分工合作的经历。他们更能了解到比赛的各项流程，积累了丰富的经验，明确了自己专业知识的短板。更重要的是，此次经历对陈浩毕业后的自主创业产生了重要影响。

思考：

1. 什么是"三创赛"？参加该项赛事有哪些要求？
2. 大学生可以参加的大赛还有哪些？
3. 如何选择适合自己参加的比赛？

第一节　中国国际"互联网+"大学生创新创业大赛

一、大赛概述

为贯彻落实李克强总理的重要指示和国务院办公厅发布的《关于深化高等学校创新创业教育改革的实施意见》，教育部会同 13 个部委联合举办中国国际"互联网+"大学生创新创业大赛（原称中国国际"互联网+"大学生创新创业大赛，本书简称为"互联网+"大赛），旨在深化高等教育综合改革，激发大学生的创造力，培养造就大众创业、万众创新的生力军，推动赛事成果转化，促进"互联网+"新业态形成，主动服务经济提质增效升级，以创新引领创业、创业带动就业，推动高校毕业生更高质量就业。2015—2021 年，"互联网+"大赛共举办了 7 届，2022 年举办第八届。该赛事已成为覆盖全国所有高校、面向全体大学生、影响最大的高校创新创业大赛，参赛人数和参赛项目数均呈现指数级增长，参赛项目上可入云出海，下可扎根中国大地，充分释放了"青年+创新创业"的无穷力量。大赛的主要任务包括以下 3 个方面。

（一）以赛促教，探索人才培养新途径

全面推进高校课程思政建设，深入推进新工科、新医科、新农科、新文科建设，不断深化创新创业教育改革，引领各类学校人才培养范式深刻变革，形成新的人才培养质量观和质量标准，切实提高学生的创新精神、创业意识和创新创业能力。

（二）以赛促学，培养创新创业生力军

服务构建新发展格局和高水平自立自强，激发学生的创造力，激励广大青年扎根中国大地，了解国情民情，在创新创业中增长智慧才干，坚定执着追理想，实事求是闯新路，把激昂的青春梦融入伟大的中国梦，努力成长为德才兼备的有为人才。

（三）以赛促创，搭建产教融合新平台

把教育融入经济社会发展，推动成果转化和产学研用融合，促进教育链、人才链与产业链、创新链有机衔接，以创新引领创业，以创业带动就业，推动形成高校毕业生更高质量创业就业的新局面。

二、参赛项目要求

（1）参赛项目须真实、健康、合法，无任何不良信息，项目立意应弘扬正能量，践行社会主义核心价值观；参赛项目不得侵犯他人知识产权；所涉及的发明创造、专利技术、资源等必须拥有清晰合法的知识产权或物权；抄袭、盗用、提供虚假材料或违反相关法律法规一经发现即刻丧失参赛相关权利并自负一切法律责任。

（2）参赛项目涉及他人知识产权的，报名时须提交完整的具有法律效力的所有人书面授权许可书、专利证书等；已完成工商登记注册的创新创业项目，报名时须提交营业执照及统一社会信用代码等相关复印件、单位概况、法定代表人情况、股权结构等。参赛项目可提供当前财务数据、已获投资情况、带动就业情况等相关证明材料。

（3）参赛项目根据各赛道相应的要求，只能选择一个符合要求的赛道参赛。已获往届中国国际"互联网+"大学生创新创业大赛全国总决赛各赛道金奖和银奖的项目，不可报名参加大赛。

三、赛制与赛程

（一）比赛赛制

大赛主要采用校级初赛、省级复赛、全国总决赛三级赛制（不含萌芽赛道）。校级初赛由各校负责组织，省级复赛由各地负责组织，全国总决赛由各地按照大赛组委会确定的配额择优遴选推荐项目。

（二）赛程安排

1. 参赛报名

参赛团队通过登录"全国大学生创业服务网"（https://cy.ncss.cn）或官方微信公众号（名称为"全国大学生创业服务网"或"中国互联网+大学生创新创业大赛"）任一方式进行报名。报名时间为4—6月，截止时间由各地根据复赛安排自行决定，但不得晚于8月15日。国际参赛项目通过全球青年创新领袖共同体促进会官网（http://www.pilcchina.org）进行报名。

小贴士

网上报名必须由学生本人进行，指导教师不能作为负责人报名，姓名要用汉字，不能用拼音代替。另外，网上报名填写的团队资料要与商业计划书中的相关信息一致；网上报名的项目名称要与商业计划书名称一致。

2．初赛、复赛

初赛、复赛一般安排在每年的 6—9 月，各地各校登录全国大学生创业服务网进行大赛管理和信息查看。省级管理用户使用大赛组委会统一分配的账号进行登录，校级账号由各省级管理用户进行管理。初赛、复赛的比赛环节、评审方式等由各地、各高校自行决定。

3．全国总决赛

全国总决赛一般安排在每年的 10 月。大赛专家委员会对入围全国总决赛的项目进行网上评审，择优选拔项目进行现场比赛，决出金奖、银奖、铜奖。

知识链接

往届回顾

第一届　举办校：吉林大学
　　　　主　题："互联网＋"成就梦想　创新创业开辟未来
第二届　举办校：华中科技大学
　　　　主　题：拥抱"互联网＋"时代　共筑创新创业梦想
第三届　举办校：西安电子科技大学
　　　　主　题：搏击"互联网＋"新时代　壮大创新创业生力军
第四届　举办校：厦门大学
　　　　主　题：勇立时代　潮头敢闯会创　扎根中国大地书写人生华章
第五届　举办校：浙江大学
　　　　主　题：敢为人先放飞青春梦　勇立潮头建功新时代
第六届　举办校：华南理工大学
　　　　主　题：我敢闯、我会创
第七届　举办校：南昌大学
　　　　主　题：我敢闯、我会创
第八届　举办校：重庆大学
　　　　主　题：我敢闯、我会创

四、评审与奖项

（一）高教主赛道

（1）本赛道设置金奖、银奖、铜奖，中国大陆（内地）参赛项目设金奖 150 个、银奖 350 个、铜奖 1 000 个，中国港、澳、台地区参赛项目设金奖 5 个、银奖 15 个、铜奖另定，国际参赛项目设金奖 50 个、银奖 100 个、铜奖 350 个。

（2）本赛道设置最佳创意奖、最佳带动就业奖、最具商业价值奖等若干单项奖。

（3）获得金奖项目的指导教师为"优秀创新创业导师"（限前五名）。

（二）"青年红色筑梦之旅"活动与赛道

（1）本赛道设置金奖 50 个、银奖 100 个、铜奖 350 个。

（2）本赛道设置乡村振兴奖、最正确公益奖等单项奖。

（3）获得金奖项目的指导教师为"优秀创新创业导师"（限前五名）。

（三）职教赛道

（1）本赛道设置金奖 50 个、银奖 100 个、铜奖 350 个。

（2）获得金奖项目的指导教师为"优秀创新创业导师"（限前五名）。

（四）萌芽赛道

本赛道设置创新潜力奖 20 个。入围总决赛但未获创新潜力奖的项目，发放"入围总决赛"证书。

（五）产业命题赛道

本赛道设置金奖 30 个、银奖 60 个和铜奖 210 个。

第二节 "挑战杯"中国大学生创业计划竞赛

一、大赛概述

"挑战杯"中国大学生创业计划竞赛是由共青团中央、中国科协、教育部、全国学联主办的大学生课外科技文化活动中一项具有导向性、示范性和群众性的创新创业竞赛活动，每两年举办一届。

根据参赛对象，分为普通高校、职业院校两类。设科技创新和未来产业、乡村振兴和脱贫攻坚、城市治理和社会服务、生态环保和可持续发展、文化创意和区域合作 5 个组别。

竞赛宗旨：培养创新意识、启迪创意思维、提升创造能力、造就创业人才。

竞赛目的：深入学习贯彻习近平新时代中国特色社会主义思想，聚焦为党育人功能，从实践教育角度出发，引导和激励高校学生弘扬时代精神，把握时代脉搏，将所学知识与经济社会发展紧密结合，培养和提高创新、创造、创业的意识和能力，并在此基础上促进高校学生就业创业教育的蓬勃开展，发现和培养一批具有创新思维和创业潜力的优秀人才。

大赛分校级初赛、省级复赛、全国决赛。校级初赛由各校组织，广泛发动学生参与，遴选参加省级复赛项目。省级复赛由各省（自治区、直辖市）组织，遴选参加全国决赛项目。全国决赛由全国组委会聘请专家根据项目社会价值、实践过程、创新意义、发展前景和团队协作等，综合评定金奖、银奖、铜奖的项目。大赛期间组织参赛项目团队参与交流展示活动。

大力实施"科教兴国"战略，努力培养广大青年的创新、创业意识，造就一代符合未来挑战要求的高素质人才，已经成为实现中华民族伟大复兴的时代要求。作为学生科技活动的新载体，创业计划竞赛在培养复合型、创新型人才，促进高校产学研结合，推动国内风险投资体系建立方面发挥出越来越积极的作用。

二、参赛项目要求

（一）参赛资格

普通高校学生：在举办竞赛决赛的当年 6 月 1 日以前正式注册的全日制非成人教育的各类普通高等学校在校专科生、本科生、硕士研究生（不含在职研究生）可参加。硕博连读生、直接攻读博士生若在举办竞赛决赛的当年 6 月 1 日前未通过博士资格考试的，可以按硕士研究生学历申报作品；没有实行资格考试制度的学校，前两年可以按硕士研究生学历申报作品；本硕博连读生，按照四年、二年分别对应本、硕申报。博士研究生仅可作为项目团队成员参赛（不作为项目负责人），且人数不超过团队成员数量的 30%。

职业院校学生：在举办竞赛决赛的当年 6 月 1 日以前正式注册的全日制职业教育本科、高职高专和中职中专在校学生。

（二）参赛基本要求

参赛项目应有较高立意，积极践行社会主义核心价值观。应符合国家相关法律法规规定、政策导向。应为参赛团队真实项目，不得侵犯他人知识产权，不得借用他人项目参赛；存在剽窃、盗用、提供虚假材料或违反相关法律法规的，一经发现将取消参赛相关权利并自负一切法律责任。已获往届"挑战杯"中国大学生创业计划竞赛、"创青春"中国青年创新创业大赛、"挑战杯"中国大学生创业计划竞赛全国金奖（特等奖）、银奖（一等奖）的项目，不可重复报名。

三、赛制与赛程

以学校为单位统一申报，以项目团队形式参赛，每个团队人数原则上不超过 15 人，每个项目指导教师原则上不超过 5 人。对于跨校组队参赛的项目，各成员须事先协商明确项目的申报单位，各省级组织协调委员会最终明确项目的申报单位。全国决赛报名截止后，只可进行人员删减，不可进行人员顺序调整及人员添加。

参赛项目涉及知识产权的，在报名时须提交具有法律效力的发明创造或专利技术所有人的书面授权许可、项目鉴定证书、专利证书等。对于已工商注册的项目，在报名时可提交相关证明材料（含单位概况、法定代表人情况、加载统一社会信用代码的营业执照、股权结构等材料）。已工商注册项目的负责人须为企业法定代表人。企业法定代表人在通知发布之日后进行变更的不予认可。参赛项目可提供项目实践成效、预期成效等其他相关材料（包括项目的社会效益、经济效益、带动就业情况等）。

四、评审与奖项

竞赛设金奖、银奖、铜奖，分别约占全国决赛获奖项目的 10%、20%、70%。全国组委会可视各省份、各学校学生参与情况，设置组委会活动单项奖。

竞赛设学校集体奖，以学校为单位计算参赛得分并排序评选。金奖项目每个计 100 分，银奖项目每个计 70 分，铜奖项目每个计 30 分。竞赛设"挑战杯"，授予团体总分最高的学校；设"优胜杯"若干，授予除"挑战杯"获得高校之外团体总分靠前的学校。每校取获得奖次最高的 6 个项目计算总积分，如遇总积分相等的情况，则以获金奖的个数决定同一名次内的排序，以此类推直至铜奖。如总积分、获奖情况完全相同，由全国组委会综合考虑予以最终评定。

竞赛设省级团委优秀组织奖和学校优秀组织奖，综合省份、学校组织动员情况、活动参与情况、获奖情况等评定。全国组委会将在竞赛举办期间组织多种形式的导师指导、项目培训、交流展示、资源对接、孵化培育等活动。

📑 案例点评

"挑战杯"科技嘉年华活动之五——"我梦想中的科技创新"

11 月 1 日上午，第十一届"挑战杯"科技嘉年华活动之五——"我梦想中的科技创新"在北京航空航天大学学术交流厅拉开序幕，此次科技嘉年华活动围绕科技创新的一些实例，特意邀请了微软亚洲研究院院长洪小文博士、南京航空航天大学刘绍翰和 3G 门户创始人张向东为参加"挑战杯"的同学们做演讲。

洪小文博士为学生们展示了微软公司现在已经做成的和正在努力研发的一些软件，这些软件以其先进的性能、极大的实用价值、独特而高超的技巧让人耳目一新，同时也让人非常震惊。增长了学生们的见识，也让其学到很多知识。刘绍翰的演讲题目是"机器灵魂的革命史"，在其中，他为学生们讲述了人工智能的原理与发展状况，让学生们能够更好地认识人工智能并对其产生兴趣。张向东作为 3G 门户的创始人，为学生们讲述了 3G 门户的广泛应用与发展情况，并且指出，人们对手机的认识不断发展变化，每个人都将成为一个"手机人"。这些讲座生动有趣，并且蕴含着很大的科技含量，增长了学生们的知识，为启发创新起到了重要作用。

思政导学

创新创业大赛面向全体学生，为追求创新、勇于创业的青年提供了一个广阔的展示、学习、交流平台，能够激发学生的创新意识、提高创新创业能力、培育创业精神，促进学生全面发展，培养高素质创新型人才。同时，大学生在参加大赛的过程中了解新时代下创新创业对实现中国梦的必要性，明确新时代下党和国家对创新创业的政策和要求，掌握新时代下党的指导思想理论对创新创业的重要性，从而为将来的创业打下坚实的基础。

第三节 "创青春"中国青年创新创业大赛

一、大赛概述

"创青春"中国青年创新创业大赛是由共青团中央、教育部等多个部门联合主办的面向全国大学生的创业大赛。它是从 2014 年开始在原有"挑战杯"中国大学生创业计划竞赛的基础上举办的（即"小挑"），每两年一次。它与中国国际"互联网＋"大学生创新创业大赛是齐名的，二者都是全国规格最高的大学生创新创业大赛。

2015 年前，大、小挑为两个并列"挑战杯"竞赛项目：一个是"挑战杯"全国大学生课外学术科技作品竞赛（即"大挑"）；另一个则是"挑战杯"中国大学生创业计划竞赛（小挑）。这两个项目都由共青团中央牵头主办，交叉轮流开展，每个项目每两年举办一届。2015 年后，"小挑"更名为"创青春"，下设 3 个竞赛类别：大学生创业计划竞赛、创业实践挑战赛、公益创业赛，基本延续了"小挑"原本赛制与规定。大挑不变，简称为"挑战杯"，下设 3 个参赛类别：自然科学类学术论文、哲学社会科学类社会调查报告和学术论文、科技发明制作。"挑战杯"与"创青春"依旧由共青团中央牵头主办，每年交替举办，2022 年举办"创青春"，2023 年将举办"挑战杯"。2022 年第九届"创青春"中国青年创新创业大赛的基本情况如下。

（一）活动主题

青春喜迎二十大 创新创业赢未来

（二）组织机构

1.组织委员会

全国组织委员会由各主办单位、承办单位有关负责人组成，负责活动组织工作。全国组织委员会下设秘书处，设置中国青年创业就业基金会，负责协调筹备组织及日常工作。各专项交流活动分别成立专项组织委员会。

2.评审委员会

全国组织委员会提名设立评审委员会，按照相关办法，由创业导师、专家学者、投资人、创业园区负责人等组成，独立开展评审工作。

（三）支持服务

1.资金支持

根据创业青年主体和创业项目类型，通过中国青年创业就业基金会"科技创新攀登计划""乡村振兴头雁计划""大学生创业金种子计划"等公益计划获得资金支持。

2.培育孵化

参赛团队可申请入驻中国青年创业社区，优先享受优惠的创业支持政策和优质的创业孵化服务。可优先接受中国青年创业导师团问诊帮扶服务。可获准在中国青年信用体系相关平台中享受激励措施。

3.融资服务

参赛团队可通过中国青年创业就业基金会金融扶持项目获得融资扶持，可获准与创投机构商谈融资合作。

4.会员推荐

参赛团队可申请加入中国青年创业联盟、中国青年电商联盟、中国青年企业家协会、中国农村青年致富带头人协会等。

5.展示交流

参赛团队可在"中国青年创新创业综合服务平台"对项目进行长期展示和宣传。可优先获准参加全国大众创业万众创新活动周等相关活动。

（四）工作要求

各省（自治区、直辖市）副省级城市、省会城市、市（地、州、盟）团组织可结合地方发展状况和产业导向，举办本地"创青春"活动，积极动员、遴选、推荐优秀创业项目参加全国各相关活动。地方活动原则上应于8月底前完成，并将活动情况上报全国组织委员会秘书处。

各地在组织活动中，要严格落实属地防疫工作要求，制订工作方案，落实防疫责任。

第九届"创青春"活动由共青团中央、人力资源社会保障部、农业农村部、商务部、国家乡村振兴局、辽宁省人民政府、江苏省人民政府、江西省人民政府、湖北省人民政府共同举办，中国航天科工集团有限公司冠名支持。"创青春"中国青年创新创业大赛是共青团服务青年创新创业的重要品牌，自2014年起已连续举办8届，累计吸引超过48万支青年创业团队、209万名创业青年参赛。

二、参赛项目要求

根据参赛项目所处的创业阶段及企业创办年限（以企业登记注册时间为准）不同，一般划分为创新组、初创组、成长组等。创新组是指未进行企业登记注册，尚处于商业计划书阶段的创业项目；初创组是指企业登记注册时间不超过2年（含）的创业项目；成长组是指企业登记注册时间在2至5年（含）的创业项目。

根据参赛项目自身情况，可参加不同届次的比赛，或在同一届次比赛中参加多个专项赛；但在任一专项赛中，只能根据规定的分组条件选择组别参赛，不得在多个组别中重复参赛。

（一）专项交流活动暨专项赛

围绕科技创新、乡村振兴、数字经济、社会企业4个领域分别举办专项交流营和创新创业赛事，为参赛创业青年和青年创业组织代表提供技能培训、展示交流、咨询辅导、资本对接等服务。

1. 科技创新专项

重点关注"十四五"规划明确鼓励发展的重点方向，尤其是在人工智能、量子信息、集成电路、生命健康、脑科学、生物育种、空天科技、深地深海等领域具有前瞻性、战略性的项目。

2. 乡村振兴专项

重点关注先进种植养殖技术、农产品加工及销售、农业社会化服务、乡村休闲旅游等领域相关产业，尤其是在巩固拓展脱贫攻坚成果、助力乡村振兴等方面模式成熟的项目。

3. 数字经济专项

重点关注运用互联网、大数据、云计算、人工智能、区块链技术等推动数字经济和实体经济融合发展，运用数字经济手段改造发展传统行业的项目。

4. 社会企业专项

重点关注以协助解决社会问题、改善社会治理、服务特定群体或社区利益为宗旨和首要目标，以创新商业模式、市场化运作为主要手段，所得部分盈利按照其社会目标再投入自身业务、所在社区或公益事业，且社会目标持续稳定的项目。

（二）综合交流活动暨大赛

面向各专项交流活动暨专项赛发掘培养的青年创新创业人才和青年创业组织代表，组织创业辅导展示交流、资本对接、青年创业组织代表培训等活动。

小贴士

若参赛项目是动植物新品种的发现或培育，须有省级以上农科部门或科研院所开具的证明；若参赛项目是对国家保护动植物的研究，须有省级以上林业部门开具的证明，证明该项研究的过程中未产生对所研究的动植物繁衍、生长不利的影响；若参赛项目是新药物的研究，则必须有卫生行政部门授权机构或具有同等资质机构的鉴定证明。

三、赛制与赛程

（一）活动名称

整体活动表述为"航天科工杯"2022年中国青年创新创业交流营暨第九届"创青春"中国青年创新创业大赛。

专项交流活动表述为2022年中国青年创新创业交流营暨第九届"创青春"中国青年创新创业大赛（××专项），"××"指"科技创新""乡村振兴""数字经济""社会企业"。

（二）专项赛组别设置

大赛根据参赛项目所处的创业阶段及企业创办年限（以企业登记注册时间为准）不同，分别设置创新组、初创组、成长组。乡村振兴专项赛另设电商组。

企业创办年限划分以 2022 年 4 月 1 日为界。

（1）创新组指未进行企业登记注册，尚处于商业计划书阶段的创业项目。

（2）初创组指企业登记注册时间不超过 2 年［2020 年 4 月 1 日（含）以后登记注期］的创业项目。

（3）成长组指企业登记注册时间在 2 至 5 年［2017 年 4 月 1 日（含）至 2020 年 3 月 31 日（含）期间登记注册］的创业项目。

（4）电商组企业登记注册时间不超过 5 年［2017 年 4 月 1 日（含）以后登记注册］的创业项目。

（三）参赛人员

（1）年龄 35 周岁（含）以下［1986 年 4 月 1 日（含）以后出生］的中国公民。

（2）参赛项目可由个人申报，也可由团队申报。

（3）由团队申报的参赛项目，团队总人数不多于 5 人，且团队中 30 周岁（含）以下［1991 年 4 月 1 日（含）以后出生］的人数比例不低于 50%。

（四）参赛项目

（1）符合国家法律法规和国家产业政策。

（2）不得侵犯他人知识产权。

（3）具有良好的经济效益、社会效益，经营规范，社会信誉良好。

（4）具有较大投资价值的独特产品、技术或商业模式。

（五）项目申报

（1）已进行企业［含个体工商户、农民专业合作社（联合社）］登记注册的参赛项目，须提交营业执照等相关文件，项目成长过程或生产流程相关介绍，项目发展构想及阶段性成果等资料。涉及国家限制行业和领域的，须有相关资质证明。第一申报人须为企业法定代表人，且持有该企业股份［个体工商户第一申报人应为经营者，农民专业合作社（联合社）第一申报人应为法定代表人］。

（2）未进行企业登记注册的参赛项目，须提交商业计划书，对市场调研、创业构想、项目发展等有详细介绍。可同时出具专利、获奖、技术等级等省级以上行业主管部门出具的证书或证明。第一申报人须为产品开发、项目设计主要负责人。

（3）参赛项目须在报名时间内登录"创青春"网站注册报名。

四、评审与奖项

（一）评审委员会的产生

评审委员会由创业导师、专家学者、投资人、创业园区负责人等组成。评委候选人经各级团组织、创业服务机构推荐及全国组织委员会定向邀请产生，由全国组织委员会审核确认。

（二）奖项设置

各专项赛分别评出金奖、银奖、铜奖及优秀奖，各奖项数量分别不超过入围项目数量的10％、20％、30％、40％，获奖项目将获得全国组织委员会颁发的奖杯和证书，优秀项目可获得各主办单位给予的相关优惠政策。部分获奖项目将获邀参加综合交流营活动。

（三）评审标准

"创青春"中国青年创新创业大赛评审标准见表7-1。

表7-1　"创青春"中国青年创新创业大赛评审标准

评审项目	主要考察指标
产品服务	项目定位、产品功能、目标用户、商业模式等的准确性、可行性、创新性
市场前景	产业背景、市场需求、竞争策略、发展前景等的前瞻性、成长性、发展性
财务运营	融资情况、盈利模式、财务管理、风险规避等的稳定性、合理性、持续性
团队素质	人员构成、资历背景、能力素质、团队合作等的完整性、互补性、协同性
社会效益	创业带动就业、带动群众劳动致富、支持社会公益等的针对性、公益性、导向性

案例点评

刘庆峰：创业要有曹操的本事和刘备的心胸

刘庆峰，中国科学技术大学兼职教授、博士生导师，中华全国青年联合会委员、中国科协第七届委员和第十届、第十一届全国人大代表。1999年创办安徽科大讯飞信息科技股份有限公司，并担任总裁至今，2009年4月起同时兼任董事长。

回忆起参加第五届"挑战杯"全国大学生课外学术科技作品竞赛时的经历，尽管已经过去了整整14年，但刘庆峰感觉一切的一切仿佛还在眼前："那是1997年，比赛是在南京理工大学举办的。我当时参赛的项目是电脑语音合成软件技术，在电脑上装上这个软件就可将文章读出声来。记得比赛前展出时，有许多人怀着极大的兴趣来参观，这给了我很大的信心，对我以后的创业也起到了很大的促进作用。"

2011年，在一次访问中，刘庆峰说道："如果当年没有'挑战杯'精神的指引，没有团中央、教育部鼓励大学生就业，就没科大讯飞和中国的语音识别产业的今天。"

十余年来，刘庆峰的心中始终蕴藏着巨大的冲动：世界从最早的机器大生产，到大规模集成电路，然后到生物技术、IT行业的全面兴起，每个时代人类都有自己的"高科技产业"，而这些产业越来越深刻地影响着国家的发展。中国的崛起，"更需要一些人来做更高更新的技术产业"。刘庆峰自己的创业故事，正是从1997年他的电脑语音合成软件，在"挑战杯"全国大学生课外学术科技作品竞赛上获奖开始的。

"如果你有曹操的本事加刘备的心胸，你的方向有持续的发展空间，就可以以你为节点长出一个新的金字塔来。"作为一个创业者，刘庆峰比谁都清楚寻找方向和实际盈利的艰难，因此他鼓励员工在企业内部开展二次创业，为了民族，也为了团队本身，努力"向下生长，自己扎根成为一棵大树"。

"创青春"中国青年创新创业大赛将大学生的创业梦与中国梦有机结合，打造深入持久开展"我的中国梦"主题教育实践活动的有效载体，将激发创业与促进就业有机结合，打造整合资源服务大学生创业就业的工作体系和特色阵地，将创业引导与立德树人有机结合，增强大学生的社会责任感、创新精神和实践能力。

第四节　三大赛事的参赛团队组建与阶段性特点

一、三大赛事的参赛团队的组建

（一）组建创业团队的必要性

1.创业团队是高校学生选择创新创业的重要因素

据《2017年中国高校学生创新创业调查报告》显示，从创新创业应具备的重要因素来看，创业团队和个人能力被认为是高校学生选择创新创业应具备的重要因素。其中，被调查者认为最重要的因素是"能够组建有默契、能力互补的高水平创业团队"，占比33.00%。其次是"足够强的个人能力"，占比20.49%，其后为"有市场价值的个人或团队研究成果或专利"，占比16.52%。

2.个人能力难以满足创新创业需求

高校学生对于自身创新创业能力的评估相对客观，但同时存在对个人能力高估的可能性，关键在于如何补足其创新创业能力的短板，让不能满足创新创业条件的学生获得创新创业的可能性，让不清楚自身能力的学生可以对自身能力、如何参与创新创业建立基本认知，并形成准确的判断。

3.创新创业资源整合需求

在创新创业资金来源方面，高校学生组建创业团队，可以借助家庭支持、个人积蓄、向亲朋好友借钱，以及众筹等方式解决部分创业资金来源问题。

（二）寻找创业团队成员的维度

寻找创业团队成员作为创新创业项目合伙人，可以从价值观念、专业领域、能力互补、执行能力、经营资源等角度入手，寻找合适的创业团队成员，顺利组建适合创新创业项目的团队，共同创业、共同参赛。

（三）包装呈现创业团队能力的方法

参加三大赛事需要对创业团队进行一定的包装和描述，清晰呈现出创业团队的专业性、互补性，执行力、创新力、协作力以及学习力等，给创业团队设立一个完整的群体画像。

思政导学

一条成功的创业之路离不开一个优秀的创业团队，"一个篱笆三个桩，一个好汉三个帮"，团队精神的力量在大学生创业中发挥着举足轻重的作用，大学生创业要善于借助身边朋友、家庭、资源的力量，为创业服务。"空谈误国、实干兴邦"，大学生要敢闯敢干，努力在"双创"大潮中闯新路、创新业，不断开辟事业，发展新天地。

二、三大赛事的阶段性特点

（一）校赛

校赛由参赛校组织，各高校组建校赛组委会，负责落实竞赛宣传、报名、赛场、赛事、后勤保障等工作。校级初赛的比赛环节、评审方式等由各校自行决定，赛事组织须符合本地常态化疫情防控要求并制订应急预案。各单位应在规定日期前完成校级初赛，遴选推荐参加省级预赛的候选项目（推荐项目应有名次排序）。

（二）省赛

省赛原则上一个省为一个赛区。由符合承办省赛条件的高校于每年10月份之前，向大赛组委会秘书处提交《省赛承办申请书》（介绍学校情况，具备办赛条件和优势：包括"校领导重视和支持、有经费保证和人力支持、有合适的竞赛场地和设备、有办赛经验、参加过大赛及了解竞赛规则等方面"）。经大赛组委会审核批准后设立赛区组委会。12月底之前，省赛承办学校与大赛组委会签订书面合作协议。在大赛组委会的指导和监督下，负责本赛区的宣传、落实赛场、赛事、后勤保障等工作。各学校组织入围省级预赛的候选项目团队登录相关报名网站，做好省级预赛候选项目报送工作。大赛组委会将对所有入围省赛网评的项目进行公示，公示结束后，组织专家进行网上评审，择优选拔各赛道晋级省级决赛的项目，并确定获省赛铜奖项目。入围省级决赛的项目通过现场决赛或线上线下相融合的方式评审决出各类奖项，经公示后发布省赛获奖名单。

（三）全国赛

拟申请承办国赛的高校须提前2年向大赛组委会秘书处提出书面承办申请，并于12月底前将纸质《申请书》（介绍学校情况，说明是否有符合和达到比赛设置要求的场馆、宣传、交通、食宿、后勤、安保与经费保障，以及承办过全国、省级或各类大型活动经验等）、《全国总决赛承办单位办赛承诺书》及相关材料提交大赛组委会秘书处。大赛组委会委派专人到高校进行实地考察，选择符合承办条件的高校进行讨论，最终投票确定承办高校。次年4月底之前，承办校同大赛组委会签署协议。大赛组委会和国赛承办校协商成立"国赛组委会"。国赛组委会在大赛组委会的指导下，负责落实赛场、赛事、后勤保障等工作，并具有相应的权力和责任。按照全国总决赛配额，结合集训营成绩，择优选拔项目代表该省参加全国总决赛。大赛组委会组织本届省赛金奖项目团队及符合条件申请参加本届国赛资格争夺项目团队开展训练营。

📊 案例点评

罗化新材料：全球激光荧光陶瓷的领航者

（罗雪方，厦门大学，第四届中国国际"互联网+"大学生创新创业大赛全国亚军）

在布满重重荆棘的创业之路上，女性创业者更是面对着诸多困难。但厦门大学"罗化新材料：全球激光荧光陶瓷的领航者"项目负责人罗雪方认为，"女性往往比男性更细心、更有耐性和韧力，交流谈判的成功率比较高。当出现困难的时候，女性的承受能力都很强，往往更能够坚守得住初心，只要有不输于男性的敢闯敢拼精神，女性创业就会有更大的优势"。秉承这些优势，罗雪方带领以数位女性为代表的核心团队，以"罗化新材料：全球激光荧光陶瓷的领航者"项目为起点，走上创业之路，并以强大品质取得了创新创业成效。

激光照明和显示行业里谁率先掌握了新时代的基础核心技术，谁就将获得决定性的产品和市场优势。据罗雪方介绍，"激光照明和显示是一项颠覆性技术，其核心部件荧光转换器却面临着亮度低、寿命短、色域窄等问题，严重阻碍着激光照明与显示产业的发展。在这个万亿级市场里，该项技术市场份额却还不足5%"。因此，面对万亿级市场，罗雪方于2013年创办了罗化新材料公司，致力于高品质荧光转换器材料的研发、生产，并提供照明与现实一体化解决方案。

2016年，罗雪方考取厦门大学材料学院博士研究生，在导师指导下，项目团队运用具有自主知识产权的窄带荧光粉、"双助熔"和微观结构调控等核心技术，首次制备了高色纯度红色荧光陶瓷，成功实现了红、黄、绿全光谱激光荧光陶瓷转换器的量产，补齐了激光照明与显示的短板，突破国外技术垄断，掌握了全球先进的激光照明和显示关键材料的核心技术，并取得超过30项专利授权，成为激光照明和显示行业发展中的全球领先者。

2016年至2018年，团队项目营收实现了大跨越，其专利产品也被世界知名厂家采用，并推出创新型产品。2018年项目团队报名参加第四届"互联网+"创新创业大赛，由于各自工作内容、岗位和科研方向不同，团队成员发生争论，但她们认为这是在寻找更好的方案。闯过校赛、省赛和国赛会评的层层关卡后，项目进入全国150强，团队实验室、会议室几乎每晚灯火通明。学校精心安排数十位专家辅导项目，项目展示PPT先后改了100多个版本，文稿推倒重来了20多次，视频也是纠结到最后一刻才确定……备赛过程中，罗雪方因劳累过度生病，但她仍坚持反复路演和熟悉讲稿，最终登上冠军争夺战的擂台，勇夺该届大赛亚军。

引领激光照明，显示"中国亮度"，这就是罗化新材料。

思政导学

中国国际"互联网+"大学生创新创业大赛将创业的终极目标致力于解决更多的就业问题、

人类健康问题、人民群众生活品质问题，将青年人的思考融入对社会、国家、世界有益的创业精神中。大赛不仅使世界各个高校的创业团队实现理念共享，还为"消除贫困""提高人类健康指数"等世界问题拿出不同的解决方案，展示了年轻人的力量。

第八章
中国国际"互联网+"大学生创新创业大赛解析

本章导读

中国国际"互联网+"大学生创新创业大赛（简称"互联网+"大赛）是由教育部主办的一项重大赛事，参赛组织工作是一个系统大工程。通过本章学习，了解"互联网+"大赛的参赛组织工作的核心要点，对"互联网+"大赛的参赛组织工作中存在的痛点问题有清楚认识，并掌握解决方案，重点掌握"互联网+"大赛参赛组织工作重点之一的团队组建维度和方式方法。

知识结构

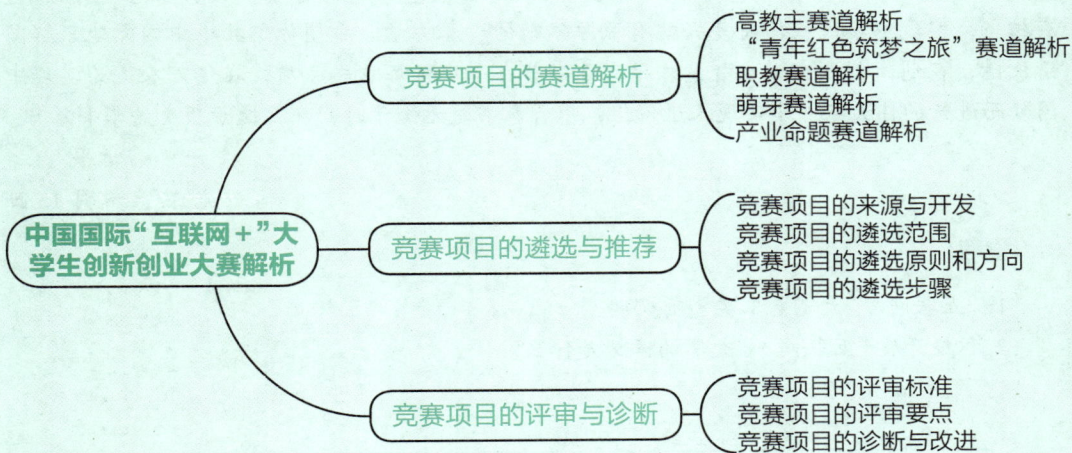

中国国际"互联网+"大学生创新创业大赛解析
- 竞赛项目的赛道解析
  - 高教主赛道解析
  - "青年红色筑梦之旅"赛道解析
  - 职教赛道解析
  - 萌芽赛道解析
  - 产业命题赛道解析
- 竞赛项目的遴选与推荐
  - 竞赛项目的来源与开发
  - 竞赛项目的遴选范围
  - 竞赛项目的遴选原则和方向
  - 竞赛项目的遴选步骤
- 竞赛项目的评审与诊断
  - 竞赛项目的评审标准
  - 竞赛项目的评审要点
  - 竞赛项目的诊断与改进

学习目标

知识目标：了解"互联网+"大赛的各赛道方案。

技能目标：对"互联网+"大赛的参赛组织工作中存在的痛点问题有清楚认识，并掌握解决方案，掌握团队组建维度和方式方法。

思政目标：探索人才培养新途径，培养创新创业人才，以创业带动就业。

学习重点

"互联网+"大赛的赛道解析和项目遴选与推荐。

案例导入

习近平总书记给第三届中国国际"互联网+"大学生创新创业大赛
"青年红色筑梦之旅"大学生的回信

第三届中国"互联网+"大学生创新创业大赛"青年红色筑梦之旅"的同学们：

来信收悉。得知全国150万大学生参加本届大赛，其中上百支大学生创新创业团队参加了走进延安、服务革命老区的"青年红色筑梦之旅"活动，帮助老区人民脱贫致富奔小康，既取得了积极成效，又受到了思想洗礼，我感到十分高兴。

延安是革命圣地，你们奔赴延安，追寻革命前辈伟大而艰辛的历史足迹，学习延安精神，坚定理想信念，锤炼意志品质，把激昂的青春梦融入伟大的中国梦，体现了当代中国青年奋发有为的精神风貌。

　　实现全面建成小康社会奋斗目标，实现社会主义现代化，实现中华民族伟大复兴，需要一批又一批德才兼备的有为人才为之奋斗。艰难困苦，玉汝于成。今天，我们比历史上任何时期都更接近实现中华民族伟大复兴的光辉目标。祖国的青年一代有理想、有追求、有担当，实现中华民族伟大复兴就有源源不断的青春力量。希望你们扎根中国大地了解国情民情，在创新创业中增长智慧才干，在艰苦奋斗中锤炼意志品质，在亿万人民为实现中国梦而进行的伟大奋斗中实现人生价值，用青春书写无愧于时代、无愧于历史的华彩篇章。

习近平
2017 年 8 月 15 日

思考：

1.	"互联网 +"大赛基本类型有哪些？
2.	积极开展"互联网 +"大赛的意义是什么？

第一节　竞赛项目的赛道解析

　　"互联网 +"大赛赛道几经迭代后，在第八届"互联网 +"大赛中逐渐完善，分为高教主赛道、"青年红色筑梦之旅"赛道、职教赛道、萌芽赛道、产业命题赛道。

一、高教主赛道解析

（一）参赛项目类型

　　（1）新工科类项目：大数据、云计算、人工智能、区块链、虚拟现实、智能制造、网络空间安全、机器人工程、工业自动化、新材料等领域，符合新工科建设理念和要求的项目。

　　（2）新医科类项目：现代医疗技术、智能医疗设备、新药研发、健康康养、食药保健、智能医学、生物技术、生物材料等领域，符合新医科建设理念和要求的项目。

　　（3）新农科类项目：现代种业、智慧农业、智能农机装备、农业大数据、食品营养、休闲农业、森林康养、生态修复、农业碳汇等领域，符合新农科建设理念和要求的项目。

　　（4）新文科类项目：文化教育、数字经济、金融科技、财经、法务、融媒体、翻译、旅游休闲、动漫、文创设计与开发、电子商务、物流、体育、非物质文化遗产保护、社会工作、家政服务、养老服务等领域，符合新文科建设理念和要求的项目。

　　参赛项目团队应认真了解和把握"四新"发展要求，结合以上分类及项目实际，合理选择参赛项目类别。参赛项目不只限于"互联网 +"项目，鼓励各类创新创业项目参赛，根据"四新"建设内涵和产业发展方向选择相应类型。

（二）参赛方式和要求

　　（1）高教主赛道以团队为单位报名参赛。允许跨校组建参赛团队，每个团队的成员不少于3人，不多于15人（含团队负责人），须为项目的实际核心成员。参赛团队所报参赛创业项目，须为本团队策划或经营的项目，不得借用他人项目参赛。

（2）按照参赛学校所在的国家和地区，分为中国大陆（内地）参赛项目、中国港澳台地区参赛项目、国际参赛项目3个类别。国际参赛项目和中国港澳台地区参赛项目可根据当地教育情况适当调整学籍和学历的相关参赛要求。

（3）所有参赛材料和现场答辩原则上使用中文或英文，如有其他语言需求，请联系大赛组委会。

（三）参赛组别和对象

根据参赛申报人所处学习阶段，项目分为本科生组、研究生组。根据所处创业阶段，本科生组和研究生组均内设创意组、初创组、成长组，并按照新工科、新医科、新农科、新文科设置参赛项目类型。具体参赛条件如下。

1. 本科生组

（1）创意组：参赛项目具有较好的创意和较为成型的产品原型或服务模式，在大赛通知下发之日前尚未完成工商等各类登记注册。参赛申报人须为项目负责人，项目负责人及成员均须为普通高等学校全日制在校本专科生（不含在职教育）。学校科技成果转化项目不能参加本组比赛（科技成果的完成人、所有人中参赛申报人排名第一的除外）。

（2）初创组：参赛项目的工商等各类登记注册未满3年（2019年3月1日及以后注册）。参赛申报人须为项目负责人且为参赛企业法定代表人，须为普通高等学校全日制在校本专科生（不含在职教育），或毕业5年以内的全日制本专科学生（即2017年之后的毕业生，不含在职教育）。企业法定代表人在大赛通知发布之日后进行变更的不予认可。项目的股权结构中，企业法定代表人的股权不得少于1/3，参赛团队成员股权合计不得少于51%。

（3）成长组：参赛项目的工商等各类登记注册满3年以上（2019年3月1日前注册）。参赛申报人须为项目负责人且为参赛企业法定代表人，须为普通高等学校全日制在校本专科生（不含在职教育），或毕业5年以内的全日制本专科学生（即2017年之后的毕业生，不含在职教育）。企业法定代表人在大赛通知发布之日后进行变更的不予认可。项目的股权结构中，企业法定代表人的股权不得少于10%，参赛团队成员股权合计不得少于1/3。

2. 研究生组

（1）创意组：参赛项目具有较好的创意和较为成型的产品原型或服务模式，在大赛通知下发之日前尚未完成工商等各类登记注册。参赛申报人须为项目负责人，须为普通高等学校全日制在校研究生。项目成员须为普通高等学校全日制在校研究生或本专科生（不含在职教育）。学校科技成果转化项目不能参加本组比赛（科技成果的完成人、所有人中参赛申报人排名第一的除外）。

（2）初创组：参赛项目工商等各类登记注册未满3年（2019年3月1日及以后注册）。参赛申报人须为项目负责人且为参赛企业法定代表人，须为普通高等学校全日制在校研究生，或毕业5年以内的全日制研究生学历学生（即2017年之后的研究生学历毕业生）。企业法定代表人在大赛通知发布之日后进行变更的不予认可。项目的股权结构中，企业法定代表人的股权不得少于 1/3，参赛团队成员股权合计不得少于 51%。

（3）成长组：参赛项目工商等各类登记注册满 3 年以上（2019 年 3 月 1 日前注册）。参赛申报人须为项目负责人且为参赛企业法定代表人，须为普通高等学校全日制在校研究生，或毕业 5 年以内的全日制研究生学历学生（即 2017 年之后的研究生学历毕业生）。企业法定代表人在大赛通知发布之日后进行变更的不予认可。项目的股权结构中，企业法定代表人的股权不得少于 10%，参赛团队成员股权合计不得少于 1/3。

二、"青年红色筑梦之旅"赛道解析

从 2018 年第四届中国国际"互联网+"大学生创新创业大赛开始，大赛特别开辟了"青年红色筑梦之旅"赛道，一大批聚焦边远山区支教、精准扶贫、科技扶贫的公益项目参赛。与前几届大赛的公益项目相比，"青年红色筑梦之旅"赛道的公益项目具有更广泛的领域和更丰富的内容，更能体现现代青年学子的社会担当。

（一）参赛要求

参加"青年红色筑梦之旅"活动的项目，如参加大赛，可自主选择参加"青年红色筑梦之旅"赛道或其他赛道比赛（只能选择参加一个赛道）。"青年红色筑梦之旅"赛道单列奖项、单独设置评审指标。

（1）参加"青年红色筑梦之旅"赛道的项目应符合大赛参赛项目要求，同时在推进革命老区、贫困地区、城乡社区经济社会发展等方面有创新性、实效性和可持续性。

（2）以团队为单位报名参赛。允许跨校组建团队，每个团队的参赛成员不少于 3 人，原则上不多于 15 人（含团队负责人），须为项目的实际核心成员。参赛团队所报参赛创业项目，须为本团队策划或经营的项目，不得借用他人项目参赛。

（3）参赛申报人须为团队负责人，须为普通高等学校在校生（可为本专科生，研究生，不含在职生），或毕业 5 年以内的毕业生（2015 年之后毕业的本专科生，研究生，不含在职生）。企业法定代表人在大赛通知发布之日后进行变更的不予认可。

（4）已获往届中国国际"互联网+"大学生创新创业大赛全国总决赛各赛道金奖和银奖的项目，不可再次报名参加大赛。

（5）没有参加本届"青年红色筑梦之旅"活动的项目不得参加"青年红色筑梦之旅"赛道比赛。

（6）各省级教育行政部门、各有关学校负责审核参赛对象资格。

（二）参赛组别和对象

参加"青年红色筑梦之旅"赛道的项目，须为参加"青年红色筑梦之旅"活动的项目。否则一经发现，取消参赛资格。根据项目性质和特点，分为公益组、创意组、创业组。

1. 公益组

参赛项目不以盈利为目标，积极弘扬公益精神，在公益服务领域具有较好的创意、产品或服务模式的创业计划和实践。参赛申报主体为独立的公益项目或社会组织，注册或未注册成立公益机构（或社会组织）的项目均可参赛。

2．创意组

参赛项目基于专业和学科背景或相关资源，解决农业农村和城乡社区开展面临的主要问题，助力乡村振兴和社区治理，推动经济价值和社会价值的共同开展。参赛项目在大赛通知下发之日前尚未完成工商等各类登记注册。

3．创业组

参赛项目以商业手段解决农业农村和城乡社区发展面临的主要问题、助力乡村振兴和社区治理，实现经济价值和社会价值的共同开展，推动共同富裕。参赛在大赛通知下发之日前已完成工商等各类登记注册，学生须为法定代表人。项目的股权结构中，企业法定代表人的股权不得少于 10％，参赛成员股权合计不得少于 1/3。

三、职教赛道解析

第八届中国国际"互联网＋"大学生创新创业大赛设立职教赛道，推进职业教育领域创新创业教育改革，组织学生开展就业型创业实践。

（一）参赛项目类型

（1）创新类：以技术、工艺或商业模式创新为核心优势。
（2）商业类：以商业运营潜力或实效为核心优势。
（3）工匠类：以表达敬业、精益、专注、创新为内涵的工匠精神为核心优势。

（二）参赛方式和要求

（1）职业院校（包括职业教育各层次学历教育，不含在职教育）、国家开放大学学生（仅限学历教育）可以报名参赛。
（2）大赛以团队为单位报名参赛。允许跨校组建团队，每个团队的参赛成员不少于 3 人，不多于 15 人（含团队负责人），须为项目的实际核心成员。参赛团队所报参赛创业项目，须为本团队筹划或经营的项目，不得借用他人项目参赛。

（三）参赛组别和对象

1．创意组

参赛项目具有较好的创意和较为成型的产品原型、服务模式或针对生产加工工艺进行创新的改良技术，在大赛通知下发之日前尚未完成工商等各类登记注册。参赛申报人须为团队负责人，须为职业院校的全日制在校学生或国家开放大学学历教育在读学生。学校科技成果转化项目不能参加本组比赛（科技成果的完成人、所有人中参赛申报人排名第一的除外）。

2．创业组

参赛项目在大赛通知下发之日前已完成工商等各类登记注册，且公司注册年限不超过 5 年（2017 年 3 月 1 日及以后注册）。参赛申报人须为企业法定代表人，须为职业院校全日制在校学生或毕业 5 年内的学生（即 2017 年之后的毕业生）、国家开放大学学历教育在读学生或毕业 5 年内的学生（即 2017 年 6 月之后的毕业生）。企业法人在大赛通知发布之日后进行变更的不予认可。项目的股权结构中，企业法定代表人的股权不得少于 1/3,参赛团队成员股权合计不得少于 51%。

四、萌芽赛道解析

第八届中国国际"互联网+"大学生创新创业大赛设立萌芽赛道，推动形成各学段有机衔接的创新创业教育链条，发现和培养基础学科和创新创业后备人才。

（一）参赛对象

参赛对象为普通高级中学在校学生。参赛学生须为项目的实际成员，鼓励学生以团队为单位参加（团队成员不超过 15 人），允许跨校组建团队。

（二）参赛项目要求

（1）项目应紧密融合学习、生活、社会实践，能创造性地解决问题或提供解决思路，具有可预见的应用性与成长性，可以是教育部公布的面向中小学生的全国性竞赛活动名单中的学生赛事获奖项目或作品。不只限于"互联网+"项目，鼓励各类创新创业项目参赛。

（2）项目须真实、健康、合法，无任何不良信息，不得借用他人项目参赛。项目立意应弘扬正能量，践行社会主义核心价值观。参赛项目不得侵犯他人知识产权；所涉及的发明创造、专利技术、资源等必须拥有清晰合法的知识产权或物权，涉及他人知识产权的，报名时须提交完整的具有法律效力的所有人书面授权许可书、专利证书等；抄袭盗用他人成果、提供虚假材料等违反相关法律法规的行为，一经发现即刻丧失参赛相关权利并自负一切法律责任。

五、产业命题赛道解析

第八届中国国际"互联网+"大学生创新创业大赛设立产业命题赛道，加强产学研深度融合。

（一）命题征集

（1）本赛道针对企业开放创新需求，面向产业代表性企业、行业龙头企业、专精特新企业，以及入选国家"群众创业万众创新示范基地"的大型企业征集命题。

（2）企业命题应聚焦国家"十四五"规划战略新兴产业方向，倡导新技术、新产品、新业态、新模式。围绕新工科、新医科、新农科、新文科对应的产业和行业领域，基于企业发展真实需求进行申报。

（3）命题须健康合法，弘扬正能量，知识产权清晰，无任何不良信息，无侵权违法等行为。

（二）参赛要求

（1）本赛道以团队为单位报名参赛，每支参赛团队只能选择一个命题参加比赛，允许跨校组建、师生共同组建参赛团队，每个团队的成员不少于 3 人，不多于 15 人（含团队负责人），须为揭榜答题的实际核心成员。

（2）项目负责人须为普通高等学校全日制在校生（包括本专科生、研究生，不含在职教育），或毕业 5 年以内的全日制学生（即 2017 年之后毕业的本专科生、研究生，不含在职教育）。参赛项目中的教师须为高校教师（2022 年 7 月 31 日前正式入职）。

（3）参赛团队所提交的命题对策须符合所答企业命题要求。参赛团队须对提交的应答材料拥有自主知识产权，不得侵犯他人知识产权或物权。

（4）所有参赛材料和现场辩论原则上使用中文或英文，如有其他语言需求，请联系大赛组委会。

案例点评

凭借专业知识成功创业

江化磊是某科技大学物理系的研究生，在读书期间他就意识到：在汽车普及的时代，汽车蓄电池在我国将有十分广阔的市场。

在大二的时候，江化磊就开始着手研究汽车蓄电池。课余时间里，江化磊不是在图书馆查阅资料，就是在宿舍里摆弄蓄电池。凭借对蓄电池研究的兴趣和对技术的执着追求，江化磊义无反顾地走上了这条艰苦的技术创业之路。

功夫不负有心人，经过一年半的努力，江化磊的节能汽车蓄电池改良技术得到国内多家汽车蓄电池生产厂家的青睐。江化磊本人也顺利地和上海的一家公司签订了以技术入股的合约，成为一个大学生股东。

思政导学

江化磊之所以能创业成功，主要原因在于他充分利用了自己的专业知识。专业知识是大学生创业就业的优势，尤其是对一些拥有专业发明的大学生创业者，创业道路会更宽阔。江化磊专业知识成功创业的例子，让更多应届毕业的大学生能够看到更多的创业机会，对自己掌握的知识和技能更有信心，他们通过努力对能够拥有的知识进行优化整合，从而创造出更大的经济和社会价值。

第二节　竞赛项目的遴选与推荐

了解"互联网＋"大赛项目的来源，针对大赛项目的"金种子"基因，认识项目遴选的原则，掌握项目的遴选方法和步骤，挖掘、培育和遴选出具有竞争优势的好项目，参加"互联网＋"大赛，并取得优异成绩。

一、竞赛项目的来源与开发

（一）竞赛项目的来源

1.原始孵化项目

原始孵化项目主要是指高校学生自身产生的好创意和较为成型的产品原型或服务模式，并围绕项目开展市场调查、市场分析、财务分析、团队组建等创业实践活动，经过一定时间孵化后形成较为成熟和完善的商业模式和盈利模式的创新创业项目。

2.科研转化项目

"互联网+"大赛一个重要的目的是以赛促创，搭建科研成果转化新平台，积极推动赛事成果转化和产学研用紧密结合，促进"互联网+"新业态形成，服务经济高质量发展。

3.校友项目

"互联网+"大赛鼓励毕业5年以内的学生积极参赛，因此高校可以依托学校校友会资源，努力寻求符合条件的毕业生参赛。

4.政校行企合作项目

高校孵化的创新创业项目只有走出校园，得到政府部门、大型企业或行业协会认可，并赢得项目合作，有了政府和企业背书，其可行性和科学性才经得住社会市场检验。

5.学科优势项目

创业团队按照学科优势，探究专业深度和广度，将学科中某些技术或研究成果加以创业运营和运用，或者跨学科整合项目，这些均具有不可替代性，充分体现学校的专业背景和学科优势。

（二）竞赛项目的开发

每所高校在"互联网+"大赛项目的开发上各有方法，但主要是通过思创融合、科创融合、专创融合、产教融合这4种途径进行开发研究。

知识拓展

大学生创新创业项目十大来源

第一大来源：学生自发

第二大来源：科技成果转化

第三大来源：产教融合协同创新

第四大来源：特色专业+优势学科

第五大来源："互联网+"新技术

第六大来源：师生同创+大手拉小手

第七大来源：电子商务创新创业

第八大来源：家族产业与产权

第九大来源：政府公共采购与社会公益服务

第十大来源：一带一路与全球经济一体化

思政导学

　　希望对创业感兴趣的学生把以上10种来源作为主要的参考，并结合自身的实际情况，发掘身边的创业项目，积极参与到"互联网＋"大赛中来，这不仅对大学生这个群体有比较好的推动作用，同时还锻炼自己、提升自己，最终实现自己的创业梦。

二、竞赛项目的遴选范围

　　为鼓励高校积极参与"互联网＋"大赛，营造创新创业氛围，促进创新型人才培养，需要明确大赛项目的遴选标准。

　　参赛项目能够将移动互联网、云计算、大数据、人工智能、物联网、下一代通信技术等新一代信息技术与经济社会各领域紧密结合，培育新产品、新服务、新业态、新模式；发挥互联网在促进产业升级以及信息化和工业化深度融合中的作用，促进制造业、农业、能源、环保等产业转型升级；发挥互联网在社会服务中的作用，创新网络化服务模式，促进互联网与教育、医疗、交通、金融、消费生活等深度融合。

案例点评

"创新创业人才梯队正在形成"

　　重庆邮电大学的"智能轮椅"项目的7名成员来自不同年级、不同专业，正是这种跨年级、跨专业的交流与协作，让他们感受到1＋1＞2的团队魅力。

　　"我发现今年参赛团队的一个明显特点是高年级带低年级，博士生带硕士生、本科生，一支创新创业的人才梯队正在形成。"教育部创新创业教育指导委员会委员、中南大学创新与创业教育办公室主任杨芳说。

　　中国北方工业有限公司高级投资主管徐登峰参加了大赛高教主赛道全国总决赛网上评审、会议评审和现场评审，他认为，大赛磨炼了大学生的创业能力、创新精神、演讲表达能力、迅速抓住问题核心的能力、沟通能力、领导能力，也让一批优秀的创新创业人才脱颖而出。

思政导学

　　针对创新创业项目，深入思考其是否有高科技含量，是否树立了较高的商业壁垒，是否拥有了一支强大的创业团队，是否具有持续发展性，是否具有可复制性，是否拥有一个较大的市场容量，是否能够有较高的增长速度。创业团队需要深挖项目的亮点、重点，完善项目的薄弱环节，为顺利走入大赛做好充足的准备。创新创业人才梯队建设是职业生涯规划的一部分，建立和完善人才培养机制，能够为国家可持续发展提供强有力的支撑，起到积极的作用。

三、竞赛项目的遴选原则和方向

（一）竞赛项目的遴选原则

1. 符合政策趋势原则

"互联网+"大赛项目要符合国家以及地方的相关产业政策。国家和地方政策会对一些国家新兴产业和关乎国计民生的行业领域予以税收、资金、人才、场地等方面的支持，选择国家和地方政府大力支持的创新创业项目则有机会获得相关扶持，处于初创期的大学生发展其创新创业项目就能如虎添翼。

2. 满足市场需求原则

创新创业项目是与市场息息相关的，它一定要满足市场需求，尤其是以刚性需求为佳，同时这个市场要足够大，有着千亿级市场容量更好。而且项目要符合市场发展趋势，没落市场的创新创业项目难以出彩。

3. 具有双重价值原则

所谓双重价值是指创新创业项目既要有经济效益又要有社会价值，这样的创新创业项目具有较高的产品服务附加值。

4. 拥有竞争优势原则

竞争优势原则是指创新创业项目要充分凸显自身优势，做自己最擅长和最熟悉的领域，创新创业项目要在创新性、实践性、专业知识、资源整合、行业经验、市场占有率等众多方面处于领先地位，让评委和投资人看到项目可赢得更多市场份额的优势和能力。

5. 吸引投资关注原则

投资规模不大、投资周期不长的创新创业项目容易启动，投资回报率高、投资回收周期短、投资风险小的创新创业项目更容易得到投资人喜欢。如果一个科技含量高的项目需要投资上百亿元，且难以预测其产品销售额和利润额，估计难以吸引投资人关注。

（二）竞赛项目的遴选方向

1. 寻求解决市场痛点的创新创业项目

选择创新创业项目，首先要对市场进行深入分析，对项目所处的产业链中存在的市场痛点有所了解，并提出对应的解决方案。

2. 重点选择具有创新点和亮点的项目

将创新点和亮点糅合在项目的原始素材中，这需要创业团队去发现和提炼，可从用户体验、技术性、商业体量、专业优势、区域特色等角度去思考和挖掘。

3.侧重落地实施性强的项目

参加大赛要重视项目的落地实施性，纸上谈兵的创新创业项目难以冲破大赛的重重关卡。

4.关注对标性培育和素材积累多的项目

竞赛项目需要提前两三年进行部署，有意识、有目的地开展对标性培育，并结合自身项目优势和特点，针对不同赛道评分要点，选择适合的赛道开展相应的素材积累，以此佐证项目的实践运营效果，促进项目及时纠偏。

5.根据项目情况分组、分类布局

面对众多赛道和组别，不妨采取田忌赛马的方式进行项目布局，取得比赛的最佳成绩。

📊 案例点评

校园内无处不在的商机

小温在一所高校里已创业3年，创新创业项目均与校园生活息息相关，这3年来，他从校园生活中存在的痛点问题上寻找创新创业项目，目前已实现营业额达700多万元。3年的宝贵经验让他的团队从一个小商户慢慢转变成一家明确自己使命与愿景的公司。小温在校园项目开发与运营中有3个方面的经验值得分享：第一，如何发现市场需求；第二，如何更好地满足市场需求；第三，校园项目运营的内在逻辑与方法。

小生意也需要有大格局，所有的创业都需要时间去迭代和坚持。小温在这3年的创业过程中，从一个普通的快递代收点，发展到如今覆盖了校园服务、毕业求职、长租公寓等三大板块的综合型公司，虽然后面还有很长的一段路要走，但其中的经历会成为他今后创业生涯的宝贵财富。

思政导学

辅导团队或大赛评委对一个或多个创新创业项目进行遴选和审视，项目要符合政策趋势、满足市场需求、具有社会和经济的双重价值、有着不可逾越的竞争优势、能真正吸引投资人关注。大学生在校园参与创业的经历中体现的思想碰撞、技能与知识之间交流的火花，都在某种程度上潜移默化地影响着大学生创新意识的培养和创业精神的孕育，营造出校园创新创业的氛围，形成校园创业文化。

四、竞赛项目的遴选步骤

（一）创新性分析

"互联网+"大赛的竞争特性决定了参赛项目想要从众多竞争者中脱颖而出取得好成绩，其创新性是首先需要评估的要素，因此创新性分析成为遴选创新创业项目的第一步。创新性主要从技术创新、技能创新、岗位创新、模式创新、原始创新等角度加以考察，可以是单一创新点，也可以是多个创新点，尤其是处于行业领域前沿的领跑者或者填补市场空白的创造者，在"互联网+"大赛中更可能成为评委和投资人的青睐对象。

（二）市场真实需求分析

竞赛项目遴选要从市场痛点出发，客观分析市场真实需求，判断其是刚性需求还是一般需求、是紧迫需求还是潜在需求。竞赛项目如果解决的是紧迫性的刚性需求，则是解决市场痛点的好项目。例如，2016年第二届"互联网+"大赛总决赛金奖项目"无水活鱼"，解决了市场活鱼的运输问题。市场需求一定要是真实需求而不是伪需求，因此，创业计划书中要做好用户访谈和问卷调查，沉下心了解用户的真实需求、用户规模以及用户画像，而非是创业者的自我设想。

（三）市场容量和趋势分析

在市场真实需求分析的基础上，还要分析和研究竞赛项目所面临的市场容量和市场空间有多大，以及其市场发展趋势如何。有些创新创业项目仅调研分析其所在社区的市场容量，还有些创新创业项目的市场分析没有细分领域，其实，市场容量和趋势分析不仅要有其所在地区的市场分析，还要有国内外市场分析，这可以通过调研分析、抽样调查以及文献分析予以解决。如果10家企业做市场容量为1亿元的项目，就算平均分配市场份额，利润率达25%，利润也只有250万元，这样的项目做不大、做不强，还浪费精力；如果市场容量有100亿元，同样的市场份额和利润率就可实现利润2.5亿元，这样的项目才值得更多期待。

（四）项目竞争优势分析

在技术竞争优势方面，该项目是否为高科技项目，是否拥有难以取代的攻关技术，是否具有专利和计算机软件著作权等知识保护，是否是对现有技术的更新迭代。如果这些问题的答案都是肯定的，那技术竞争优势十分明显；在管理竞争优势方面，初创企业或初创项目在管理上存在薄弱环节，需要评估项目在研发管理、生产管理、流程管理、财务管理、客户管理、人员管理、制度管理等方面是否具有优势；创业团队是创新创业项目能否取得好成绩的关键，也是创新创业项目能否顺利实施的重要因素，需要评估创始人是否强大，创业团队要在专业性、互补性、创新性、协作性、执行力、学习力等方面具有优势。这些主要是项目内在的纵向比较分析，但创新创业项目还需要进行竞争优势分析，这需要重点进行竞品分析，要充分了解竞争对手的技术水平、产品研发计划、生产加工能力、产品制造成本、知识产权情况、存在的不足、发展的瓶颈等相关信息，才能更全面地分析项目的竞争优势所在。

（五）商业盈利能力分析

在市场分析的基础上，要进一步分析该项目的商业盈利能力，这需要对创新创业项目的成本收益表进行仔细审核，先计算出包括研发、人工、房租、材料、生产、折旧、办公、营销、各种税费和其他费用等成本费用，再核算创新创业项目的产品或服务的年销售额、年净利润额、年利润率等主要财务指标，预判项目的盈利能力。如果项目产品或服务的年利润率为25%以上，则说明其盈利能力较强，如果为50%甚至100%以上，则是一个具有高附加值的项目。

（六）投资性和成长性分析

最后，要分析创新创业项目的投资性和成长性。如果该项目的投资回收周期在两三年内，即为较理想状态，投资收益率为 30% 甚至 50% 以上最好，因此，要对创新创业项目回收周期、投资收益率、内部收益率等财务指标加以评估，预判项目是否为投资少、回收快、附加值高的投资性和成长性较好的项目。

📊 案例点评

创业项目首先要合法

姜杰曾是某大学公共关系学专业的学生，读书期间就一直在一家广告公司做市场策划，这一工作经历触发了他的创业灵感。大四的时候，姜杰找到计算机专业的 4 个同学商量共同成立公司，大家一拍即合，并制订了目标。经过 3 个多月的努力，一家注册资金为 10 万元的高科技公司成立了，姜杰为法定代表人。团队成员们信心十足，准备在 IT 界大展拳脚。

在看到其他公司以经营电影网站的方式传播非法电影资源获取暴利后，姜杰的团队虽然羡慕不已，但依然坚守合法经营的理念。最终，其他非法经营的公司受到法律严厉的惩处，而姜杰的公司因为始终坚守最初的创业原则和目标，最终不仅受到来自各方面的嘉奖，还在稳定的运营中取得了不错的效益。

思政导学

任何一个大学生创业者首先都应该做一个守法者，然后再努力成为一个经商者，最后才可能成为一个成功者。作为大学生创业者，不要被一时的利益冲昏头脑，妄想通过非法的途径获取暴利是不可取的。只有合法经营才能被社会接纳，才能受到社会各界的支持和法律的保护。

第三节 竞赛项目的评审与诊断

在"互联网＋"大赛的备赛工作中，最为重要的是了解项目的评审规则。本节以解析"互联网＋"大赛项目评审标准为主，进一步了解"互联网＋"大赛的评审要求，并对照评审要求，对创新创业项目进行诊断，归纳总结其不足之处，采取正确的方法加强对竞赛项目的策划和辅导，为取得优异成绩奠定基础。

一、竞赛项目的评审标准

每个创新创业大赛的项目评审都有自己的标准，每一年都有所不同。对比众多创新创业大赛项目的评审标准,"互联网+"大赛的评审标准较高,每个组别都有相对应的标准,其标准涵盖面较广且着重点鲜明,较为健全也较为全面,这有利于参赛队伍有针对性地做好备赛工作。

(一)高教主赛道项目评审标准

高教主赛道主要分为创意组、初创组、成长组 3 个组别,针对初创组、成长组的共性,其评审要点是一致的,但是创意组与这 2 个组别有一定区别,其评审标准也不一样。高教主赛道项目评审标准见表 8−1 和表 8−2。

表 8−1　高教主赛道项目评审要点:创意组

评审要点	评审内容	分值
教育维度	1.项目应弘扬正确的价值观,体现家国情怀,恪守伦理规范,有助于培育创新创业精神 2.项目符合将专业知识与商业知识有效结合并转化为商业价值或社会价值的创新创业基本过程和基本逻辑,展现创新创业教育对创业者基本素养和认知的塑造力 3.体现团队对创新创业所需知识(专业知识、商业知识、行业知识等)与技能(计划、组织、领导、控制、创新等)的娴熟掌握与应用,展现创新创业教育提升创业者综合能力的效力 4.项目充分体现团队解决复杂问题的综合能力和高级思维;体现项目成长对团队成员创新创业精神、意识、能力的锻炼和提升作用 5.项目能充分体现院校在新工科、新医科、新农科、新文科建设方面取得的成果;体现院校在项目的培育、孵化等方面的支持情况;体现多学科交叉、专创融合、产学研协同创新、产教融合等模式在项目的产生与执行中的重要作用	30
创新维度	1.项目遵循从创意到研发、试制、生产、进入市场的创新一般过程,进而实现从创意向实践、从基础研发向应用研发的跨越 2.团队能够基于学科专业知识并运用各类创新的理念和范式,解决社会和市场的实际需求 3.项目能够从产品创新、工艺流程创新、服务创新、商业模式创新等方面着手开展创新创业实践,并产生一定数量和质量的创新成果,以体现团队的创新力	20
团队维度	1.团队的组成原则与过程是否科学合理;团队是否具有支撑项目成长的知识、技术和经验;团队是否有明确的使命愿景 2.团队的组织构架、人员配置、分工协作、能力结构、专业结构、合作机制、激励制度等的合理性情况 3.团队与项目关系的真实性、紧密性情况;对项目的各项投入情况;创立创业企业的可能性情况 4.支撑项目发展的合作伙伴等外部资源的使用以及与项目关系的情况	20

评审要点	评审内容	分值
商业维度	1.充分了解所在产业（行业）的产业规模、增长速度、竞争格局、产业趋势、产业政策等情况，形成完备、深刻的产业认知 2.项目具有明确的目标市场定位，对目标市场的特征、需求等情况有清晰的了解，并据此制定合理的营销、运营、财务等计划，设计出完整、创新、可行的商业模式，展现团队的商业思维 3.项目落地执行情况；项目对促进区域经济发展、产业转型升级的情况；已有盈利能力或盈利潜力情况	20
社会价值维度	1.项目直接提供就业岗位的数量和质量 2.项目间接带动就业的能力和规模 3.项目对社会文明、生态文明、民生福祉等方面的积极推动作用	10

表 8-2　高教主赛道项目评审要点：初创组、成长组

评审要点	评审内容	分值
教育维度	1.项目应弘扬正确的价值观，体现家国情怀，恪守伦理规范，有助于培育创新创业精神 2.项目符合将专业知识与商业知识有效结合并转化为商业价值或社会价值的创新创业基本过程和基本逻辑，展现创新创业教育对创业者基本素养和认知的塑造力 3.体现团队对创新创业所需知识（专业知识、商业知识、行业知识等）与技能（计划、组织、领导、控制、创新等）的娴熟掌握与应用，展现创新创业教育提升创业者综合能力的效力 4.项目充分体现团队解决复杂问题的综合能力和高级思维；体现项目成长对团队成员创新创业精神、意识、能力的锻炼和提升作用 5.项目能充分体现院校在新工科、新医科、新农科、新文科建设方面取得的成果；体现院校在项目的培育、孵化等方面的支持情况；体现多学科交叉、专创融合、产学研协同创新、产教融合等模式在项目的产生与执行中的重要作用	20

评审要点	评审内容	分值
商业维度	1.充分掌握所在产业（行业）的产业规模、增长速度、竞争格局、产业趋势、产业政策等情况；具有明确的目标市场定位，充分掌握目标市场的特征、需求等情况；具有完整、创新、可行的商业模式 2.经营绩效方面：重点考察项目存续时间、营业收入（合同订单）现状、企业利润、持续盈利能力、市场份额、客户（用户）情况、税收上缴、投入与产出比等情况 3.经营管理方面：是否有清晰的企业发展目标；是否有完备的研发、生产、运营、营销等制度和体系；是否采用先进、科学的管理方法，以确保企业具有较强的竞争力 4.成长性方面：是否有清晰、有效、全方位的企业发展战略，并拥有可靠的内外部资源（人才、资金、技术等方面）实现企业战略，以建立企业的持续竞争优势 5.现金流及融资方面：关注项目融资情况、获取资金渠道情况、企业经营的现金流情况、融资需求及资金使用情况是否合理 6.项目对促进区域经济发展、产业转型升级的情况	30
团队维度	1.团队的组成原则与过程是否科学合理；团队是否具有独特的支撑项目成长的知识、技能、经验以及成熟的外部资源网络，是否有明确的使命愿景 2.公司是否具有合理的组织构架、清晰的指挥链、科学的决策机制，是否有合理的岗位设置、分工协作、专业能力结构，是否有良好的内部沟通机制，是否有合理的股权结构、激励制度等 3.团队对项目的各项投入情况及团队成员的稳定性情况 4.支撑公司发展的合作伙伴等外部资源的使用以及与公司关系的情况	20
创新维度	1.项目遵循从创意到研发、试制、生产、进入市场的创新一般过程，进而实现从创意向实践、从基础研究向应用研发的跨越 2.团队能够基于专业知识并运用各类创新的理念和范式，解决社会和市场的实际需求 3.项目能够从产品创新、工艺流程创新、服务创新、商业模式创新等方面着手开展创新实践，产生一定数量和质量的创新成果，获得相应的市场回报 4.项目能够从创新战略、创新流程、创新组织、创新制度与文化等方面进行设计协同，对创新进行有效管理，进而保持公司的竞争力	20
社会价值维度	1.项目直接提供就业岗位的数量和质量 2.项目间接带动就业的能力和规模 3.项目对社会文明、生态文明、民生福祉等方面的积极推动作用	10

（二）"青年红色筑梦之旅"赛道项目评审标准

　　"青年红色筑梦之旅"赛道按照性质和属性分为公益组、创意组和创业组 3 个组别，这 3 组各自的评审要点和评审内容不一样。"青年红色筑梦之旅"赛道项目评审标准见表 8-3、

表 8-4 和表 8-5。

表 8-3 "青年红色筑梦之旅"赛道项目评审要点：公益组

评审要点	评审内容	分值
教育维度	1.项目应弘扬正确的价值观，体现家国情怀，恪守伦理规范，有助于培育创新创业精神 2.项目体现团队扎根中国大地，了解国情民情，遵循发现问题、分析问题、解决问题的基本规律，将所学专业知识、技能和方法应用于解决各类社会问题，展现创新创业教育对创业者基本素养和认知的塑造力和提升创业者综合能力的效力 3.项目充分体现团队解决复杂问题的综合能力和高级思维；体现项目成长对团队成员创新创业精神、意识、能力的锻炼和提升作用 4.项目能充分体现院校在新工科、新医科、新农科、新文科建设方面取得的成果；项目充分体现专业教育、思政教育、创新创业教育的有机融合；体现院校在项目的培育、孵化等方面的支持情况	30
公益维度	1.项目以社会价值为导向，以谋求公共利益为目的，以解决社会问题为使命，不以营利为目标，有一定公益成果 2.在公益服务领域具有较好的创意、产品或服务模式的创业计划和实践，追求社会效益的最大化	10
团队维度	1.团队的组成原则与过程是否科学合理；是否具有从事公益创业所需的知识、技术和经验；是否有明确的使命愿景 2.团队内部的组织构架、人员配置、分工协作、能力结构、专业结构、激励制度的合理性情况；团队外部服务支撑体系完备（如志愿者团队等）、具有一定规模、实施有效管理使其发挥重要作用的情况 3.团队与项目关系的真实性、紧密性情况；团队对项目的各项投入情况；团队的延续性或接替性情况 4.支撑项目发展的合作伙伴等外部资源的使用以及与项目关系的情况	20
发展维度	1.项目通过吸纳捐赠、获取政府资助、自营收等方式确保持续生存能力情况 2.团队基于一定的产品、服务、模式，通过高效管理、资源整合、活动策划等运营手段，确保项目影响力与实效性 3.项目对促进就业、教育、医疗、养老、环境保护与生态建设等方面的效果 4.项目的模式可复制、可推广、具有示范效应 5.项目对带动大学生到农村、城乡社区从事社会服务就业创业的情况	20
创新维度	1.团队能够基于科学严谨的创新过程，遵循创新规律，运用各类创新的理念和范式，解决社会实际需求 2.项目能够从产品创新、服务创新等方面着手，开展公益创业实践，并产生一定数量和质量的创新成果 3.鼓励将高校科研成果运用到公益创业中，以解决相应的社会问题	20
必要条件	参加由学校、省市或全国组织的"青年红色筑梦之旅"活动	

表 8-4 "青年红色筑梦之旅"赛道项目评审要点：创意组

评审要点	评审内容	分值
教育维度	1.项目应弘扬正确的价值观，体现家国情怀，恪守伦理规范，有助于培育创新创业精神 2.项目体现团队扎根中国大地，了解国情民情，遵循发现问题、分析问题、解决问题的基本规律，将所学专业知识、技能和方法应用于乡村振兴和农业农村现代化、城乡社区发展，展现创新创业教育对创业者基本素养和认知的塑造力和提升创业者综合能力的效力 3.项目充分体现团队解决复杂问题的综合能力和高级思维，体现项目成长对团队成员创新创业精神、意识、能力的锻炼和提升作用 4.项目能充分体现院校在新工科、新医科、新农科、新文科建设方面取得的成果；项目充分体现专业教育、思政教育、创新创业教育的有机融合；体现院校在项目的培育、孵化等方面的支持情况	30
团队维度	1.团队的组成原则与过程是否科学合理；团队是否具有支撑项目成长的知识、技术和经验；是否有明确的使命愿景 2.团队的组织构架、人员配置、分工协作、能力结构、专业结构、合作机制、激励制度等的合理性情况 3.团队与项目关系的真实性、紧密性情况；对项目的各项投入情况；创立创业企业的可能性情况 4.支撑项目发展的合作伙伴等外部资源的使用以及与项目关系的情况	20
发展维度	1.充分了解乡村振兴、农业农村现代化、城乡社区发展的内容和要求，了解其中的痛点、难点，进而形成对所要解决问题完备的认知 2.在服务乡村振兴、农业农村现代化、城乡社区发展等方面有较好的创意、产品或服务模式，追求经济效益和社会效益的平衡 3.项目对推动乡村振兴、农业农村现代化、城乡社区发展等方面的贡献度 4.项目的持续生存能力，模式可复制、可推广，具有示范效应等	20
创新维度	1.团队能够基于科学严谨的创新过程，遵循创新规律，运用各类创新的理念和范式，解决乡村振兴、农业农村现代化、城乡社区发展中遇到的各类问题 2.项目能够从产品创新、服务创新等方面着手，开展创新创业实践，并产生一定数量和质量的创新成果 3.鼓励院校科研成果和文创成果在乡村或社区进行产业转化落地与实践应用 4.鼓励组织模式或商业模式创新，鼓励资源整合优化创新	20
社会价值维度	1.项目直接提供就业岗位的数量和质量 2.项目间接带动就业的能力和规模 3.项目对社会文明、生态文明、民生福祉等方面的积极推动作用	10
必要条件	参加由学校、省市或全国组织的"青年红色筑梦之旅"活动	

表 8-5 "青年红色筑梦之旅"赛道项目评审要点：创业组

评审要点	评审内容	分值
教育维度	1.项目应弘扬正确的价值观，体现家国情怀，恪守伦理规范，有助于培育创新创业精神 2.项目体现团队扎根中国大地，了解国情民情，遵循发现问题、分析问题、解决问题的基本规律，将所学专业知识、技能和方法应用于乡村振兴和农业农村现代化实践，展现创新创业教育对创业者基本素养和认知的塑造力和提升创业者综合能力的效力 3.项目充分体现团队解决复杂问题的综合能力和高级思维，体现项目成长对团队成员创新创业精神、意识、能力的锻炼和提升作用 4.项目能充分体现院校在新工科、新医科、新农科、新文科建设方面取得的成果；项目充分体现专业教育、思政教育、创新创业教育的有机融合；体现院校在项目的培育、孵化等方面的支持情况	20
团队维度	1.团队的组成原则与过程是否科学合理，团队成员的教育和工作背景、创新能力、价值观念、分工协作和能力互补情况，是否有明确的使命愿景 2.公司是否具有合理的组织构架、清晰的指挥链、科学的决策机制；是否有合理的岗位设置、分工协作、专业能力结构；是否有良好的内部沟通机制；是否有合理的股权结构、激励制度 3.团队对项目的各项投入情况及团队成员的稳定性情况 4.支撑公司发展的合作伙伴等外部资源的使用以及与公司关系的情况	20
发展维度	1.充分了解乡村振兴、农业农村现代化、城乡社区发展的内容和要求，了解其中的痛点、难点，进而形成对所要解决问题完备的认知 2.在服务乡村振兴、农业农村现代化、城乡社区发展等方面有较好产品或服务模式，追求经济效益和社会效益的平衡 3.项目通过商业方式推动乡村振兴、农业农村现代化、城乡社区发展等方面的贡献度 4.项目的持续生存能力，模式可复制、可推广、具有示范效应等	30
创新维度	1.团队能够基于科学严谨的创新过程，遵循创新规律，运用各类创新的理念和范式，解决乡村振兴、农业农村现代化、城乡社区发展中遇到的各类问题 2.项目能够从产品创新、服务创新、组织创新等方面着手开展创新创业实践，并产生一定数量和质量的创新成果，获得相应的市场回报 3.鼓励院校科研成果和文创成果在乡村或社区进行产业转化落地与实践应用	20
社会价值维度	1.项目直接提供就业岗位的数量和质量 2.项目间接带动就业的能力和规模 3.项目对社会文明、生态文明、民生福祉等方面的积极推动作用	10
必要条件	参加由学校、省市或全国组织的"青年红色筑梦之旅"活动	

（三）职教赛道项目评审标准

职教赛道项目分为创意组和创业组，从"创意"和"创业"的字面上可看出两者侧重点不一样。职教赛道项目评审标准见表8-6、表8-7。

表8-6　职教赛道项目评审要点：创意组

评审要点	评审内容	分值
教育维度	1.项目应弘扬正确的价值观，体现家国情怀，恪守伦理规范，有助于培育创新创业精神 2.项目符合将专业知识与商业知识有效结合并转化为商业价值或社会价值的创新创业基本过程和基本逻辑，展现创新创业教育对创业者基本素养和认知的塑造力 3.体现团队对创新创业所需知识（专业知识、商业知识、行业知识等）与技能（计划、组织、领导、控制、创新等）的娴熟掌握与应用，展现创新创业教育提升创业者综合能力的效力 4.项目充分体现团队解决复杂问题的综合能力和高级思维；体现项目成长对团队成员创新创业精神、意识、能力的锻炼和提升作用 5.项目能充分体现院校在职业教育建设方面取得的成果；体现院校在项目的培育、孵化等方面的支持情况；体现多学科交叉、专创融合、产学研协同创新、产教融合等模式在项目的产生与执行中的重要作用	30
创新维度	1.项目具有原始创意、创造 2.项目具有面向培养"大国工匠"与能工巧匠的创意与创新 3.项目体现产教融合模式创新、校企合作模式创新、工学一体模式创新。 4.鼓励面向职业和岗位的创意及创新，侧重于加工工艺创新、实用技术创新、产品（技术）改良、应用性优化、民生类创意等	20
团队维度	1.团队的组成原则与过程是否科学合理；团队是否具有支撑项目成长的知识、技术和经验；是否有明确的使命愿景 2.团队的组织构架、人员配置、分工协作、能力结构、专业结构、合作机制、激励制度等的合理性情况 3.团队与项目关系的真实性、紧密性情况；对项目的各项投入情况；创立创业企业的可能性情况 4.支撑项目发展的合作伙伴等外部资源的使用以及与项目关系的情况	20
商业维度	1.充分了解所在产业（行业）的产业规模、增长速度、竞争格局、产业趋势、产业政策等情况，形成完备、深刻的产业认知 2.项目具有明确的目标市场定位，对目标市场的特征、需求等情况有清晰地了解，并据此制定合理的营销、运营、财务等计划，设计出完整、创新、可行的商业模式，展现团队的商业思维 3.其他：项目落地执行情况；项目对促进区域经济发展、产业转型升级的情况；已有盈利能力或盈利潜力情况	20
社会价值维度	1.项目直接提供就业岗位的数量和质量 2.项目间接带动就业的能力和规模 3.项目对社会文明、生态文明、民生福祉等方面的积极推动作用	10

表 8-7　职教赛道项目评审要点：创业组

评审要点	评审内容	分值
教育维度	1.项目应弘扬正确的价值观，体现家国情怀，恪守伦理规范，有助于培育创新创业精神 2.项目符合将专业知识与商业知识有效结合并转化为商业价值或社会价值的创新创业基本过程和基本逻辑，展现创新创业教育对创业者基本素养和认知的塑造力 3.体现团队对创新创业所需知识（专业知识、商业知识、行业知识等）与技能（计划、组织、领导、控制、创新等）的娴熟掌握与应用，展现创新创业教育提升创业者综合能力的效力 4.项目充分体现团队解决复杂问题的综合能力和高级思维；体现项目成长对团队成员创新创业精神、意识、能力的锻炼和提升作用 5.项目能充分体现院校在职业教育建设方面取得的成果；体现院校在项目的培育、孵化等方面的支持情况；体现多学科交叉、专创融合、产学研协同创新、产教融合等模式在项目的产生与执行中的重要作用	20
商业维度	1.充分掌握所在产业（行业）的产业规模、增长速度、竞争格局、产业趋势、产业政策等情况；具有明确的目标市场定位，充分掌握目标市场的特征、需求等情况；具有完整、创新、可行的商业模式 2.经营绩效方面：重点考察项目存续时间、营业收入（合同订单）现状、企业利润、持续盈利能力、市场份额、客户（用户）情况、税收上缴、投入与产出比等情况 3.经营管理方面：是否有清晰的企业发展目标；是否有完备的研发、生产、运营、营销等制度和体系；是否采用先进、科学的管理方法，以确保企业具有较强的竞争力 4.成长性方面：是否有清晰、有效、全方位的企业发展战略，并拥有可靠的内外部资源（人才、资金、技术等方面）实现企业战略，以建立企业的持续竞争优势 5.现金流及融资方面：关注项目融资情况、获取资金渠道情况、企业经营的现金流情况、融资需求及资金使用情况是否合理 6.项目对促进区域经济发展、产业转型升级的情况	30
团队维度	1.团队的组成原则与过程是否科学合理；团队是否具有独特的支撑项目成长的知识、技能、经验以及成熟的外部资源网络；是否有明确的使命愿景 2.公司是否具有合理的组织构架、清晰的指挥链、科学的决策机制；是否有合理的岗位设置、分工协作、专业能力结构；是否有良好的内部沟通机制；是否有合理的股权结构、激励制度等 3.团队对项目的各项投入情况及团队成员的稳定性情况 4.支撑公司发展的合作伙伴等外部资源的使用以及与公司关系的情况	20
创新维度	1.项目具有原始创意、创造 2.项目具有面向培养"大国工匠"与能工巧匠的创意与创新 3.项目体现产教融合模式创新、校企合作模式创新、工学一体模式创新 4.鼓励面向职业和岗位的创意及创新，侧重于加工工艺创新、实用技术创新、产品（技术）改良、应用性优化、民生类创意等	20

续表

评审要点	评审内容	分值
社会价值维度	1.项目直接提供就业岗位的数量和质量 2.项目间接带动就业的能力和规模 3.项目对社会文明、生态文明、民生福祉等方面的积极推动作用	10

（四）萌芽赛道项目评审标准

萌芽赛道项目评审标准见表8-8。

表8-8　萌芽赛道项目评审要点

评审要点	评审内容	分值
创新性	1.项目的想象力和创造力，就发现的问题和解决途径进行创意设计，创意设计过程符合客观规律 2.科技创意证据充分，有足够的科学研究参与度（调查、实验、制作、验证等） 3.文化创意逻辑清晰、完整，调研和分析数据充分	40
实践性	1.项目的可行性、应用性和完整性 2.项目具备可执行的计划或实践方案 3.项目具有可预见价值，能够让未来的生活更美好	20
自主性	1.项目符合团队成员年龄段的知识结构和实施项目能力 2.项目选题、创意模式构建主要由团队成员提出和完成 3.团队成员能够准确表述项目内容及原理，真实可信 4.涉及科技成果和专利发明的，需提供证明材料或授权证明材料	20
团队情况	1.团队成员的创新精神和创新意识与能力 2.项目团队成员的教育背景、基本素质、价值观念、知识结构、擅长领域 3.团队构成和分工协作合理	20

（五）产业命题赛道项目评审标准

产业命题赛道项目评审标准见表8-9。

表8-9　产业命题赛道项目评审要点

评审要点	评审内容	分值
教育维度	1.项目应弘扬正确的价值观，体现家国情怀，恪守伦理规范，有助于培育创新创业精神 2.项目符合将专业知识与产业实际问题有效结合，并转化为商业价值或社会价值，展现创新创业教育对创业者基本素养和认知的塑造力和提升创业者综合能力的效力 3.项目充分体现团队解决复杂问题的综合能力和高级思维，体现项目成长对团队成员创新创业精神、意识、能力的锻炼和提升作用 4.项目能充分体现院校在新工科、新医科、新农科、新文科建设方面取得的成果；体现院校在项目的培育、孵化等方面的支持情况；体现多学科交叉、专创融合、产学研协同创新等模式在项目的产生与执行中的重要作用	30
命题分析	1.全方位开展与所选命题相关的产业（行业）的产业规模、增长速度、竞争格局、产业趋势、产业政策以及市场的定位、特征、需求等方面的调研，形成一手资料 2.系统、深入了解企业（机构）内、外部环境情况，通过与企业对接，准确把握其实际需求与痛点，明确解决该命题所需的各类资源 3.结合企业（机构）的产品、技术、模式、管理、制度等现实情况与本团队的创意、技术、方案、人才等实际情况，展开解题可行性和匹配度分析，为形成解决方案奠定基础	10
创新维度	1.用于解决命题的创意、技术、方案、模式等的先进性情况 2.团队基于科学严谨的创新过程，遵循创新规律，运用各类创新的理念和范式解决命题 3.基于产业命题赛道开放创新的内在要求，促进企业（机构）将内、外部资源有机整合，提高其创新效率的情况	20
团队维度	1.团队的组成原则与过程是否科学合理，是否具有支撑解决命题的知识、技术和经验 2.团队的组织构架、人员配置、分工协作、能力互补、专业结构的合理性情况 3.团队与项目关系的真实性、紧密性情况，团队对项目的各项投入情况，团队与企业（机构）持续合作的可能性情况 4.支撑项目发展的合作伙伴等外部资源的使用以及与项目关系的情况	20
实现维度	1.解决命题过程的规划和工作进度安排合理，在各阶段工作目标清晰，难点明确，重点突出，并能兼顾目标与资源配置 2.解决方案匹配企业（机构）命题要求，解决方案具备先进性、现实性、经济性、高完成度等特点 3.命题解决方案是否解决企业（机构）命题中涉及的问题，以及为企业（机构）带来经济效益、社会效益的潜力情况	20

💡 案例点评

评委眼中的好项目

世纪资本作为投资机构，给学生们的建议有几点：一是从商业逻辑上来讲，切中刚需、市场容量大、技术领先性或模式先进性好，以及具有较强盈利能力等几个方面并重的项目，最容易获得评委的青睐；二是在实践中较成熟，有较完整的数据指标展示的项目，容易获得肯定；三是重点突出项目与同行竞争对手或过去的行业相比较的核心竞争力；四是无论是做PPT还是演讲，要言简意赅，逻辑清晰，切中要害，直达主题。

同时，评委觉得非常不好的3点：一是假大空，商业逻辑混乱，拼凑社会热点概念，项目设计的环节过多，无法落地执行；二是既无技术优势又缺乏先进模式，无法突出项目的竞争力；三是表述不清、刻意表演、背诵演讲内容等。以上是在大赛中常见又容易减分的几点，希望能引起大家注意。希望同学们一方面要仔细阅读和学习大赛的各项规定，另一方面平时要多参与创新创业实践，避免纸上谈兵，纯粹臆想，华而不实，以实践带动参赛，提高水平。同时希望通过大赛，大家能以实践为主、获奖为辅，真正提升创新创业的意识和实践水平，赛出好成绩。

思政导学

认真阅读大赛的相关文件，尤其是对大赛各赛道的评审规则进行纵向和横向对比，找出每个赛道的评审要点及其权重占比分配，正确选择赛道和明确参赛材料的侧重点，寻找项目特色和亮点的提炼方向。创新创业大赛里面包括了项目展示环节，参赛者需要就评审专家的提问做出实时的回答和响应，这有助于学生提高面试时应变的能力，同时在技巧等方面均可得到锻炼和提升，提高了其就业的竞争力。

二、竞赛项目的评审要点

"互联网+"大赛有着其独特的评审标准，主要从项目本身的竞争力、项目资料和路演展示、参赛项目评审标准3个方面考量，评委一般紧扣项目评审规则，着重从市场容量大小、目标客户精准度、商业模式的逻辑、市场壁垒（技术门槛）、市场实践验证项目，以及使用场景及客户的正向反馈数据维度来考察创新创业项目的创新性、团队情况和商业性。结合其他创新创业大赛评审标准，对评审标准以及评委和投资人的关注点进行归纳分析，"互联网+"大赛的评审主要围绕着产品服务、商业模式、团队情况、项目成效、项目愿景以及风险应对6个要点进行评审工作，每一个要点都有其测评点。

💡 案例点评

大学生项目如何才能有吸引力？

投资人为什么参加中国国际"互联网+"大学生创新创业大赛？主要有3个方面的原因：

一是"互联网+"大赛是一个潜在的项目来源库，投资人在评选过程中会评审到许多项目；二是真切接触平日难以接触到的"95后"年轻创业者，了解他们的需求；三是借助大赛平台与更多投资人进行交流。

青松基金作为投资机构，对大赛项目的关注重点主要包含3个方面：一是项目本身是不是够大，是不是在一些大的行业里面，例如，衣食住行、娱乐教育，每个行业都是上万亿级别的市场。如果创新创业项目只是定位如"××大学校园红娘"，今后很难再往上突破。投资人更为关注一个项目能够带来多高的回报，或者说一个项目本身是否能够做大，这是一个重要前提。二是创新性。在很多大市场里面，都有一些巨头存在，这需要创业企业做出一些突破，或以一种新的方式来切入市场。例如，社交方面的创新创业项目，国内有微信，国外有Facebook，它们采用的相对来说是比较传统的社交形式。但是基于人工智能的社交，还有基于短视频的社交，这些新的领域还是有很多的机会。再例如，传统的服装定制需要量体师上门测量尺寸，但有的项目从人体数据出发，无须上门便可帮客户定制一件尺寸比较精准的服装，使定制成为一个能够规模化的业务。三是需求本身问题。创新创业项目需要解决痛点或者强需求，这是核心问题，如果是一些频次特别低的项目就不太具有吸引力。

思政导学

立足创新创业项目的产品服务，思考项目的产品服务主要针对的市场痛点，这个市场痛点是刚性需求还是伪需求，提出的解决方案是泛泛而谈还是有针对性，产品服务是否具有创新特色和优势。同时要注意创新创业项目是否真正落地实施，取得哪些项目成效，这些成效是否具有竞争力，特别是在原有基础上，项目今后的战略规划和融资需求是什么，又该如何应对存在的风险。创新创业项目的产品服务促进了项目业务的发展，创业的过程就是不断创新，不断优化、总结、提炼资源，实现创新的更新和升级。

三、竞赛项目的诊断与改进

从历届"互联网+"大赛来看，参赛项目不同程度地存在项目创新性归纳不好、特色凸显不够、团队包装不亮、市场规划不当、财务分析不清、风险分析不全等问题，需要对这些普遍存在的问题强化辅导，方能取得更好成绩。

案例点评

2018年"互联网+"大赛全国总决赛的金奖项目后来怎么样了？

2018年的全国总决赛金奖项目"枭龙科技AR智能眼镜"的成员们用行动告诉人们，决赛不是创新创业的终点，而是一个不断诊断、不断改进、不断完善的新起点。

你是否幻想过有一天能像钢铁侠一样，将所见物品的信息投射到眼前，呈现3D虚拟透明屏幕，并通过语音、手势等方式进行人机交互。这项超能力有个更加具有现实色彩的名字——AR（Augmented Reality，增强现实），枭龙团队所做的就是打造全球最尖端的AR智能设备。

AR曾是风靡一时的商业概念和万千投资人眼中的风口，可熙熙攘攘过后，AR的发展却不尽如人意，成为人们眼中的"泡沫"，许多从事AR研发的企业也处于亏损状态。但在一片"唱衰"声中，来自北京理工大学的枭龙团队却在短短3年间取得了多项AR核心技术及国家专利，实现了盈利，并在第四届中国"互联网＋"大学生创新创业大赛全国总决赛中斩获金奖。

荣誉的背后是枭龙团队多年如一日的奋斗，团队负责人史小刚从小就是个科技发烧友，一直对技术非常痴迷，通过技术来创业是他从小到大的梦想。在北京理工大学读书期间，他就常常泡在实验室里，组织同学进行课题研究，正是在那时，他的创业之路悄然开始。

创业并不是一蹴而就的，团队成员们都尝尽了辛酸，项目运营总监张威有过4次创业经历，可谓屡败屡战。而史小刚又是个对细节的要求执着到近乎偏执的人，只要认定了一件事，就要排除万难做到最好，技术总监李双龙表示："哪怕是我认为尽了100％努力做的东西，可能他（史小刚）还是会不满意，没办法只能硬着头皮继续干。"

在激烈的市场竞争中，枭龙科技AR智能眼镜是通过什么立于不败之地的呢？答案就在于首创二维光栅波导技术。2017年，枭龙团队在AR光栅波导领域深度布局，这项技术的解锁令整个行业为之一震。简而言之，从前的AR镜片又厚又大，而枭龙团队要做的事，就是利用光栅波导原理，把AR眼镜轻量化，做成和日常佩戴的眼镜外观几乎一样的镜片。当警察佩戴这个眼镜时，可以用其进行远距离识别，当其观察到人脸时可以迅速锁定目标，并显示出目标人物的信息及是否存在潜在威胁，避免人身危险。

斩获大赛金奖后，枭龙团队并未就此止步。赛后，团队一方面继续在产品研发上加大人力、财力投入，吸引光学领域、算法领域的人才加入队伍；另一方面积极寻求外部合作，强强联手推动AR技术的进一步发展和跨界融合，率先与中国联通在5G+AR方面签署了重要战略合作协议，通过共建5G+AR应用联合实验室，有效推进双方在5G+AR领域的战略规划、实践探索和应用落地。同时还与北京日报社正式合作成立了合资公司，致力于把AR技术与融媒体、科技文化领域充分结合。接下来团队将会研发出一款新型的带有摄录功能的AR眼镜，替代传统的需要肩扛的大型摄像机，这意味着以后一个人戴着AR眼镜就可以完成采访、摄录。

思政导学

"互联网＋"大赛是一项系统的工程。大赛只是一种途径和手段，其根本目的在于通过大赛推动我国的创新创业教育改革，重在推动赛事成果转化和产学研用紧密结合，促进"互联网＋"新业态形成，服务经济高质量发展。

第九章
中国国际"互联网+"大学生创新创业大赛项目的创业计划书

本章导读

通过对"互联网+"大赛项目的创业计划书相关知识的学习，了解创业计划书的概念与作用、创业计划书的撰写规范，熟悉创业计划书的结构和模板，掌握创业计划书的撰写要领和方法。

知识结构 🔗

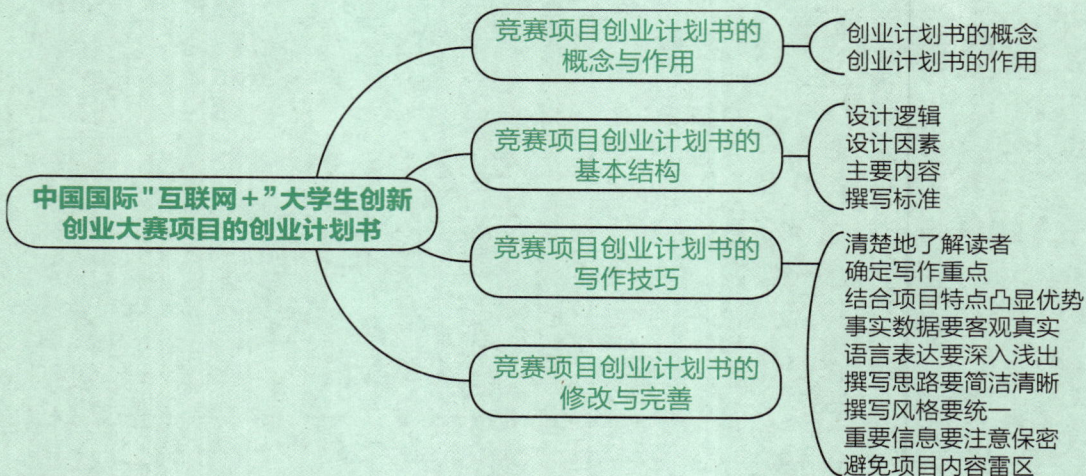

📋 学习目标

知识目标：了解撰写创业计划书的目的。了解创业计划书的作用和撰写要求，掌握创业计划书的内容。

能力目标：掌握创业计划书的撰写原则与技巧。

思政目标：学会审视、分析自身产品，帮助团队理清思路，为项目创造良好的发展前景。

⊙ 学习重点

熟悉创业计划书的撰写要求，掌握创业计划书的内容。

✿ 案例导入

一份产业计划书的成败

由5名大学生组建的一个创业团队，想在校园附近创办一家川菜馆。他们直接找到投资者，并对川菜馆的前景、发展战略、餐厅定位及自己团队的优势进行了一番陈述，然而投资者对此毫无兴趣。

此时，另外一个团队也对川菜馆感兴趣，他们首先进行了一番详细的市场调查，包括餐馆服务的目标人群，食客们喜欢的就餐环境，食客们能够接受的产品价格及实施会员制跟踪服务的可行性等。然后，他们对川菜馆的优劣势进行了分析，并对团队中每一位成员的学历背景、实习经历、曾经获得的荣誉进行了介绍。但得到的答案依然是否定的。在投资者看来，川菜馆毫无特色，看不出有任何的商机，而且最重要的是，团队发起人没有明确地陈述决定这项事业成功的关键，即如何从众多川菜馆中脱颖而出，并最终在餐饮市场取得一席之地。

与此同时，第 3 个团队也看中了川菜馆这个项目，并编写了详细的创业计划书，明确地表述了关于菜品特色、食材的选取流程及营销方法的执行手段，并附上了团队在这方面的优势。这些表述为这个创业计划加了不少分，最终该创业团队获得了投资者的支持。

由此可见，制作一份好的创业计划书对创业者而言是非常重要的，不仅能帮助创业者获取资金，还能使创业者理清创业初期的发展思路，为创业成功打下坚实的基础。

思考：

1. 创业计划书具体包含哪些内容？

2. 创业计划书有没有一定的格式和书写顺序？

小贴士

1. 创业计划书具体的内容有封面、计划摘要、公司介绍、产品或服务介绍、行业分析、市场预测及分析、营销策略、经营管理计划、团队介绍、财务规划以及风险与风险管理等。

2. 创业计划书有一定的格式和书写顺序。

《 第一节　竞赛项目创业计划书的概念与作用 》

创业计划书是什么，有什么作用，设计逻辑和设计因素是什么？这些都是"互联网＋"大赛项目创业团队在撰写创业计划书之前最为关心和需要了解的知识。

一、创业计划书的概念

创业者有了创业构想，还只是准创业者。有了创业构想，这只是一个骨架，尚未有血肉，只有概要，没有细节。创业计划书涉及创业计划的每个细节，创业者在充分考虑创业计划中的每个细节后，按照一定的样本将创业计划的要素内容等创业构想用文字表达出来，就会形成比较标准的格式文本。此时，创业计划不再是停留在脑海中的想法，而是落地成文的创业计划书。

创业计划书是指企业为实现招商融资、寻求合作及其他发展目标，在前期调研分析和搜集整理有关资料的基础上，根据一定格式和要求编辑而成的书面材料，向投资人全面展示企业目前状况和未来发展潜力。它较为全面地介绍了企业的产品服务、市场分析、目标客户、经营策略、组织架构、人力资源以及融资需求等。创业计划书是创业人叩响投资人大门的"敲门砖"，一份优秀的创业计划书往往会使创业者达到事半功倍的效果。

创业计划书用以描述与创业企业相关的内外部环境条件和要素特点，为业务的发展提供指示图以及衡量业务进展情况的标准。创业计划书有时也叫行路图，它主要用来回答 3 个问题：我们现在在哪里？我们将去哪里？我们如何到达那里？可见，创业计划书是创业者将有关创业的许多想法，通过深入研讨，结合搜集、分析、判断、评估创业计划有关信息，最后落实成文字，是经得起推敲的正式文件。

创业计划书是创业计划的文字表述和文案表现，作为创业团队的创业策划方案，它不仅是创业者的创业指南和实施路径，也是吸引投资人的创业文本，对于"互联网＋"大赛来说，创业计划书主要是给专家评委和投资人阅读的，其主要目的是获得评比高分或投资人投资。

二、创业计划书的作用

创业计划书对创业企业来说十分重要，它从不同的角度对创业构想进行科学的分析与安排，进一步明确创业构想是否可以实现、能从企业项目中获得多少回报、市场究竟有多大、有什么损失与风险等。由此可见，创业计划书让创业者在创业实践中有章可循，进一步帮助创业者理清创业思路，阐明企业的投资战略，修正和完善经营理念，并做出正确的评价，将企业的发展前景明确地介绍给投资人，使创业计划书成为融资协议的重要部分。同时，科学的创业计划书对初创企业的发展前景和成长潜力有着清晰的阐述，让管理层和员工对初创企业及创业者充满信心，明确自身要从事的项目和活动，促进人才资源的整合。

创业计划书有许多作用，但主要的作用体现在 3 个方面。

（一）寻求投资合作

一份好的创业计划书是获得投资合作的关键因素之一。投资人尤其是风险投资机构主要是通过创业计划书来高效地了解投资项目，并决定是否参与创新创业项目的投资合作，因此，创业计划书对筹集资金和寻求合作伙伴具有重要作用。创业计划书是争取投资合作的敲门砖，要想争取投资人对创新创业项目的青睐，企业要将制作一份专业的、高质量的创业计划书作为头等大事来抓，并在创业计划书中表达企业寻求战略合作伙伴的期望，以及能为战略合作伙伴带来的发展，实现双赢合作。

（二）不断完善创新创业项目

通过制作创业计划书，企业会更全面地了解自身的创新创业项目，更清晰地界定市场需求、目标客户、价格策略、商业模式和盈利模式等。企业撰写创业计划书是创业团队高度统一思想和明确发展思路的过程，既可以帮助创业者理清项目的目标和实施路径，发现企业所蕴藏的新机遇，抓住发展时机，也可以帮助创业团队找到不足之处，提出相应的解决方案，加强学习，共同实现创新创业项目所设立的各项发展目标。

（三）参加大赛评选

高校学生撰写创业计划书还有一个很重要的作用，就是参加各种类别的创新创业大赛。表面上来说只是纯粹地参加大赛，但对高校学生来说，撰写创业计划书可以提高思辨、写作、逻辑、信息处理等职业核心能力，对于将来的创业就业有着非常重要的作用。通过参加创新创业大赛，高校学生或许就在心里种下了一颗创新创业的种子，将来有一天会成长为参天大树，真正实现成功创业。

第二节　竞赛项目创业计划书的基本结构

一、设计逻辑

创新创业项目的创业计划书目前来说没有固定格式或统一模板，有些使用国际通用商业模板，有些使用人力资源和社会保障部SYB创业培训的大学生创业计划书，有些使用"挑战杯"创新创业大赛模板，有些使用大学生创新创业训练计划书，还有些使用不规范的创业计划书，如使用科研课题申报书或者总结报告。不管使用什么格式或模板的创业计划书，所有创新创业项目的创业计划书都暗藏着一个设计逻辑，即在一定的背景与趋势下，向（客户）提供（产品/服务），解决（客户）的需求问题，满足客户的需求，通过适当的方式获取收益，以独特的优势作为核心竞争力，支持项目的可持续发展。这与开展项目辅导需要高度凝练的核心内容相一致。隐含在创业计划书中的设计逻辑是针对市场上所存在的痛点问题，基于产品或服务的应用场景，提供解决方案和满足一定的市场需求，采取相应的盈利模式和商业模式开展创业实践和运营，清晰认识和预判产品或服务的市场容量、市场增长率、市场占有率等商业元素，从而判断创新创业项目是否可行、是否具有成长性、是否有良好的预期性。

二、设计因素

创业计划书无非是围绕客观因素和主观因素两个设计因素展开，客观因素主要是指"事行"，而主观因素主要是指"人行"，"事"与"人"完美结合，创新创业项目也就成功了。

（一）客观因素

创业计划书的客观因素主要是创新创业项目"事行"的相关客观要素，包括：①现有市场存在的痛点问题，比如产品单一、用户体验不佳、技术难题不破、供需失衡、性能价格不满足相关应用场景等。②针对市场痛点提出创新创业项目产品或服务的解决方案，如技术攻关、强化用户体验、改变供需结构等。③分析创新创业项目的市场状况，如市场容量分析、成本收益比、市场增长率以及市场预期性等。

（二）主观因素

创业计划书的主观因素主要是创新创业项目"人行"的相关主观要素，包括：①实施路径，是指分哪些步骤实施创新创业项目，如研发、生产、销售、采购和运营等。②技术匹配，是指创新创业项目的技术路径、性能指标和技术来源等。③人才匹配，是指创业团队的组织治理结构、股权分配、专业技术能力等。④商业模式，其类型很多，有加价模式、直供模式、总代理制模式、联销体模式、回佣模式、三方模式、仓储模式、专卖模式、复合模式等。⑤竞争分析，如优势劣势、内部外部、辩证分析等。⑥项目风险及控制，如政策、市场、技术、人才等。⑦财务规划，如财务预算、筹资情况、融资需求等。⑧项目进展，如创新创业项目的成果、收入、利税、就业、奖励等。

三、主要内容

创业计划书几乎包括创业过程中所涉及的全部内容，主要涵盖了创业的种类、资金规划及基金来源、资金总额的分配比例、阶段目标、财务预估、行销策略、可能存在的风险评估、创业的动机、股东名册、预定员工人数等。

一般来说，创业计划书有其相对固定的格式，不同的参考资料有着不同的格式，但是无论格式如何变化，创业计划书的具体结构一般都包括以下10个方面。

（一）封面

封面如同人的脸面，要充分体现审美性和艺术性。一个好的封面会使读者产生最初的好感，形成良好的首因效应。

（二）项目说明

项目说明是整个创业计划书的"凤头"，是对整个创新创业项目的高度概括，从某种程度上说，是创新创业项目能否吸引风险投资公司关注的关键。计划摘要一般包括9个方面的内容：①公司介绍；②管理者及其组织；③主要产品和业务范围；④市场概貌；⑤营销策略；⑥销售计划；⑦生产管理计划；⑧财务计划；⑨资金需求状况。

（三）市场

市场一般包括5个方面的内容：①需求预测；②市场预测、市场现状综述；③竞争厂商概览；④目标顾客和目标市场；⑤本企业产品的市场地位。

（四）营销策略

营销策略主要阐述企业的发展目标、发展策略、发展计划、实施步骤、整体营销战略的制定以及风险因素的分析等，包括4个方面：①市场结构和营销渠道的选择；②营销队伍和管理；③促销计划和广告策略；④价格决策。

（五）行业分析

通过对比分析企业所属行业领域的基本情况，做出详报的WSOT分析。对企业在整个产业或行业中的地位进行阐述，进一步体现企业的核心竞争优势。正确评价拟办企业所属行业的基本特点、竞争状况以及未来的发展趋势等。

（六）人员及组织结构

人力资源管理是企业生产活动中的重要环节。创业计划书要对主要管理人员和他们所具备的能力以及职务责任等做详细的阐述。同时创业计划书还应介绍企业组织结构，包括组织机构图、各部门的功能与责任、各部门的负责人及主要成员、薪酬体系、股东名单（包括认股权、比例和特权）、董事会成员以及各位董事的背景资料等。

（七）产品（服务）运营模式

产品（服务）的商业逻辑，重点突出产品（服务）的创新点，以及内部逻辑。

（八）财务规划

主要对拟办企业在未来5年的营业收入和成本进行估算，包括计算制作销售估算表、成本估算表、损益表、现金流量表、盈亏平衡点、投资回收周期、投资回报率等，以及资金需求和资金退出情况说明。

（九）制造/运营策略

制造/运营策略应包括：①产品制造和技术设备现状；②新产品投产计划；③技术提升和设备更新的要求；④质量监控和质量改进计划；⑤公司运营模式；⑥形象宣传。

（十）风险与风险管理

风险与风险管理包括5个方面的内容：①企业在市场、竞争和技术方面都有哪些基本的风险；②创业者准备怎样应对这些风险；③在创业者看来，企业还有一些什么样的附加机会；④在创业者的资本基础上如何进行扩展；⑤在最好和最坏情形下，企业的5年计划表现如何。

四、撰写标准

一份优秀的创业计划书，必须符合以下标准。

（一）格式完整

创业计划书有不同的样本，不管采用哪个样本，各个章节都应严格按照顺序排列。因此，创业者可以参考样本写出格式完整的创业计划书，读者可以通过一份优秀的创业计划书，了解到创业者是一位经过严格训练、头脑清楚、办事严谨、条理清晰、具有管理能力、值得合作的企业家。

（二）定位明确

创业计划书的读者中有许多投资人，不同投资人的兴趣和侧重点不同。在写创业计划书之前，创业者要投其所好，对投资人的背景及相关情况有明确的了解。针对不同的投资人写出具体的创业计划书。

（三）逻辑清晰

不管是编排还是书写格式，创业计划书都要言简意赅，尽量使用直观性强的图表，使之具有较强的视觉效果，使整个计划书呈现清晰的逻辑，让人易于抓住重点。

（四）篇幅适中

创业计划书并非是越简短精辟越好，也不是越冗长烦琐越好，而是要长短适中，既要把该说的情况全部阐述清楚，又不能啰唆，英文的创业计划书一般以 30—50 页为宜，中文的创业计划书以 20—35 页为宜，如果佐证素材过多，可以用附件形式加以说明。

（五）风格适宜

首先要明确创业计划书既不是动员报告，也不是文艺作品，而是一份客观的说明书。因此，创业计划书的写作风格要适宜、恰到好处，既不要太平淡无奇，也不要太花哨、过于煽情。

（六）依据客观

创业计划书要用科学事实说话，撰写依据要客观真实。介绍创业构想时，要有充分的市场调研结果，阐述想法的合理性，证明这个想法是切实可行的；分析市场时，要对未来 3—7 年的市场前景有合情合理的分析，言之有据；对产品市场分析一定要有充分的证据。撰写创业计划书最忌讳提供虚假的数据和不实的材料，不实材料将直接导致创新创业项目流产。

🅿️ 案例点评

创业计划书范文

一、项目说明

1.概述

大学生家政，顾名思义就是由未毕业或已毕业的大学生为消费者提供家庭所需的各种家政服务。区别于传统家政公司，该项目的服务对象主要是外籍家庭、企业家、政府官员、公司高管等高端人群。

2.项目背景

伴随着高等教育的规模扩大，大学毕业生的就业难度日益增加，压力之下就业观念也在随之发生改变。随着人们物质生活的富裕，对于生活质量的要求也是越来越高，这将导致传统的家政服务人员就难以满足消费者的需求。

另外，随着我国改革开放和对外交流的进一步发展，来中国常住和临时访问的外国人将会越来越多。外籍家庭的生活习惯与本地的不同，因此，其服务要求也会与以往不同。

3.项目内容

大学生家政涵盖内容全面，既包括普通的保洁、保姆、钟点工等，也包括家庭护理、私人家教、涉外家政、私家顾问等内容。所有服务人员的选拔以大学生优先，然后逐级选择，不断补充、壮大大学生员工队伍，扩大大学生员工的比例。

二、市场

根据对杭州家政市场的调查，大约45.6%的家庭需要家政服务，而对由大学生提供服务的调查中，现在、将来需要的家庭所占比例达到了50.3%，可见市场容量之大，前景非常可观。

1.服务内容

（1）私家管家。不仅具有基础的家政技能包括衣、食、住、行等，还要协助雇主进行家务的管理。比如预订机票、家庭宴会、客户接待、营养膳食、解决问题、收发邮件、文件处理等。

（2）涉外家政服务。全面掌握各国的礼仪，了解中外生活习惯差异，能够进行良好的语言沟通，擅长中西餐烹饪等技能。

（3）高级家政服务。针对不同家庭需求，完成标准化的日常清洁和衣物熨烫，具备良好的配餐知识和烹饪技术，还可以提供儿童早教，老人病人陪护等专业品质的多元化服务。

（4）私家顾问。主要是心理咨询、法律咨询、医疗保健、投资咨询等。

（5）其他服务。满足客户的个性化需求。

2.客户分布

（1）主要客户。高端收入人群，包括企业家、成功人士、高管以及外籍家庭等。

（2）次要客户。白领阶层、职业经理人等。

三、推广

前期主要以公司运营为主，待积累了足够资源后再向外扩张。随着规模的扩大，公司会在需求相对集中的社区、公寓等地方设立直接窗口。同时，不断制定和完善各种服务的标准，塑造品牌，打造高端家政服务形象。具体的推广方式有以下几种。

（1）建立企业网站，宣传企业形象，并在多媒体平台中投放广告。

（2）在需求集中的地方进行路演推广。

（3）与物业、外国的商会、家政协会、写字楼等各种机构组织取得联系，由其协助推广。

（4）每个上岗的员工都是公司的信息员，帮助公司进行推广。

四、竞争对手

目前比较知名的品牌有两个，但由于专业技能要求高、管理难度较大、资源有限等因素的限制，至今都处于起步阶段，竞争相对较弱。

1.我们的优势

（1）创始人长期从事外贸服务行业，有良好的服务意识和亲和力。

（2）与地方工会、劳动机构等组织有很好的合作关系，员工来源方便、可靠。

（3）有丰富的人脉资源，包括家政公司老板、特许经营老板、医院医生等。

2.我们的劣势

缺乏家政公司的运作经验和专业的管理人才，针对这一劣势，公司准备招聘专业人士加盟。另外，我们还没有知名度，为此公司需要从细节做起，稳扎稳打，逐步建立起口碑，扩大知名度。

五、管理

1.前期团队组建

培训师 1 名：全面负责客户的接待、推广、培训等工作。要求经验丰富、热情大方、能独立运作此项业务并具备培训能力和领导能力。

家政服务人员若干。

2.导入期团队补充

培训师 2 名：包括涉外家政类、管家培训类。

前台 1 名：负责客户接待、接听电话、解答一般性问题。要求英语水平良好，声音甜美，热情大方，形象得体。家政服务人员若干。

3.发展期团队补充

经理 1 名：全面负责业务推广、外事联络、业务培训等。要求热爱家政行业，热情大方，公关能力强。

完善并建立起相关的部门体系，主要包括培训部、市场部、大学生俱乐部、财务部。

4.成熟期

推广加盟，建立分公司和分支机构。

六、运营模式

采用培训基地＋人性化服务管理＋大学生俱乐部

1.培训基地

在短时期内通过文化的渗透改变学员对家政的看法和理解，树立正确的职业观，调整心态，提升职业素质。同时，在培训基地时还将模拟在服务家庭的环境，通过大量的训练让学员熟练掌握清洁、保健、洗烫、烹调、护理等各项技能。

2.人性化服务管理

从事家政服务的员工精神压力比较大，又远离家人，因此，培训基地就是员工休憩、心灵归宿的港湾。公司将尽最大努力为所有员工提供高质量的生活服务，让员工也能感觉到家的温暖。

3.大学生俱乐部

这是专门为在校大学生及毕业大学生提供各种兼职工作和部分专职工作的平台。公司将积极与各高校建立良好的关系，保障提供多样化、多元化的完善服务体系及高度的信誉，保障各个专业的大学生都能参与进来，以满足市场需求。

七、财务分析

（1）启动资金：租房 20 000 元；装修 1 200 元，包括办公设备、室内装修等，人员工资 2 500 元，流动资金 20 000 元

（2）经过半年的运营，有一定的现金流补充运营成本。

（3）成长期：可以考虑采用债权融资的方式来快速扩大公司规模。

（4）发展期：可考虑在不同省份成立分店的方式来推广该项目。

八、运营策略

各项服务标准化后就先在杭州各区建立分部，然后快速推广加盟，等发展到一定区域水平后收购，即控股51%，以便直营管理。采取同样的策略，在全国范围内进行推广加盟。最后扩大形象宣传，发展成为家政第一品牌。

九、风险

在公司发展的初期阶段，基于家政行业的特殊性，公司将会面临各种压力和风险。为此，我们将做好充分的准备和应对策略。如遇到问题公司将尽最大努力将风险降低到最小。

点评：

本篇创业计划书是一篇优秀的创业计划书。整体上条理清晰、逻辑清晰、言简意赅。专业语言的运用准确适宜；相关数据科学、翔实、符合客观事实，总体效果很好。

思政导学

围绕创新创业项目开展创业计划书的内容框架搭建，设计好反映创新创业项目特色的精美封面，提炼出计划摘要等，在这些基础上，预测项目的市场盈利能力，并分析采取的营销策略，制订1—3年的战略计划，同时清楚分析项目可能存在的风险以及应对的措施。机会和风险总是相伴而生的。对于一个创新创业的项目，其未来所面临的情况总是未知的，这也正是创业的魅力所在，面临各种风险要采取客观、实事求是的态度，通过对企业面临的各种风险认真分析，以取得投资者的信任。

第三节 竞赛项目创业计划书的写作技巧

一份完整的创业计划书在内容上要全面、简明扼要；在格式上要清晰明了；在设计上要大方美观。撰写创业计划书要侧重9个方面的技巧。

一、清楚地了解读者

读者决定了创业计划书的侧重点不同读者的关注点见表9-1，创业计划书要加强其针对性，就要根据不同的读者有所侧重。

表9-1 创业计划书不同读者的关注点

读者类型	对创业计划书关注的重点
创业投资人	市场优势、创业团队、投资报酬、退出方式

续表

读者类型	对创业计划书关注的重点
银行	财务计划、贷款偿还、担保条件、风险预防
创业管理者	公司前景、公司章程、决策机制、薪酬方案
创业团队	创业前景、公司战略、股权结构、公司章程
合作伙伴	公司前景、市场优势、合作条件
应聘的关键员工	公司前景、员工发展、薪酬方案

二、确定写作重点

根据不同行业的特点和服务类型，创业计划书可分为专利类、产品类、服务类和概念类 4 种类型。不同类型创业计划书的写作重点稍有区别具体见表 9-2。

表 9-2 不同类型创业计划书的写作重点

类型	适用范围	创业计划书的写作重点
专利类	自己有某领域的专利技术，但缺乏资源、资金等	专利的价值分析和投资价值分析等
产品类	产品制造的创业计划，又可细分为硬件产品类和软件产品类	生产技术的先进性、适用性、稳定性，以及市场分析与营销策略、管理团队等
服务类	以服务为目的	服务宗旨、服务的差异性与竞争优势、管理团队、财务状况、风险控制等
概念类	有好的概念或商业模式，但缺乏资金或资源	概念的可行性、潜在的用户、可创造的客户价值、未来发展前景等

三、结合项目特点凸显优势

优势即为创新创业项目的核心竞争力。一份创业计划书能否实现其目标就取决于它的优势。由此可见，写创业计划书要善于提炼优势。在优势的提炼上要注意内容、内涵与表现形式的有机结合，即内容上要有创新创意，内涵上要丰富实在，表现形式上要生动形象、言简意赅。

四、事实数据要客观真实

创业计划书是严谨科学的计划书，要求客观真实。尤其是创业计划书中涉及数据的地方更是要真实可靠，必要的时候要提供定量分析和引用权威机构的资料来源，或者是经过科学调查得出一手数据。

五、语言表达要深入浅出

创业计划书面向不同层面的读者，要充分考虑其理解能力和水平。有一些创业者比较喜欢用大量的专业术语、精细的设计方案、完整的技术分析报告去打动读者，但效果并非想象中那么好，所以创业计划书在语言表达上要深入浅出，让更多的读者读懂和了解。

六、撰写思路要简洁清晰

撰写创业计划书的思路要简洁清晰，能让读者尽快找到自己所需要的信息，以及问题所在，及其解决办法。因此创业计划书要用内在的逻辑将信息点简洁清晰地表达出来。

七、撰写风格要统一

一般来说，创业计划书是由创业团队中的几个人合作撰写完成，每个人的撰写风格不一样。但是创业计划书应该是一个和谐的整体，所以创业计划书要由一个人来进行统稿，从而避免写作风格的不统一甚至写作上主次不分、头重脚轻的现象发生。

八、重要信息要注意保密

创业计划书里会涉及诸多商业机密，因此，要注意保护关键的技术和商业机密，不要将一些关键的数据和方案直接写进创业计划书，但要对其进行提及并合理解释，使读者确信这些关键数据和方案的存在，而非虚构。

九、避免项目内容雷区

"项目背景"中的市场分析要与创新创业项目自身具有强相关性，避免小脚穿大鞋；"市场痛点"要通过调研或者对比分析得出真正的市场痛点，而不是"伪痛点"，并点明创新创业项目自身的正确时机；"产品服务"要针对市场痛点提出相对应的解决方案，这个方案一定要对应市场痛点，通过选取关键维度展开横向竞品对比分析，阐述创新创业项目的产品服务是什么，以及研发、生产、市场、销售等环节的相关策略，尤其是要尽量用数据和图文展示现有阶段所取得的关键性成效；"项目团队"要对成员个人能力与岗位的匹配度有所说明，对科研成果转化项目要说明其知识产权问题；"财务分析"要对财务报表的每个数据进行认真核对和推理，尤其是财务预测不必将预测周期延长至未来 5 年甚至 10 年，因为初创企业或者处于创意阶段的创新创业项目是否能存活还需要市场考验，当然，已经非常成熟的项目除外。

📘 案例点评

"跆拳道＋艺术，不一样的武艺"

鼎尖武艺的"跆拳道＋艺术，不一样的武艺"项目始创于 2018 年，依托学校艺术类品牌专业，创新性地将跆拳道与音乐、舞蹈、美术、语言艺术等艺术形式融合，提供 4—16 岁青少年跆拳道的学员培训、师资输出、教材研发、艺人打造、考级培训赛事辅导等产品服务，与胡桃里合作开展"跆拳道＋"艺人打造服务，形成一种"跆拳道＋艺术"的新武艺，成为"跆拳道＋艺术"的教育蓝海开拓者和领航者。

该项目现已递交工商注册材料，主要通过校中校、合作校、加盟校与 APP 平台等线上线下商业模式，在广东省内外开设 7 家直营校和 25 家合作校，已有学员 1 159 人；编印 330 套教案和 33 套师资培训方案，营业额超 780 万元，带动就业人数 700 余人。预测 5 年内解决就业人数 3 600 人，营业额达 3 800 万元，助推"跆拳道＋艺术"的文化经济发展。

该项目曾获得第四届中国国际"互联网＋"大学生创新创业大赛省赛优胜奖、2018 年广东省"众创杯"创新创业大赛项目创新奖、2019 年广东省大学生"攀登计划"科技创新一般项目、第二届广州"职教杯"创新创业大赛三等奖、2019 年"全国移动互联"创新大赛高校组一等奖，以及天河区第三届大学生创业大赛优秀创新创业项目奖、最有创意创新创业项目奖等多个奖项，得到教育厅领导和同行的高度认可。

本着"一切为了孩子、为了孩子的一切"的理念，宣扬"缔结联盟，跆拳一家，共赢天下"的武道精神，所培训的学员获得了韩国釜山跆拳道暨广州青少年跆拳道公开赛、粤港澳公开赛、广州市跆拳道公开赛等品牌赛事的 22 金 8 银 5 铜，促进了中韩文化交流和粤港澳大湾区文化建设，被广东体育频道等媒体广泛宣传报道。

该项目盈利空间大、成长预期好、复制操作性强，今后将继续与 2018 年广东省"众创杯"创新创业大赛金奖项目科研立项 TU 团队合作，开发科学实验、工程实践特设班等课程，赋予"跆拳道＋艺术"更丰富的内涵，助推粤港澳大湾区乃至全国的跆拳道艺术教育发展和社会文化经济发展。

第四节　竞赛项目创业计划书的修改与完善

在创业计划书撰写完成之后，创业企业还应对其进行检查和完善，以确保创业计划书的内容能准确解除投资人的疑问，增强投资人对创新创业项目的信心。一般来说，可从以下几个方面对创业计划书加以检查和完善。

（1）创业计划书是否显示出创业者具有管理公司的经验。如果创业者缺乏管理企业的能力，一定要明确地说明。

（2）创业计划书是否显示了企业有能力偿还借款，要保证给预期的投资人提供一份完整的财务比率分析。

（3）创业计划书是否显示出企业已进行过完整的市场分析，要让投资人相信创业计划书中阐明的产品需求量是真实可靠的。

（4）创业计划书是否容易被投资人所领会。创业计划书应该备有索引和目录，以便投资人很容易地查阅各个章节。

（5）创业计划书中是否将计划摘要放置在最前面，计划摘要是否写得引人入胜。

（6）创业计划书是否在文法上全部正确。创业计划书的拼写错误和排印错误很可能使企业丧失机会。

（7）创业计划书能否打消投资人对产品、服务的疑虑。

案例点评

兰亭数字

（孙文博、庄继顺，江南大学，第二届中国国际"互联网＋"大学生创新创业大赛金奖）

毕业于江南大学物联网学院的孙文博和数字媒体学院的庄继顺等人联合创立了国内唯一一家专注于高端虚拟现实（VR）影像内容制作的公司——北京兰亭数字科技有限公司（简称"兰亭数字"）。

"创业需要团队合作默契、心齐、气场合、做事靠谱，方能成功。"毕业一年后，孙文博和庄继顺分别从各自的公司离职，共同创立了兰亭数字。公司在刚起步阶段，由于VR技术太过新颖，行业内几乎无可借鉴。为了能够做出专业的VR作品，兰亭数字的制作团队每天以"996"的工作时间安排工作（即每周工作6天，每天早上9点上班，晚上9点下班），甚至在很长一段时间内达到了"716"的工作强度（即每周工作7天，每天工作16小时）。

2015年，兰亭数字制作了中国首部VR电影《活到最后》；又将李宇春十周年演唱会制作成VR版。尤其是他们制作的VR纪录片The Displaced（《流离失所》）在《纽约时报》上发布。

孙文博和庄继顺从公司未来的发展考量，结合兰亭数字未来的发展方向和发展需要，综合对比了多家投资公司，最终康得斯、华策影视、百合网成为继华闻传媒之后兰亭数字的3位新投资人。随后，兰亭数字的市场估值增长近20倍，从最初的2 000万元涨到了目前的4亿元，超出VR产业同行的2倍。"现今VR影视行业中，谁能第一个探索出VR应用的镜头语言和导演逻辑，谁就可能在这个领域一飞冲天，成为这一领域中中国版的派拉蒙、中国版的迪斯尼、中国版的好莱坞。所以，我们还需要不断创新。"庄继顺表示。

思政导学

兰亭数字项目给了大学生创业者两点启示：第一，抢夺最热点的地方反而容易被烫伤，在风口中如果寻找甚至创造出有规模、竞争小的利基市场，不失为更好的选择。第二，基于自己的专业能力和个人兴趣进行创业，往往能够坚持到底，最终能够超越竞争对手的概率会比较大。培养大学生创新创业能力是推动创新型国家建设的需要，创新是一个民族进步的灵魂，是一个国家兴旺发达的不竭动力。

小贴士

创业计划书是企业为实现招商融资、寻求合作和其他发展目标，在前期调研分析和收集整理有关资料的基础上，根据一定格式和要求编辑而成的书面材料，向投资人全面展示企业目前状况和未来发展潜力。其主要作用在于寻求投资合作，不断完善创新创业项目以参加大赛评选，并遵循自身固有的设计逻辑分析客观因素和主观因素。

创业计划书一般采用大学生版的创业计划书、"挑战杯"大学生创业计划书和国际通用的创业计划书 3 种模板，每个模板都有自己的特色，创新创业项目要根据项目内容选择其中一个模板或者组合模板内容撰写创业计划书。

不管创业计划书使用哪个版本，它的主要内容结构都包括封面、计划概要、企业介绍、行业分析、产品（服务）介绍、人员及组织结构、市场预测、营销策略、制造计划、财务规划、风险与风险管理等。

要按照前期准备、草拟计划、完善计划 3 个步骤撰写一份格式完整、定位明确、逻辑清晰、篇幅适中、风格适宜、依据客观的创业计划书。

创业计划书要对项目概要、企业介绍、产品服务、创业团队、技术水平、市场分析、竞争态势、风险管控、市场营销、发展规划、融资方案、财务分析、股权结构等重点板块展开详细阐述。

第十章
中国国际"互联网+"大学生创新创业大赛项目的PPT与视频制作

本章导读

一份图文并茂、文字精练的PPT，可以为创业者提示思路，让投资者抓住项目重点。因此简洁、清晰、有力是其必须遵循的原则。下面将从PPT与视频的评审要求、制作和内容上来介绍其制作方法。

知识结构

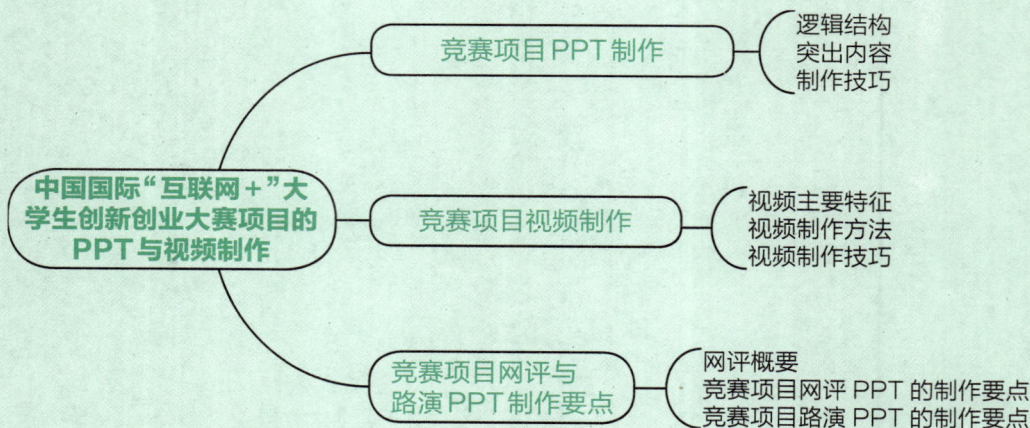

中国国际"互联网＋"大学生创新创业大赛项目的PPT与视频制作
- 竞赛项目PPT制作
  - 逻辑结构
  - 突出内容
  - 制作技巧
- 竞赛项目视频制作
  - 视频主要特征
  - 视频制作方法
  - 视频制作技巧
- 竞赛项目网评与路演PPT制作要点
  - 网评概要
  - 竞赛项目网评PPT的制作要点
  - 竞赛项目路演PPT的制作要点

学习目标

知识目标：初步了解"互联网＋"大赛项目的PPT与视频制作的相关知识。

能力目标：能够调整创业计划书的内容，制作PPT和视频，为项目竞争增加优势。

思政目标：以多样的视频制作方式锻炼创作团队，使其勇于表达自我、展现青春。

学习重点

项目竞赛PPT和视频的制作方法；竞赛项目网评与路演PPT制作要点。

案例导入

"互联网＋"大赛项目视频短片剪辑技巧

某大学参加第七届"互联网＋"大赛的项目"高能效工业边缘AI芯片及其应用"，进入到国赛阶段，为了更好地展示该项目在科技领域的先进性和科技效果，参赛团队特邀专业视频制作机构对项目视频进行了专业化剪辑，剪辑师采用了以下视频剪辑技巧。

（1）闪白。适当使用闪白，产生一种强烈刺激感和速度感，效果多样酷炫。可以直接使用白帧叠化，或在原素材上调高伽马值和亮度做一个简单的动画，然后再叠化。

（2）叠化。合成的时候以1—2帧的叠化来代替简单的剪切，过渡将会平滑一些。这要求前一段视频在高轨道，后一段视频在低轨道，两段视频交叉部分时长即为叠化切换的时长。

（3）构图。除了严肃、权威、力量等表现场景以外，尽量采用不对称构图；尽量从视频制作剪辑、衔接的角度考虑构图，不要太执着于单画面构图。

（4）声音与画面。不必将环境声和视频画面的制作剪辑严格对应，一般来说环境声先入后出，根据波形图和画面的剪切点错开1—2帧会比较好。

（5）画面色彩。画面中尽量避免纯黑色或纯白色，由整体色调来决定具体的色调。如果感觉片子不够亮或不够暗，可通过调整亮部面积和比例等方法解决。同时，路演时播放在电视上显示正常的画面色彩在电脑上往往是过于饱和的，要注意颜色层次过渡，不要仅仅把注意力放在色块上。还要注意镜头组接的影调色彩统一，如果色彩对比强烈的两个镜头组接在一起（除了特殊的需要外），会使人感到生硬和不连贯，影响内容通畅表达。

（6）颜色的调整。首先去掉颜色，只看灰度图，调整出正确的过渡和明暗层次。然后调好色块，控制颜色过渡，使得过渡不单调，颜色曲线工具与线性过渡相比具有更好的调节控制效果。

（7）光效。通常过度模糊、僵硬的光效不是很好，尽量制作最合理的光效并控制光效的层次，即使是最简单的glow发光特效。

（8）动作连接。一般的影像剪辑方法是按照7:3或3:7的比例来连接动作，以达到动作流畅生动、有节奏感的效果。

通过专业的视频剪辑，参赛项目的视频展示令人耳目一新，受到评委的一致好评，为项目最后获得银奖发挥了重要作用。

思考：

1."互联网＋"大赛项目的PPT制作有哪些技巧和要求？
2."互联网＋"大赛项目的视频制作有哪些技巧和要求？

第一节 竞赛项目PPT制作

PPT的制作体现了创业团队的能力，见到创业团队制作的PPT如见到创业团队，第一印象很重要。一份逻辑清晰、文字精练、观点鲜明、视觉美观、简约但不简单的PPT会让你的创新创业项目脱颖而出。创业团队必须要会制作、会阐释PPT，这个过程是创业团队内部高度统一思想、明确思路的过程。

一、逻辑结构

PPT根据不同项目有不同的逻辑结构，既可与创业计划书的内容结构呈现顺序一致，也可按照对创新创业项目商业逻辑的理解顺序呈现，但其核心是不变的，始终是对创业计划书内容的高度凝练和呈现。

根据创新创业项目的具体内容，PPT的主要逻辑结构见表10-1。创新创业项目可以根据自身项目特点和评分标准进行重组、优化和迭代。

表 10-1　PPT 的主要逻辑结构

	一级指标	二级观测点
第一种（适合高教主赛道）	产品服务	1.市场痛点 2.解决方案 3.产品服务 4.壁垒
	商业模式	5.市场分析 6.竞争分析 7.商业模式 8.推广
	项目现状	9.技术/业务/财务/股权 10.计划
	项目团队	11.创始人/核心团队/顾问团队
	项目愿景	12.成效 13.愿景
第二种（适合职教赛道创意组）	产品服务	1.市场分析 2.市场痛点 3.解决方案 4.产品服务
	创新点	5.原始创新 6.模式创新 7.技能创新 8.岗位创新
	团队情况	9.核心团队 10.组织架构 11.外部资源 12.股权配置
	商业运营	13.竞争与风险 14.商业模式 15.项目成效 16.财务状况
	社会效益	17.发展战略 18.带动就业
第三种（适合职教赛道创业组）	产品服务	1.市场痛点 2.解决方案 3.主营产品
	商业模式	4.商业模式 5.项目核心优势
	项目现状	6.企业成效 7.团队情况（股权配置）8.企业架构
	企业创新点	9.企业人才培养创新 10.校企合作
	企业愿景	11.带动就业人数 12.孵化创业企业 13.三年营业计划
第四种（适合"青年红色筑梦之旅"赛道商业组）	市场分析	1.市场现状 2.市场痛点
	项目定位	3.解决方案 4.产品服务 5.运营模式
	项目现状	6.财务情况 7.股权配置 8.权益分配 9.合作伙伴
	项目成效	10.获奖情况 11.助力贫困就业 12.助力乡村振兴 13.关爱儿童成长
	项目团队	14.团队成员 15.顾问团队 16.公司架构
	项目愿景	17.成效 18.愿景
第五种（适合"青年红色筑梦之旅"赛道公益组）	产品服务	1.市场痛点 2.解决方案 3.产品服务 4.壁垒
	商业模式	5.市场分析 6.竞争分析 7.商业模式
	项目团队	8.创始人/核心团队 9.顾问团队
	"青年红色筑梦之旅"活动	10.经济效益 11.社会价值
	项目现状	12.财务 13.业务 14.技术 15.股权
	项目愿景	16.成效 17.计划 18.愿景
提示	每个参赛创新创业项目可根据自身特点、参加赛道和组别进行优化组合	

PPT 的形式虽然多样化，但核心目标始终是要清楚告知评委创新创业项目是做什么的，以及为什么可以成功。PPT 做得好与不好，标准在于能否让评委或者受众产生兴趣和认可。

二、突出内容

"互联网+"大赛中不少 PPT 就是对创业计划书的一种翻版呈现，直接复制创业计划书的主要内容就形成了。PPT 是 PowerPoint 的简写，从字面上可看出，它是一种强有力观点的呈现工具。因此，它不能等同于创业计划书的简单复制和呈现。它需要按照 PPT 的逻辑结构，对比评审要求，对创业计划书的重点内容进行高度凝练，并运用精美图表和案例将创业计划书中有关创新创业项目创新性、营利性、融资性、示范性、带动性、真实性、落地性 7 个方面的重点内容以简单明了的方式呈现。

（一）创新性

根据评审标准和项目特点，可从 5 个方面归纳创新创业项目的创新性：①技术创新。围绕创新创业项目所采用的专业技术和关键技术，要呈现技术创新的层次，清楚描述技术是否处于国内外领先地位，关键技术是否有新的突破，是否填补了技术领域的空白。②产品创新。展示产品创新的维度，具体表现在产品的材料、性能、功能、质量等方面的创新。③设计创新。对于制造类和文创类参赛项目，一般可从平面设计、结构设计、外观设计、功能设计、概念设计等不同维度呈现设计创新特点。④应用创新。创新创业项目如果研发出的是新产品和新模式，要凸显其在哪些场景得以应用。⑤组合创新。有些创新创业项目可能存在上述 4 种创新的重合，也可能存在其他方面的创新，如模式创新、管理创新、集成创新、理论创新等，这样的创新创业项目在"互联网+"创新创业大赛中具有极强的竞争力。

（二）营利性

PPT 要用简单明了的数据图表表现项目的营利性，重点是把反映营利性的重要财务指标描述清楚。例如，产品服务的销售额是多少，利润额是多少，现金流是否稳定，每个月是否为正向现金流，净利润额的增长率是多少，项目的投资回报率是多少，投资回收周期是多长。这些有关营利性的阐述只需要 1—2 页 PPT 即可呈现。

（三）融资性

再好的项目也需要人来运作和实施。展示 PPT 时要站在投资人角度从 5 个方面来包装其融资性：①创业团队。投资人青睐具备专业性、互补性、创新力、执行力、协同力、学习力等特征的团队，尤其创始人是灵魂人物，是投资人最为关注的人。PPT 要用情节凸显创始人的精神和内核。②技术水平。PPT 要凸显产品服务的技术水平，包括技术层次、自主知识产权、成熟度等，建立起产品服务的"护城河"。③产品服务。PPT 需要通过竞品分析来体现产品服务的特色和优势。④融资计划。用图表说明项目的项目估值、融资需求，包括融资金额、方式、计划和投资回报等。⑤风险管控。用图表说明项目存在风险的可能以及风险管控的措施和方法。

（四）示范性

要凸显创新创业项目示范性，PPT里可以从科技成果应用、高层领导鼓励或者媒体宣传报道等角度佐证，摘出主要信息，配以图片或表格，简单说明该产品服务在哪些领域应用，以及应用效果如何、在行业领域能否得以应用推广等。

（五）带动性

具有带动性是创新创业项目的亮点之一，项目能否对周边就业创业起到带动作用、能否带动当地区域经济发展，这是评委十分关注的。PPT可用图文和数据加以说明，如教育培训项目可展示在省内外共开设多少家分校，1—3年内解决的就业人数是多少，间接带动多少人就业，孵化多少个创业企业。

（六）真实性

创新创业项目数据是否真实可靠也是评委关注的重点。PPT中使用的市场统计数据、调研数据和调查数据要有出处，财务数据不够翔实或者前后矛盾会导致评委质疑项目的真实性，产生减分项。

（七）落地性

创新创业项目是否能够落地实施是评委关注的另一个重点，PPT展示项目的落地性时可用工商注册、项目成效、项目实践活动等相关图片或数据来加以佐证，并描述在落地实施基础上项目未来的发展前景。

三、制作技巧

（一）封面要精美

封面是PPT的脸面，因此封面制作一定要精美，拥有与项目风格高度吻合且具有视觉冲击力的封面至关重要。同时封面中除了参赛组别、创业团队、联系方式等基本信息外，最为关键的是项目名称，项目名称既要反映项目内涵，又要给人留下深刻印象，充分发挥引发评委好奇的作用。

（二）主题要鲜明

PPT首页要表达出鲜明的主题，吸引评委的注意，体现出项目的特色。PPT的第一页，要让评委"一见钟情"，让评委产生看下去的兴趣。因此，PPT要尽量体现项目主题、定位和亮点，避免大而空或过于技术化的标题。如"当文化课邂逅美术——虹彩全科美育""90后女孩有点'田'""跆拳道＋艺术，不一样的武艺"等，标题言简意赅，容易让人产生兴趣。

（三）定位要精准

创业计划书对项目的定位一定要精准，找出细分市场的需求，设计客户最需要的应用和产品服务，进一步精准定位细分客户和核心功能，用有力量的、精准的观点以及图文凸显创新创业项目特色。

（四）逻辑要清晰

目录是 PPT 的骨架，要有清晰的商业逻辑、业务逻辑与呈现逻辑，可借鉴"倒金字塔结构原理"表达，即按照信息重要程度逐一呈现。评委通过目录了解创新创业项目的逻辑结构是否合理、主次是否分明、要素是否完备等，如此，可以对整个创业计划书或创新创业项目的信息结构一目了然。同时，创业者合理安排的逻辑结构也为后面的路演环节奠定了良好基础。

（五）内容要翔实

在评委与创业者不见面的情况下，创业者要尽可能地将创新创业项目相关信息通过 PPT 展示给评委，避免一页只有一句话或者一张图，甚至有些图表没有意义，让评委不知所云。因此，在 PPT 里要对项目的价值意义和市场潜力说明到位，用翔实有力的数据打动评委。项目亮点的展现更是要翔实，它们将成为评审加分项。如项目有学校、专业人士等的强大背书，项目体现了科研成果转化，根据项目的实践成效可预判项目具有良好的成长性，创业团队成员具有较高的专业技能水平，项目融资已有投资轮等，这些翔实的加分项是项目胜出的关键要素，需要对其全面充分地体现。

（六）制作要专业

PPT 的制作一定要美观专业，如同考试卷面分，就算有再好的结构和内容，没有精美的形式也会丢分。PPT 的要素包括模板、风格、色系、字体、字号、标点、图表、动画、结尾等，其中，模板可以利用网上素材，如果是自己制作效果更佳。色系要与创新创业项目的产品服务风格一致，比如公益组不适合冷色调。字体、字号要充分体现 PPT 的逻辑层级，相同层级的字体、字号要统一。图表要有标注，要么告知出处，要么做出解释说明。动画则尽量不要使用太多，避免播放和阅读的不便。

（七）更新要敬业

制作 PPT 需要关注每个细节，包括字体、字号、标点，因此，制作 PPT 需要发挥敬业精神，不断快速完善和迭代每个细节。由于不同电脑设备的性能和呈现方式不同，制作完成的 PPT 最好在不同设备上试播后再加以调整，并做好不同色系的 PPT，以适应不同的播放环境。

（八）结尾要有力

心理学研究发现，人们在看或听报告时，多数只会记住高潮与结尾，因此，在 PPT 里，好的结尾与好的开始一样重要，甚至更为重要。结尾要用精简且有感召力的话语突出项目的价值意义或愿景，避免使用千篇一律的"谢谢""请批评指正""感谢聆听"之类的话语，尤其是"感谢聆听"用在此处是不合时宜的。

（九）雷区要避免

雷区主要有 3 个：一是制作粗糙，如字体、字号错乱，逻辑混乱，甚至一字不改照搬其他赛事的材料等。二是存在硬伤，如存在错误数据、歧视语言，知识产权不清，有违政策管制等。

三是有些项目将PPT生成PDF文件上传,有时不能全屏播放,有时需要手拉控制条才能上下翻页,给评委带来不便,影响评委打分。还有些项目为了保证PPT大小符合上传规定,而将PPT的内容都变成图片,但是图片精度不够,影响了审阅效果。这些雷区要尽量避免触碰。

第二节　竞赛项目视频制作

视频是评委审阅参赛材料时的首选。视频的多媒体特征,能够让评委直观生动地了解项目情况,视频的质量和水平以及呈现的内容也将影响评委的第一印象,对参赛项目取得好成绩具有关键作用。创业团队要高度重视项目的视频材料准备,要认真地对视频进行脚本设计,在视频材料中突出项目特色与亮点,增强吸引力。

一、视频主要特征

(一)脚本设计到位

脚本是视频制作的第一步,也是视频制作的依据和蓝本。脚本的字词语句、逻辑关系、主次关系、表达语气等均是判断脚本设计是否到位的维度。创业团队需要对创新创业项目的视频进行认真的脚本设计,使评委通过脚本能直观地了解项目相关情况。

(二)逻辑思维清晰

视频要求时长为1分钟且文件大小不超过20M,这就对逻辑思维有着较多的考量。视频逻辑思维不仅包括商业逻辑、业务逻辑,还有呈现逻辑,这些逻辑思维要清晰地表达创新创业项目的价值意义、创新亮点、商业模式、项目成效、市场潜力等创业元素。

(三)亮点特色凸显

视频肯定要表达创新创业项目的创新点,但创新点不一定是亮点,亮点更多是相对其他创新创业项目而言所具备的让评委眼前一亮的特点,是"互联网+"大赛项目的第一优势。十几页甚至上百页的创业计划书的信息是冗长的,视频需要将最有特色和亮点的信息点体现出来,这是对创业团队提炼和表达能力的一种高度考验。

(四)背景干净利落

视频要具备视觉冲击力,需要干净利落的背景才能凸显视频的高端大气,才能更有力地突出创新创业项目的亮点和特色,更有利于突出项目所要表达和阐释的信息,让评委能第一时间抓取项目相关信息。

(五)表达通俗易懂

视频的语言表达要通俗易懂,尤其是一些高科技的"互联网+"大赛项目会涉及专业的技术用语，对于外行的评委来说不一定能看懂、读懂，这需要撰写视频脚本时站在大众评审的角度组织语言，让各行各业的评委都能理解，有利于他们更深层次地了解项目。

二、视频制作方法

（一）制作方式

"互联网＋"创新创业大赛项目的视频时长虽然只有 1 分钟，但是它的制作过程和工序却是一个很大的工程，主要包括创业计划书信息和素材提炼、视频脚本撰写、视频编辑和审核、视频试播和调整等工序。面对繁杂的工序和严格的要求，一般来说，视频制作方式可分为委托专业视频制作公司制作和创业团队自己制作两种。

相比而言，专业视频制作公司拥有专业的人员和设备，能够更专业地将项目的优点和亮点具象化，给人留下更强的视觉冲击力，有利于得到更高的评分。但是委托专业视频制作公司制作存在成本高、沟通时间长、打磨时间长，以及不一定达到想要的效果等不足，当然，视频的脚本必须由创业团队撰写，专业视频制作公司只是在制作技能和特效呈现上有更大优势。另一种制作方式是创业团队自己制作，创业团队对自身产生和运营的创新创业项目有更精准的把握，能快速地将项目优点和亮点提炼和呈现出来，而且成本相对较低、制作时间更短，但是制作出来的视频不一定能达到专业的美观效果，尤其是一些没有视频制作相关知识和技能的创业团队要慎重选择这种视频制作方式。

（二）制作样式

视频制作主要采取实景录制和虚拟特效设计两种样式，一个视频的完成采取以实景录制为主、虚拟特效设计为辅的融合样式才能呈现较好效果。

实景录制是视频制作的主要部分，占据绝大部分片长，它主要包括真实场景视频、场景化视频、素材剪辑、影棚拍摄等相关的素材和镜头。其中，真实场景视频主要来自项目创意和创业实施阶段留存的视频或照片素材，或者根据脚本内容进行补拍的镜头视频；场景化视频主要指创新创业项目在实践运营或者虚拟运行时留存或补拍的镜头素材，这是对创新创业项目的场景化还原和再现，有利于评委身临其境地了解创新创业项目；素材剪辑既可以是创新创业项目本身的原始素材，也可以是相似项目的工作场景，尤其是在介绍国家政策和市场环境等相关要素时，更多采用视频编辑库中的素材予以衔接和表现；影棚拍摄主要是针对产品服务或团队成员等创业元素在影棚中进行专业拍摄的素材。实景录制需要根据脚本中牵涉的话语进行配合录制相关镜头和采集相关素材。

虚拟特效设计主要针对一些不适合实景展现或实景展现效果不佳的创业元素和维度设计制作，这是对实景录制的一种补充。它主要包括虚拟特技展示和动画视频等，对于一些特殊的产品服务可以采取虚拟特技展示，比如 VR/AR 创新创业项目适合用虚拟特技展示；虚拟特效设计还可使用动画视频进行展示，主要使用 MG 动画、场景动画、手绘动画等动画视频。这些虚拟特效设计能给人留下深刻印象，以生动、活泼、可爱的特效形式呈现产品服务等创新创业项目，本身就是一种创新，对于评委来说会有眼前一亮的感觉。但是虚拟特效设计一般要委托专业的影视公司制作，属于原创性作品，成本相对来说较高。如果创新创业项目本身就是做文化传媒创意的，这个虚拟特效设计就是创业团队专业技能的一种最好的展现文本。

三、视频制作技巧

（一）脚本设计

创新创业项目视频的制作脚本相当于电影拍摄的剧本，它对项目的产品服务、研发过程、项目商业模式、盈利模式，以及项目运营成效等信息进行撰写，形成有逻辑、有记录的文本，并详细解说每段文字配备的镜头素材要求、镜头时长、制作方法、呈现效果等相关信息，方便视频制作人员了解视频制作的思路和要求，设计制作出合适的视频。其中高度凝练的主要文本内容要做成字幕，以便评委阅读。因此脚本设计中需要注意以下几点。

1.目标明确

脚本制作一定要目标明确，让制作人明确该项目思路和产品，无须太多的帮助就能根据脚本拍摄出合适的视频。因此，在脚本中除了需要明确规定视频需要的文字、图形、动画、声音、影像等内容，还需要清楚描述它们之间的逻辑结构关系和出现的顺序等。

2.重点展示

脚本的核心部分是展示项目的重点内容，包括项目创始、项目实践、项目成效、项目意义以及未来预期性等。设计脚本时可以按照不同类别确定展示的重点，例如，针对服务类的项目可以突出其能解决什么问题、项目当前进展、服务成功案例等，针对技术类项目可说明其解决了什么问题、介绍其核心优势和展示应用场景等。不管什么类别的创新创业项目均可重点关注这 4 方面的撰写内容：一是项目特征。以产品服务类项目为例，展示产品服务的特质特性等最基本的属性，如产品名称、工艺、定位、参数、系列、特殊设计等。二是项目亮点。主要呈现产品服务经过竞品分析后有什么独特的亮点，如项目的创新性、突破性、技术性、功能性等。三是项目成效。描述实践运营的项目已经取得什么成效，为社会带来的社会价值和经济利益。通过技术报告、产品报告、报刊文章等相关证明文件，证明产品服务的示范和体验效果。四是项目愿景。介绍项目今后发展的战略规划和愿景，也就是项目的融资需求和投资回报是什么，这能给评委和投资人带来投资欲望。

3.惜墨如金

按照视频制作规律，创新创业项目的 1 分钟视频的解说字数适宜控制在 270—330 字，字数太多容易语速过快，字数太少会浪费宝贵的展示机会。因此，斟酌语句时要围绕亮点是否突出、特色是否明显、数据是否准确等角度来思考，反复斟酌和润色，惜字如金，不多一字不少一字。脚本文字写作各有方法，1 分钟的脚本文字写作可参考如下例子：

"当文化课邂逅美术——虹彩全科美育"项目于 2016 年始创，2018 年 3 月注册。依托学校美术、学前、中文和英语等品牌专业，提供少儿美术培训、师资培训输出和教材研发输出的产品服务。

在广东省内外共开设 60 家分校，两年带动就业人数 2 078 人，孵化 5 个创业企业，编印 2 400 套教材和 24 套师资培训方案，营业额达 1 200 万元，预测 5 年内解决就业人数 9 000 人，孵化创业企业 40 家，营业额达 6 000 万元。

该项目承办公益组织"麦田计划"免费下乡支教，赴清远扶贫点点亮留守儿童美术教育梦想。曾获广东省"挑战杯——彩虹人生"广东职业院校创新创效创业大赛特等奖等奖项。同时与河北平山县教育局签订合作意向书，得到教育部领导高度认可，并建议以平山县为试点向全国推广应用。

该项目盈利空间大，成长预期好，可复制，操作性强，将助推广东、河北乃至全国的全科美育和文化经济发展。走进虹彩美育，点亮彩虹人生。

4．巧用技法

创新创业项目要引起评委的注意，其脚本需要采用一定的技法，比如，通过讲故事、举例子、列数字、打比方、做联想、场景示范、对比体验、数据对比等方式方法，增强脚本的吸引力和生动性。

（二）制作精美视频

1．强大的视觉冲击力

视频制作要充分利用人的阅读习惯，用强大的视觉冲击力在第一时间抓住评委的眼球。这要求整体视觉效果和每一帧的画面、配音、背景都能如广告大片般带给评委一场视觉盛宴。

2．开头响亮

视频开始播放的那一刻需要有一个响亮的开头，既可以是令人眼前一亮的项目名称，也可以是震撼人心的画面、一种悬念、一种印象深刻的声音，这要根据项目的特点加以运用。

3．结尾有力

结尾要有一个有力的结束语，既可以是一个口号，也可以是一种愿景，还可以是一种呼唤，给评委留下深深余味。

（三）视频制作雷区

1．偷工减料

有些创业团队将参赛视频材料简单理解为 PPT 的视频播放版，直接将 PPT 里面的内容或图片配上声音，甚至更简单地将创业计划书转换成视频形式上传。要么剪辑一个与本创新创业项目无关的类似视频糊弄评委，或者将参加其他创业竞赛时的路演视频直接丢给评委观看。其实，视频材料是将 PPT 中不好表达的内容以视频形式呈现出来，或者是对 PPT 的重要内容进行高度浓缩后加以形象表现，它是对 PPT 的重要补充与亮点强化。

2．粗制滥造

比如使用随意用手机拍摄出不清晰的画面，或画面与配音不符，抑或画面、配音和配乐错位呈现等。有些参赛作品的脚本解说与对应图文出现"假大空"现象，此时要尽量做到有图有真相，用翔实且有力度的图片和数据打动评委。

3．语音难懂

由于语音不标准或者播放设备故障，导致语音难以被理解，其实，参赛作品的脚本解说最好以文字形式呈现做成视频字幕，方便评委阅读，避免信息理解有偏差。

案例点评

90后女孩有点"田"

（丁蓉蓉，扬州工业职业技术学院，第四届中国国际"互联网＋"大学生创新创业大赛高教主赛道金奖和最佳带动就业奖）

"将高营养价值的养生蔬菜冰草端上广大中国百姓的餐桌，让冰草的种子也能在我们的土地上生根成长，并带动农民增收。"第四届中国国际"互联网＋"大学生创新创业大赛全国总决赛上，丁蓉蓉以"90后女孩有点'田'"项目荣获高教主赛道金奖。

冰草，学名冰叶日中花，它含有丰富的营养物质，是一种高营养价值的"养生"蔬菜，清凉解暑，可减缓脑细胞的老化速度、预防糖尿病等。

"随着国人对饮食健康需求的不断升级，冰草未来在中国一定会有市场。"带着这份笃信，2013年丁蓉蓉大费周折地将冰草种子从日本带到国内，面对村里人的质疑和家人的不理解，丁蓉蓉坚持着冰草种植路，而且这一种就是4年。她办理了休学，天天吃住在大棚里，"晴天一身土、雨天一身泥"成了她创业状态的真实写照。"我们做的农业项目是技术含量较高的，算是农业领域里的'黑科技'。"丁蓉蓉认为，核心技术是他们的项目能够占据华东地区40%的市场份额、年销售额突破1500万元的利器。

"互联网＋"大赛平台使得该项目团队的冰草知名度迅速扩大。获奖后，多地政府向其伸出了橄榄枝，该项目目前已在江苏、山东多地落地生根、开花结果。通过大赛，丁蓉蓉自身也成长了："大赛备赛过程对我帮助很大，我第一次正式思考企业的发展战略与经营策略，如果没有大赛，我顶多是最大的冰草种植户，而大赛让我成为一名真正的农业企业家。"

据专家点评，在第四届中国国际"互联网＋"大学生创新创业大赛中，该项目为全国仅有的两个职业院校获得金奖的项目之一，可见项目的优秀与含金量。好项目有6个特点：第一，项目主题鲜明。通过鲜明的主题，吸引投资人与市场的注意。第二，项目定位精准。精准定位细分客户、精准定位核心功能。该项目就围绕冰草一个核心产品，将需求挖深、将产品与市场做透。第三，项目逻辑清晰。该项目按过去、现在和未来的逻辑主线，清晰描述了创新创业项目的成长过程，有很大的借鉴价值。第四，项目内容丰富。该项目将冰草从育种到种植再到销售，进行了系统完整的规划，实现了在一个细分领域市场占据龙头地位。第五，项目形式专业。该项目创业计划书不但内容充实，形式也非常精致，从内容与形式上实现双重打动。第六，项目结尾有力。在总决赛路演时，视频最后一页是一对幸福的年轻人，他们面带笑容，手捧着精心培育的冰草，字幕打出"让农民与消费者同享美好的生活"，让人印象深刻。

90后女孩有点"田"，这块田，是创新之田，是创业之田，是扎根中国大地之田，是追求美好幸福生活之田。当中国每一位青年人都能够拥有一块用心耕耘的"田"时，未来的中国一定会更加富强，更加充满希望。

思政导学

丁蓉蓉的案例已成为学校鲜活的创业教材，希望她的创业经历能够激励并带动更多学生走上创新创业之路。"互联网＋"大赛能够挖掘大学生的创新意识，在一定程度上激发学生的创业热情。在学校将创新创业教育贯穿于人才培养全过程的同时，学生也应强化创新精神、培育创业意识、锻炼创造能力，创造更多有好成绩的创新创业项目。

小贴士

1.视频是评委阅读参赛材料时的首选。创业团队要高度重视项目视频材料准备，对视频进行认真的脚本设计，在视频材料中突出项目特色与亮点，抓住评委眼球，增强吸引力。

2.好的项目视频主要具备脚本设计到位、逻辑思维清晰、亮点特色凸显、背景干净利落、表达通俗易懂等特征，视频可按照这些标准来制作。

3.项目视频制作可分为委托专业视频制作公司制作和创业团队自己制作两种方式，并采取实景录制和虚拟特效设计两种样式，一个视频的完成采取以实景录制为主、虚拟特效设计为辅的融合样式才能呈现较好效果。

4.视频制作的脚本设计要目标明确、重点展示、惜墨如金，并巧用讲故事、举例子、列数字、打比方、做联想、场景示范、对比体验、数据对比等技法，制作出具有强大的视觉冲击力、开头响亮、结尾有力的精美视频，避免触碰偷工减料、粗制滥造和语音难懂等视频制作雷区。

《 第三节　竞赛项目网评与路演PPT制作要点 》

顾名思义，网评就是网络评审，即投资人或评委按照评审规则，以网络途径和手段远程阅读创新创业项目相关材料，了解项目情况，完成创新创业项目的评审。要想顺利通过网评，需要对网评评委、网评PPT和网评打分点等相关信息有初步了解。同时，也应了解路演PPT的特点和要求，掌握路演PPT的制作要点。

一、网评概要

（一）网评评委结构

网评主要分校赛网评、省赛网评和国赛网评 3 个阶段，它是"互联网＋"大赛的重要环节，也是投资人评审创新创业项目的重要方式。赛事组委会依据评委网评打分，去掉最高分和最低分，计算平均分后排序，将此作为项目能否进入大赛决赛环节的重要依据。为了确保网评质量，在网评后，会选择网评评委进行现场会评，对网评中需要讨论的项目进行现场沟通，最终确定进入现场决赛的项目名单。

一般来说，网评评委由投资人、孵化器负责人、企业高管、创新创业导师、成功创业者等构成。每组一般由 10—20 人甚至更多人构成，评委不了解同组其他评委的信息。评委主要通过阅读项目资料、了解项目情况，对项目进行评定。

（二）网评材料组成

网评材料主要包括 3 部分：一是创新创业项目视频。要求为时长 1 分钟以内的视频，文件大小不超过 20 M。二是创新创业项目 PPT，格式为 ppt 或 pptx。三是项目创业计划书。完整的创业计划书，可为 Word 或 PDF 文件。评委审阅网评材料的习惯会有所不同，一般的顺序是首先观看项目介绍视频，对创新创业项目有个整体的第一印象，其次重点观看有关项目介绍的PPT，最后根据需要详细阅读 Word 或 PDF 版的创业计划书。同时，在"互联网＋"大赛中有些校赛和省赛对创新创业项目视频并不做强制提交要求，或者提交的要求没有那么高，但是国赛要求提交 1 分钟以内的视频，因此，为了节约时间和人力成本，创新创业项目视频可按国赛要求制作并提交，为项目竞争增加优势。

（三）网评打分点

国赛网评打分区间是 70—100 分，按 5 分为一个分段来衡量评审。一般来说，评委在打分时，会有一个基准线，如以 80 分为基准线，在评委审阅网评材料的过程中，视频的每一秒、PPT 的每一页，都会成为评委加分或减分的因素，网评平均分低于 85 分的项目，进入现场决赛会面临一定的挑战。因此，要取得好成绩，就需要确保网评材料的质量，网评分值分布与评价见表 10-2。

表 10-2　网评分值分布与评价

网评平均分值	网评评价
70—75 分	表现一般
76—80 分	有一定特色，但不突出
81—85 分	项目质量较好，有特色
86—90 分	特色较为明显，有一定竞争力
91—95 分	表现突出，竞争力明显，有机会直接通过网评
96—100 分	表现卓越，是国赛金奖的有力争夺者

由于第九章已经详细阐述了创业计划书的内容结构、撰写标准及技巧，本节主要阐述网评 PPT 评审材料的特征和制作技巧。

二、竞赛项目网评 PPT 的制作要点

网评 PPT 是指评委不以现场考察而是通过 PPT 给创新创业项目打分。网评 PPT 的精心准备至关重要，是决定创新创业项目能否进入校赛决赛、省赛决赛和国赛决赛的关键。当评委在接受评审任务并开始评审 PPT 时，会在心里初步定下一个起始评分线，也许是 70 分，也许是

80 分，然后在评审创新创业项目材料具体内容的过程中酌情加分或减分，直到确定最终分数。

（一）网评 PPT 的加分项

1. 产品服务优势明显

创新创业项目的产品服务是项目的本质和核心，在 PPT 中要用一两句话讲清楚准备做什么事，最好能配上简单的产业链上下游示意图、产品功能示意图或简要流程图等，让评委对创新创业项目一目了然，这里不要整页 PPT 都是大段文字，要聚焦有创新内涵的产品服务。同时要突出相比竞争对手而言，自身产品服务的特殊功能、独特性能与市场优势，明显的核心竞争力将是创新创业项目取得大赛佳绩的制胜法宝。

2. 主题鲜明清晰

项目主题在 PPT 首页要有所体现，主题要鲜明清晰，尤其要聚焦细分市场。对于一些鲜有涉足的领域更要让其主题鲜明起来，加强项目的吸引力，让评委产生"一见钟情"的感觉。

3. 价值阐述到位

网评 PPT 要对项目的社会价值、经济价值以及存在的意义等阐释到位，尤其是对创新创业项目的市场潜力也要有深入阐述。PPT 需要通过摆事实、做图表等形式进行前后对比或横纵对比，用翔实数据和客观事实增强说服力和打动力。

4. 科研成果转化

参加"互联网＋"大赛的项目有不少是由科研成果转化而成的，尤其是在有关科研成果转化的政策出台后，参加比赛的项目越来越多是科研成果转化的项目，评委会基于对科研成果前期的研究和技术高端性的考虑给予项目高分。因此，网评 PPT 必须重点阐述科研成果转化的可行性。

5. 团队成员强大

创新创业项目团队主要包括亲自实践运营的创业团队，还包括辅导团队，其中辅导团队主要包括专业学科指导教师和由投资人、创业学教师组成的创业导师团队，以及相关领域的顾问团队。如果创始人有丰富的创业经历和大型企业管理经验，或者创业团队中有掌握关键技术的攻关人员，且团队成员均与创新创业项目强相关，或者项目指导教师中有院士、重点实验室负责人、科研成果拥有人等，抑或有强大的顾问团队参与指导，则更能促使创新创业项目顺利实施。因此，网评 PPT 要重点介绍团队成员及团队整体实力。

6. 网评 PPT 翔实专业

网评 PPT 是评委远程评审创新创业项目的一种参考材料，这要求网评 PPT 尽量展现翔实的内容，但这个翔实是在遵守制作网评 PPT 原则基础上的翔实，让评委能通过 PPT 完整清楚地了解创新创业项目的重要信息。同时 PPT 也要专业、美观，结尾要有力，细到每个标点符号都要按照专业的制作方法来设计，体现出创业团队的能力和态度，争取给评委留下深刻的印象。

7. 财务状况良好

创新创业项目的成长预期性需要良好的营业收入作为支撑，要有详细的营业收入和成本控制以及充裕的正向现金流，同时有客观数据支撑和研判项目的成长性预期向好趋势。网评

PPT 必须阐明竞赛项目的财务状况。

8. 投资回报可期

评委或投资人一般会站在投资视角审视创新创业项目，如果项目已有投资轮，则需要对投资轮的来源、金额、计划以及投资回报等信息有清晰说明，让投资人产生投资的欲望和倾向。

所有网评 PPT 的加分点都来自对评审规则的解读，对此，准备网评 PPT 最重要的一点是深入了解所参加赛道和组别的评审规则和评审标准，满足对应的评审要求，深入挖掘创新创业项目的关键点和采分点，进一步做好网评 PPT 的准备工作。

（二）网评 PPT 的减分项

网评 PPT 如果存在以下不足，则容易被评委减分，甚至直接被打入低分行列而不能进入现场决赛。

1. 直接用公司名字作为项目名称

从评审的网评 PPT 看，不少 PPT 的项目名称直接使用公司名字，虽能从中看出工商注册或拟注册的公司名字和公司经营属性，但是缺乏项目的特色和创新点，不能吸引评委，无形中造成丢分。

2. 网评 PPT 存在硬伤

如果网评 PPT 中存在一些硬伤则容易直接被淘汰。比如，运营数据、市场分析数据、财务数据等出现前后矛盾或者错得离谱的情况；知识产权归属不清，尤其是一些学校或教师的科研成果没有授权创业团队用于创新创业项目运营；创新创业项目处于国家政策或地方区域经济政策管制领域；参赛团队没有参加过"青年红色筑梦之旅"的线下实践活动等。

3. 市场分析的相关性不强

有些网评 PPT 进行市场分析时往往未用强相关的数据或事实，导致对市场容量和市场占有率以及市场趋势难以有准确的判断，财务报表也会出现前后矛盾或者数据偏差的情况。这需要做到对项目相关行业背景、市场发展趋势、市场空间等进行具体且有针对性的行业市场分析，要与项目紧密相关，避免空泛论述。

4. 市场痛点与解决方案不吻合

有些网评 PPT 对市场痛点有深入分析，但是接下来的市场解决方案并没有与之一一对应，出现市场痛点与产品服务的解决方案是两张皮的现象；还有一些是对市场痛点泛泛而谈，并没有切入市场痛点的真正要害，解决方案也只能大而空。这些都是市场痛点与解决方案不吻合的表现，容易导致失分。这需要在目前的市场背景下，网评 PPT 多用数据或案例说明市场中存在什么样的痛点或市场需求点/项目机会点，对已有的产品或服务做简要的对比分析，阐释当前项目的差异化机会。

5. 网评 PPT 粗制滥造

不少网评 PPT 制作过于粗制滥造，导致评委没有耐心看完就直接打低分，评委会质疑，连比赛都不认真对待的创业团队何以撑过项目运营市场中的风风雨雨？其主要表现在：一是网评 PPT 没有经过精心美化而随意排版，甚至出现错字，或者字体字号不统一；二是过多动画导致评委产生疲倦感，评委一般一天要看几十个项目网评PPT，他们并不喜欢带有过多动画的网评PPT；三是网评PPT内容杂乱，逻辑混乱，主次不分，特色亮点不鲜明；四是网评PPT罗列了一堆图片，但没有文字说明解释图片有关什么场景、什么事实、什么数据等，评委难以充分了解项目内容；五是网评PPT中出现参加其他创新创业大赛时用的字样，会让评委产生不被重视的感觉；六是网评PPT最后一页用过于简单的话语作为结束语，浪费宝贵的展示机会。当评委看到最后一页时，往往会忘记该PPT是哪个项目，如果此时用一些慷慨激昂的话语表达项目愿景和未来展望，评委很可能会从心理上被打动，自然分数也会高一些。

📊 案例点评

几个PPT制作技巧，告诉你网评PPT制作要点

网评PPT制作遵循一般的PPT制作技巧，主要有6点。

（1）文字，不是用来读的。PPT的本质在于可视化，可视化的3个好处是便于理解、放松身心、容易记忆，有人问，如果PPT没有文字，你让我讲什么？的确，演示习惯的改变不是一朝一夕的事情，这有赖于演示者对内容的熟悉程度和演示技巧的掌握程度。但有一点，带着观众读文字是演示的大忌。

（2）20分钟是关注的极限。评委的时间极为宝贵，他们不会花大量时间去阅读所有内容，也不喜欢听长篇大论。浓缩的才是精品，演示的核心内容是观点。只对观众容易产生困惑的地方和演示者自己认为重要的地方做一些说明，不用担心演示时间过短，如果演示足够精彩，就会给观众留下期待。

（3）清晰，比什么都重要。PPT有个致命弱点——观众的思路容易迷失，因此网评PPT要清晰呈现创业计划书的逻辑结构，这比什么都重要。

（4）没有设计，形象减分。PPT，特别是对外PPT，是形象识别系统的重要组成部分。设计，正成为PPT的核心技能之一，也是判断PPT水准高低的基本标准。内容的好坏难以评价，但形式的优劣却显而易见。形象设计精美、内容值得信任的PPT自然是评委的首选。

（5）图表，是PPT的经脉。商业演示的基本内容是数据，因此图表必不可少。PPT软件就像是为图表而生，其强大的绘图功能、清晰的操作界面、简单的操作模式，让人能轻而易举地掌握绘制图表的技巧。

（6）精品PPT是策划出来的。不同的演示目的、不同的演示风格、不同的受众对象、不同的使用环境，决定了不同的PPT结构、色彩、节奏、动画效果等，鉴于评委多重标准的审视，一个好的PPT作品基本对以上要求有准确把握。

思政导学

创业计划书是一门艺术，是一个项目拿到融资的最佳机会，因此，创业计划书需要赋予一定的感情色彩，不能只是冷冷冷的数据分析。同时，可以用PPT制作的展现形式，并且要逻辑通顺，才能最大限度地让投资者有机会和兴趣读完项目计划书，增加获得投资的概率。

三、竞赛项目路演PPT的制作要点

项目路演表面上看是一个路演汇报和提问答辩的过程，实际上，为了让项目路演在舞台上展示得更为顺利和完美，台下还要做不少的材料准备工作，主要包括：创业计划书、视频、路演PPT、演示文稿和预设问题库，然后在这些材料的基础上循环演练，这才有可能取得更好的成绩。其中创业计划书和视频与网评阶段提供的材料可以一致，这已经在第九章和第十章第一、二节中分别予以了详细说明，因此，本节只对路演PPT、演示文稿与预设问题库做进一步解释说明。

（一）路演PPT的制作技巧

路演PPT与网评PPT有非常多的相似之处，主要区别在于路演PPT是在路演现场播放，项目路演主讲人要做口头汇报和解释说明，因此，相对网评PPT来说，路演PPT的字数要更少，版面风格要更简洁利落，可以说，路演PPT是网评PPT的浓缩版。鉴于此，此节将从另外的角度对路演PPT制作技巧做一个补充说明，希望路演PPT和网评PPT两者之间的制作技巧可以相互借鉴、相互融通。

（二）路演PPT的制作要求

项目路演PPT在校赛、省赛和国赛中均有不同要求，省赛和校赛中提交的PPT符合各自省、校赛规定要求即可，但是到国赛阶段，项目路演PPT有统一明确的规定。比如，第四届"互联网+"大赛要求参加金奖争夺赛的团队项目的PPT版本统一为Microsoft office 2010，投影比例为16：9，用"赛道+组别+项目名称"命名，陈述时间不超过10分钟；参加"铜奖晋银奖""银奖晋金奖"复活赛、五强争夺赛、冠军争夺赛的团队项目PPT格式要求同上，陈述时间不超过5分钟。第五届"互联网+"大赛项目PPT的要求格式为ppt或pptx，大小不超过20M。因此，项目路演PPT要根据大赛组委会发布的省赛和国赛PPT要求进行相关的准备。

（三）路演PPT的设计制作

路演PPT就是创业团队的门面，一个逻辑清晰、文字精练、简约而不简单、观点鲜明、视觉美观的PPT会让创新创业项目脱颖而出。路演PPT的设计制作与网评PPT的设计制作要点大同小异，下文将站在另外一个视角对路演PPT制作进行说明，竞赛项目团队可以根据项目特点有选择性地使用这些设计制作的方式方法。

1．路演PPT的共性逻辑结构和组成布局

无论是网评PPT还是路演PPT，它们都有适合每个赛道、每个组别的PPT逻辑结构和组成布局，现在介绍如下。

（1）封面。这是路演PPT的第一页，主要是描述项目名称，其中包括参赛组别、创始人、团队成员、指导老师、联系电话、电子邮件等信息，如果想让评委或他人深入了解项目，可附上二维码。其中项目名称不要直接用公司名字，不建议使用"互联网+"字眼，尽量用一句话描述项目的定位和亮点，避免太过于技术化的项目名称。

（2）项目概要。用1页PPT阐述项目概要，主要是将创新创业项目的亮点和重点呈现出

来，让评委在第一时间了解项目的大致情况，包括企业创始时间、产品服务以及目前在创新性、示范性、带动性、营利性等方面所取得的成效。

（3）市场分析。用1—2页PPT分析创新创业项目的行业背景和市场现状，也就是阐明为什么要做这个项目以及现在市场环境如何。主要内容包括3个方面：一是创新创业项目相关的行业背景、市场发展趋势和真实市场需求。这个行业市场分析要具体且有针对性，与所要做的创新创业项目紧密相关，避免空泛论述。二是描述在目前的市场背景下，存在什么样的痛点、市场需求点或创业机会点。三是强调创新创业项目产品服务的产生恰逢其时。建议该部分多用数据或案例予以简单清晰地说明。

（4）产品服务。用1页PPT阐述提供的产品服务是什么、要做什么。主要用一两句话讲清楚准备做什么事，最好能配上简单的产业链上下游示意图、产品功能示意图或简要流程图等，让评委对所要做的事一目了然，不要整页PPT都是大段文字。同时还要说明产品服务是为谁提供，即产品服务的目标客户是谁。建议在该部分发挥专业特长，有创新内涵，不要简单追随投资热点，同时不要追求大而全的产品服务。

（5）创新性。用1页PPT介绍产品服务的创新性在哪，是技术创新、技能创新、原始创新、模式创新，还是岗位创新，说明创新创业项目所具有的"护城河"在哪。

（6）核心竞争力。用1页PPT介绍产品服务的核心竞争力是什么，为什么这件事你能做而别人不能做，为什么你能比别人干得好，你的特别竞争力是什么，项目与众不同的地方在哪等。

（7）商业模式。用1页PPT构建商业模式图，如果商业模式还处于雏形阶段，请说明产品服务对客户的社会价值，未来如何实现和增强盈利。

（8）竞品分析。用1页PPT开展横向竞品分析，并选取关键维度做对比分析，要客观真实地反映双方的优势和劣势，凸显创新创业项目的差异化竞争优势。

（9）市场策略。用1—2页PPT阐释产品服务的研发、生产、营销等环节的相关策略，以应对风云变幻的市场环境。

（10）项目成效。用1—3页PPT阐述项目运营以来取得的成效，尽量用数据或事实描述创新创业项目在目前阶段已经达成的关键指标，包括产品、研发、销售、利润等环节的进展成效。如果是"青年红色筑梦之旅"赛道的项目，还要对创新创业项目的"青年红色筑梦之旅"实践活动进行详细深入的阐述。

（11）创业团队。用1—2页PPT阐述创业团队成员的规模、组成、分工、背景、技能、特长、能力与岗位的匹配度，以及团队的核心竞争优势。如果是科研成果转化项目，则须说明科研成果的专利权人、发明人与团队的关系。

（12）财务分析与融资计划。在现有财务状况基础上预测创新创业项目在未来1—3年内的盈利情况，并对未来的融资计划做出详细说明，包括需要多少资金，释放多少股份，用这些资金干什么，达成什么目标等。如果之前有融资情况也要进一步说明汇报。建议不要写3年以上的财务预测，除非是非常成熟的创新创业项目。

这个共性的逻辑结构是"互联网+"大赛项目的要素，也是评委或投资人感兴趣和关注的内容。项目路演PPT的核心目标是"讲清楚"和"有说服力"，形式可多样化。建议每一页提炼一句核心观点，且每页的核心观点连起来即可成为创新创业项目的概要。

2.路演PPT制作的注意事项

创新创业项目路演时，一般常用的形式是PPT，PPT制作质量的好坏有时会直接影响项目汇报的结果，对能否获得好的成绩至关重要。路演PPT与网评PPT有相同之处，也有不同之处，这里提醒一下，对于路演PPT制作的雷区，不要随便触碰。

（1）背景颜色对比不鲜明。有些背景颜色让评委看不清楚项目内容，难以完全了解项目情况，产生心理疲倦。

（2）路演PPT字体、字号没有区分逻辑层次。如果创新创业项目的文字内容的字号大小完全一样，看不出一级标题与二级标题之间的逻辑层次，则难以捕捉重点信息和亮点内容。如果都使用较小的字号，则难以看清楚。正文建议使用30磅左右的字号，增强关注度。

（3）文字堆砌太多，让人感觉条理不清晰，找不到重点、亮点。有些路演主讲人汇报时按照堆砌的文字念稿，不仅自己表现急促，而且也容易让评委感到困惑。这需要对文字内容以及逻辑层次进行高度凝练。

（4）插图凌乱，恨不得将所有相关图片放上去。其实，只需要选择一两张有代表性的精美图片加以说明即可。

（5）页数太多。有些项目的路演PPT多达40页，路演主讲人要在5—10分钟的有限时间里完整、清晰、全面地汇报整个项目，难度十分大。建议路演汇报时长为5分钟的，其PPT页数控制在10页左右，路演汇报时长为10分钟的，其PPT页数控制在20页以内，路演汇报时重点介绍项目的主要内容和重点、亮点。

（6）内容不全。有些创新创业项目路演汇报的内容不全，不能完整地展现整个项目。这要求将创业计划书中的主要模块尽可能地呈现在PPT里，但是路演汇报时要突出核心信息，这两者并不矛盾。

（7）重点不突出。"互联网＋"大赛项目的路演重点不突出，就难以从众多优秀的创新创业项目中脱颖而出，拿到好成绩。执行路演PPT要围绕创业计划书的主要模块内容，梳理和提炼项目亮点，抓住评委或投资人眼球，赢得高分。

案例点评

备赛，痛并快乐着

第五届中国国际"互联网＋"大学生创新创业大赛职教赛道国赛金奖获得者、广州番禺职业技术学院陈晓曼同学回想了大赛的点点滴滴：2019年10月13日下午，项目"智能点胶机器人"获得了广东省高职院校的第一个金奖。等待成绩的过程是煎熬的，吴隽教师和刘文明教师为等待结果都没吃上午饭。

陈晓曼一直坚信机会总是留给有准备的人。在2019年8月4日通过省赛晋级国赛之后，她加入"智能点胶机器人"团队，担任团队的营销负责人，比赛时主要负责团队的路演环节。从加入团队到国赛结束，由于一直在持续修改和完善PPT，演示文稿也在一遍遍打磨，每两三天就要背一个新的版本。有一次在公车上背稿，由于戴着耳机听不清自己的大音量，吸引了周围人的关注，真是难忘的经历。

团队成员的坚持不懈、指导教师的精益求精都是团队能够拿下金奖的关键因素。为了提升稿子的精确度，大家有时甚至为了几个句子修改到凌晨两三点；陈晓曼为了锻炼自己的胆量，找陌生人当观众；为了稿子能够更好地呈现，每天对着镜子练习、用手机录音，不断地纠、不断地改。

为了五分钟的答辩环节，团队还准备了一百多道问题，即使知道被问到的概率很小，但还是会硬着头皮背下全部答案。大家每天早上 9 点集合，晚上 11 点离开九号教学楼，陈晓曼认为这是自己在大学里最美妙的经历。

项目从 2019 年 3 月份开始进入了研发阶段，杨兴波、陆启英两名同学负责电气、运动控制、机械、算法。除了完成平日的学习任务，还要完成指导教师布置的项目工作，常常加班到深夜。在机械研发阶段，机械加工商不愿意帮忙加工零部件，他们顶着酷暑在沙湾四处找、四处问，衣服干了又湿、湿了又干，终于找到了一个符合要求的机械加工商。在整机组装和现场测试阶段，钟球盛教师、杨兴波和陆启英同学都是打包午饭到九号教学楼吃，基本上每晚都是临近凌晨两点才离开。九号楼小西湖的夜景也因为他们这些仰望星空、脚踏实地的追梦人而变得更加美丽。

第五届中国国际"互联网＋"大学生创新创业大赛职教赛道国赛银奖获得者、深圳职业技术学院廖俊锰感言，自 2019 年 3 月 9 日开始备赛，从春天到冬天，有付出、努力与收获，也有抱怨、汗水甚至是泪水，但还是很享受整个创业氛围，并坚持走到了今天。

学生与项目负责人的双重身份也令廖俊锰感受到做学术与搞创业有着本质的区别，让他体验着多重选择，他认为这是他比别人更加幸运的地方。历时 8 个月，廖俊锰非常感谢各位教师的倾囊相助，不同赛道的团队互相取长补短、共同进步，他希望大家在未来能够超越自我，站上属于自己的舞台。

思政导学

备赛最大的价值是在解决真问题的过程中真情投入，全力以赴；在备赛的过程中真抓实干，提升毕业后应对社会挑战的素质和能力。项目路演重点是逻辑清晰，突出项目创新点，表明团队优势和其他资源优势，旨在帮助大学生在创业实践过程中认知市场的最新进展，明确自身的特点和定位，从而推进大学生的创新创业教育。

第十一章
中国国际"互联网+"大学生创新创业大赛项目的路演训练

本章导读

通过本章学习，了解什么是路演，掌握路演需要做的准备工作以及如何做好，熟悉路演的技巧并思考路演结束后还需要做什么工作。

知识结构 🔗

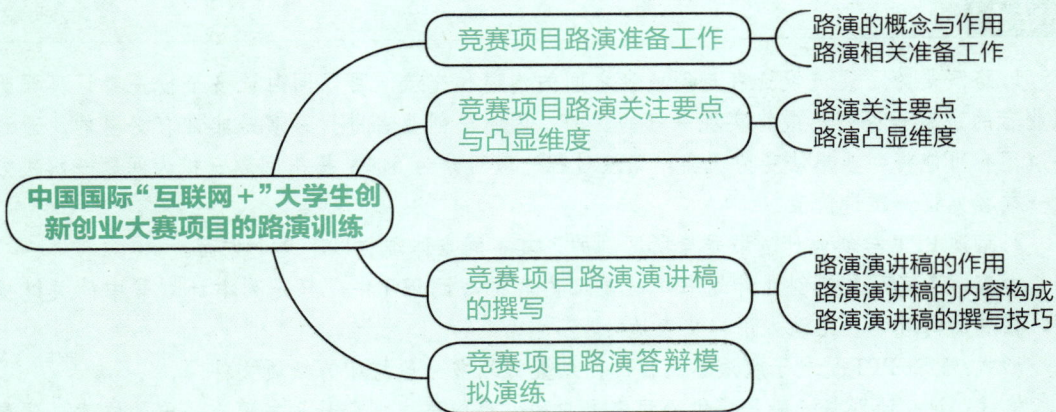

学习目标

知识目标：了解路演的目的和主要形式，了解路演的5大要素。

能力目标：掌握路演需要准备的资料，掌握路演的步骤和技巧。

思政目标：提升项目团队的状态，以及逻辑和表达能力，增强自信心。

学习重点

路演的主要形式；路演的5大要素；路演需要准备的资料；路演的步骤与技巧。

案例导入

路演不止于PPT

动漫设计专业的张小朴由于专业技能过硬，毕业后许多动漫企业都向他抛出了橄榄枝，但他都没有动心，因为张小朴早就下定决心自己创业了。他组建了自己的团队，经过几个月的调研，团队撰写了一份关于动漫工作室运营的创业计划书。创业计划书做好后，为了使其能付诸实施，就需要将创业计划书推介给投资者，也就是进行路演。

张小朴做好了充分的路演准备，反复操练路演PPT的播放。但在实际演讲时，由于太紧张，在整个演讲过程中不断出现"嗯"或"啊"这样的词汇，而且演讲思路也不清晰，没有陈述清楚该项目最大的价值。不难想象，路演以失败告终。

思考：

1.创业者为什么要进行路演？路演有没有通用的步骤可以遵循？

2.路演PPT与创业计划书有哪些区别？

小贴士

1.路演是为了促进投资者与创业者之间的沟通和交流，可以同时让多个投资者认真倾听创业者的讲解和说明，最终实现融资的目的。因此，创业者进行路演是非常有必要的，通过路演还有可能将创业想法变为现实。路演过程一般可分为 5 步：提出问题→扩大问题→解决方案→顾客见证→塑造价值。

2.路演 PPT 与创业计划书是有所区别的，其不同点体现在以下几个方面。

内容：路演不是把创业计划书中的全部内容都写到 PPT 中，只是列举计划书中的关键提纲，拓展的内容需要路演人用口头表达。

形式：路演 PPT 是电子版演示文稿，而创业计划书一般打印为纸质文件。

格式：创业计划书一般是提供给投资者看的，也就要求创业计划书要有一定的格式，信息尽量不要遗漏。而路演 PPT 不要求格式，只是为了给投资者提供一些信息指导，整个文稿清晰、简洁就行。

第一节　竞赛项目路演准备工作

一、路演的概念与作用

路演原本主要是用在但不限于证券领域的一个词语，最初是指国际上广泛采用的证券发行推广方式，证券发行商通过投资银行家或者支付承诺商的帮助，在初级市场上发行证券前针对机构投资人进行的推介活动。现在，它主要是指通过现场演示的方法，引起目标人群的关注，使他们产生兴趣，最终达成销售。比如，在公共场所进行演说、产品演示、理念推介，以及向他人推广自己的公司、团体、产品、想法等。"互联网+"大赛中的路演主要是指项目的创业团队通过现场演示向评委或投资人推荐创新创业项目，引起评委或投资人关注并获得高分或投资，达到比赛效果和目的。

一般来说，"互联网+"大赛的路演主要有两种作用：一是宣传推荐，让评委或投资人更多地了解创新创业项目的基本内容；二是可在演示活动当日或以后增加人群试用机会，促进销售，促进投资人投资。其目的主要是促进评委或投资人与"互联网+"大赛项目创业团队之间的沟通和交流，以保证评委或投资人了解项目，给出更公允的评分，激发高校师生创新创业激情，运用创新创业项目投身社会建设中。

二、路演相关准备工作

为了使路演取得良好效果，创业团队要开展相关准备工作。

（一）精化路演 PPT

路演 PPT 与网评 PPT 有着呈现逻辑以及形式上的区别，网评 PPT 是翔实全面的，可能每一页 PPT 上都是满满的文字或图片，而路演 PPT 需要将网评 PPT 的内容进行精简，呈现出干净利落的风格，对于一些长篇内容可以提炼出其核心的字词短语，在现场加以深入阐述即可。

（二）斟酌演讲稿

创业计划书是创新创业项目的文本表现，项目路演主要是通过口头表达来呈现，需要表达出创业计划书的精华，因此要快速地切入主题，恰当地解释创新创业项目，尤其是在语言结构和表达顺序上要充分体现出逻辑性和系统性，并引入新鲜的一手素材用以论证，产生具有冲击性的表达效果。这需要准备一份经过反复斟酌、润色和演练的演讲稿才能让路演更加顺畅。

（三）预设问题库

当评委看完创业团队的演示后，一般会根据兴趣点、重点、难点、疑点来提问。创业者要根据评委和自己表达的需要，预先设定一些问题，做好问题库并提前做好展示和回答的准备。通过预设问题及答题准备，既可以自我检查出创业计划书中的漏洞，及时修补和完善，也可以帮助创业者在路演时表现得更为顺畅，信心更足。

（四）确定路演主讲人

路演主讲人的选择要慎重，他/她是整个路演环节的灵魂人物和核心焦点。路演主讲人要尽量是创始人，创始人全程主导和参与创新创业项目的实践和运营，对创新创业项目更加熟悉和充满感情。如果创始人存在一些语言表达障碍，可以适当选择项目的其他联合创始人，避免选择对创新创业项目完全不熟悉的主讲人做路演工作。

（五）熟悉相关设备

正式路演前，创业团队还应提前到达会场进行准备工作，包括检查设备是否齐全、设备之间是否兼容等，并充分熟悉相关设备的使用，以免因为现场设备使用不当而出现差错，影响效果。同时，创业团队应备份演讲文稿及打印稿，防止设备出现意外，以备急需。

（六）调整心理状态

路演也是心理较量的过程，要对路演中出现的任何突发状况做好心理准备，对心理紧张、设备故障或评委尖锐提问等要随时调整心理状态，轻松应战。

（七）准备路演相关物件

一般来说，路演除了准备常规的创业计划书、路演 PPT 和视频这三大件参赛材料外，每个参赛项目可根据实际情况准备一些相关材料和物件，如项目运营实践的特色服装、实验或生产的产品样品或实物、专业精美的项目推荐画册、产品设计册、审计报告等，这些都要根据实际需要进行准备。

（八）做好后勤保障工作

一般来说，"互联网+"大赛的校赛由所在高校自己举办，校赛阶段的路演环节对于创业团队来说不需要后勤保障，这些工作已经由高校主管创新创业工作的教学单位或职能部门完成。但是省赛和国赛阶段的路演环节一般在指定高校集中举办，除了举办方高校，其余高校参赛团队均要地前往大赛现场，这时的后勤保障工作繁杂细致，主要包括提前预订食宿、准备衣物和参赛材料，做好心理跟进和辅导等，应尽量配置一两名跟赛教师和学生协助完成后勤保障工作。

小 案例点评

访谈国赛评委：路演的四个核心

中国国际"互联网+"创新创业大赛国赛评委孙松廷老师关于高校学生如何做好项目路演提出了自己的建议。项目路演可以从3个方面体现参赛项目优势：一是项目要写好有图有表且重点突出的创业计划书；二是要有一个声情并茂且互动有力的主讲人；三是要做好台上台下的精心准备。

首先创业计划书是登台演讲必备的一个剧本。路演时长不管是3分钟、5分钟还是8分钟，最关键的是要把项目的行业痛点、解决方案、竞品优势，还有项目的关键进展、未来的发展规划、预算以及执行团队这几个方面表达出来，通过体现"事行"来突出"人行"，然后把整个项目讲清楚、讲透彻。

其次是主讲人的选择。建议选择项目的创始人，如此一来，不管是台上展现的强大自信，还是对经营的透彻理解，抑或与评委的互动答疑，都能集中展现整个项目的最好风采。另外需要注意的是创业投资评委与创始人之间的这种互动，其实更多的是探讨企业的经营层面的问题，是一个生意经分享的探讨过程，所以台上的主讲人最好对刚才讲的创业计划书理解得深入通透。尤其是在经营当中，对竞品的了解，不仅指这个行业的竞品竞争，还有一些跨行业的；也不仅局限于国内的范围，更要有国际化的视野。做到这一点，才能让评委肯定主讲人对于行业的了解。

最后是做好台上、台下的精心准备。这分为3个方面：一是项目路演之前的一些精心准备，中国国际"互联网+"大学生创新创业大赛这个大型赛事的前后准备工作要到位，例如，比赛需要提前到场，进场之前要对现场的演讲环境做一个提前摸查，包括硬件演示、屏幕显示等。尤其是有音频和视频材料的，更要提前做一下测试。二是要准备好路演材料，材料指的不仅仅是PPT，也包括发给评委的一些实物类展示，还包括项目产品，或者是关键的配件，这些能够迅速地让评委进入项目所在行业。同时要保证能够体现现场路演的丰富立体展示。台上展示的时候，要学会用视频点缀开头，不要简单地把PPT视频化。整个视频的制作,要体现项目特点。如果是偏技术的,那就强调技术优势;如果是偏商业模式的,介绍一下项目在产业链方面的一些资源。此外,一些项目相关的专家学者、客户、资本,也要展示一下。台下展示也非常关键,比如,发给评委的材料,制作要非常精简,能够体现项目特点,加上一些关键客户的合作协议或者投资协议、知识产权的背书,最主要的是要印证主讲人在台上讲的内容,达到相辅相成的效果,保证真实准确。三是产品展示的时候要有实物、一些关键配件或者小样要做一个演示。

总体来说,路演的核心在于4个方面:一是项目能够获得创业投资、产业投资及资本的认可;二是项目的经营业绩数据有足够说服力,能够验证创业团队的商业模式和扩张思路的准确性;三是项目差异化一定要特别明显,不管是技术型的还是商业模式型的,一定要有明显的差异化特征;四是如果项目曾经参加过一些知名、顶级以及国际化的赛事,都可以做一个有力的旁证。至于整体的表现形式,最好首先是数据,其次是视频,最后是产品展示。如果这些都没有,也可以做一个精彩的小样来呈现。

思政导学

PPT是路演的展示形式,是现场提高评委或投资人接受度的重要组成部分。路演是一种增信手段。任何交易都建立在信用和信任的基础之上,资本市场更是如此。路演使投融双方面对面零距离接触,增强彼此的信任度。

第二节　竞赛项目路演关注要点与凸显维度

一、路演关注要点

"互联网+"大赛路演是进入比赛环节的最后冲刺,创业团队路演要求采用PPT文件汇报,视频材料可用可不用。虽然很多创业团队熟悉制作PPT的技术和方法,但是不了解项目汇报要点、不掌握项目汇报技巧、不了解评委或投资人最关注的问题有哪些,导致项目路演汇报结果并不理想,最终与奖项失之交臂。一般来说,创业计划书的主体内容有几十页甚至上百页,但创业团队的项目路演一般只给5—10分钟的有限汇报时间。例如,第四届"互联网+"大赛国赛金奖争夺赛的陈述时间不超过10分钟,铜奖晋银奖赛的陈述时间不超过5分钟,五强争夺赛、冠军争夺赛的陈述时间也不超过5分钟。这要求创业团队要在短时间内把项目创业计划书的主要内容和关键内容陈述清楚,其难度很大。

为了做好项目路演,创业团队要站在评委或投资人角度,从他们关注的创业团队、产品服务、市场痛点、市场容量、竞品分析、商业模式、市场策略、盈利能力、风险管控、投资回报10个重点内容进行阐述汇报。其商业逻辑是评委最为关注的,包括创新创业项目由什么样的创业团队完成,他们提供什么产品服务,解决了什么市场痛点问题,这个创新创业项目的市场容量有多大，与竞争对手相比它的竞争优势在哪，采取什么样的商业模式和营销策略运营和落实项目，具有多大的盈利能力，具有什么风险，采取什么管控措施，如果能争取到投资其回报情况又是怎样，是否值得投资这个项目等。如果答得好，分数自然高，否则分数自然就低。

（一）创业团队

创业团队是"互联网+"大赛项目能否成功的关键，每位评委都会关注项目路演时创业团队的能力情况。建议进行项目路演时，要用1—2页PPT清楚介绍创业团队的专业性、互补性、协作性、创新力、执行力和学习力等方面的能力与结构。专业技术能力是创业团队的核心能力，团队成员之间还要在专业知识、专业技术、业务经营、工作经验和性格等方面有互补性，形成科学的组织结构。尤其要重点突出描述创始人组织策划、管理经验、专业技术等方面的综合能力，路演中创始人要亲自上阵，用最为直接的方式体现个人魅力和企业家情怀，突出具有老同学、老朋友、老同事"三老"特征的创业团队成员，让评委或投资人了解到创新创业项目的团队磨合成本低。

（二）产品服务

项目的产品服务是评委最关心的内容，也是项目路演时需要清晰陈述的内容。这就需要清楚介绍创新创业项目提供的产品服务是什么，具体包含哪些产品功能和增值服务，有多高的关键技术含量，有多少知识产权，有哪些技术壁垒，在技术、性能、成本、设计、应用、价格、效率、安全、便捷等方面具有哪些特色和优势。尤其是特色和优势要作为重点来介绍，例如，是否采用了新的技术和工艺，产品性能是否可以更高、更全面，生产成本是否下降很多，环保上是否达到绿色减排要求等。与同类产品服务竞争者相比，是否在技术、产品设计、产品功能、产品质量、环保、团队等方面比他们更优、更强。这些要用大量数据、图表在路演PPT中予以展示，并选择重点内容予以口头汇报。

（三）市场痛点

路演汇报时要强调创新创业项目主要解决了目前市场环境中的哪些痛点问题，有哪些市场真实需求。这需要用1页PPT展示市场痛点是哪些，痛点是刚性的还是非刚性的，是紧迫的还是不紧迫的，痛点的强度有多大，它们能带来多少市场服务需求和市场机会，创新创业项目提出的解决方案能否对应解决这些痛点问题。一般来说，创新创业项目可围绕性能、质量、价格、安全、便捷、环保、体验等角度来分析市场痛点，针对这些市场痛点，提出解决方案，让评委或投资人清楚了解创新创业项目产品服务的价值。

（四）市场容量

产品服务针对市场痛点提供了解决方案，但市场容量有多大是需要清楚汇报的内容。有些市场痛点存在于市场环境中，但没有真实的市场需求或市场容量不大。如果一个创新创业项目没有市场，或市场容量不大，项目就做不大、做不强，自然评分也不高。介绍完市场痛点后，可从直接市场、间接市场、潜在市场和培育市场的角度去分析创新创业项目的市场容量有多大，如果市场容量超过 10 亿元或达到 50 亿元，就有较大的市场机会。这个市场容量也需要用 1 页 PPT 做出展示说明，主要用文献资料查阅的数据以及合理测算推断出创新创业项目的市场容量。

（五）竞品分析

正在商海中奋战或奋战过的评委或投资人往往十分关注竞争对手的水平和层次，以竞争对手为参照物寻找自己的定位和坐标。项目路演时要对竞品进行清晰分析，既要说明存在的竞争对手数量，还要将排在项目所处行业前 10 名的竞争对手与自身项目在产品技术、工艺、服务、成本、价格、生产能力、质量、品牌、资金、团队等方面进行对比分析，评判出创新创业项目是否具有核心竞争优势。关于竞品分析可采用表格形式用 1 页 PPT 予以清楚表达。

（六）商业模式

商业模式是项目路演中评委非常关心的内容，它主要涉及创新创业项目如何盈利，用什么手段和方法盈利的核心问题。评委会关注创新创业项目的商业模式是否新颖独特，是否为颠覆性创新，这是创新性的一个重要维度。因此，在演示有关商业模式时要凸显这种商业模式与传统商业模式有什么不同，其构思和规划的精巧之处在哪里。在路演 PPT 中可用一个结构图清晰地描述创业团队是采取什么方法、通过什么渠道将产品服务送达目标消费者并实现盈利的，清晰展示每个环节、每个流程以及每个关键节点。例如，共享单车通过一个骑车 App 将想用单车的人引流到平台上，赚取金融租赁服务费、用户骑车使用费、广告费用，以及投资与股权收购的费用。

（七）市场策略

商业模式构建后，采取什么市场策略让商业模式变现，这是项目路演时要阐释的重要内容，在路演时不一定有时间详细介绍每个市场策略，因此，要重点介绍创新创业项目的产品策略、价格策略、渠道策略、促销策略和宣传策略。对于技术研发类、产品设计类、技术服务类、技术咨询类、专题培训类、会议会展类等不同的创新创业项目，可能会采用不同的市场策略。项目路演使用 1 页含有图片的 PPT 展示市场策略，但对于有创新性和特色型的市场策略要做一个重点口头汇报。

（八）盈利能力

在科学可行的商业模式构架和指引下，创新创业项目采取多方位正确的市场策略开展产品服务营销，其中，评委最为关注的是该创新创业项目能否真正落地，是否在实践运营后具备盈利能力，每年营业收入是多少，纯利润是多少，利润率有多高，利润增长率多大，现金流是否为正向，成本能控制在多少等，要列出年销售额、年利润额、年毛利率、年销售额增长率、年利润额增长率等财务指标，这些财务指标要清晰展示项目的盈利能力。可以用趋势图、对比图等数据图表形式在 1 页 PPT 中清楚展示项目的盈利能力。

（九）风险管控

创业风险与创业时机并存，项目路演时不可避免地要介绍项目风险在哪里以及风险管控措施和策略，这是评委和投资人十分关心的内容。因此，项目路演可围绕创新创业项目政策管制、市场环境、技术迭代、组织管理、人才流失和资金断裂等方面可能存在的风险进行分析，并提出风险应对措施和应急预案。建议采用表格形式在1页PPT中展示项目的风险方向和应对措施。

（十）投资回报

投资回报也是评委和投资人的关注点，项目路演在介绍盈利能力的基础上一定要清楚汇报投资回报情况，包括项目融资需求、融资计划，以及投资回收周期、投资回报率等关键财务指标。对于初创企业来说，创业第一年的财务指标普遍不理想，但是可将创业第二年、第三年实际的财务指标或预期的财务指标呈现在PPT中，让评委和投资人清楚地看到创新创业项目的财务指标动态变化情况，对投资回报做到心中有数。

二、路演凸显维度

"互联网+"大赛的路演汇报时间为5分钟到10分钟不等，创业计划书内容繁多，要在这么短的时间内完整清楚地表述创新创业项目内容，这需要对标评审标准，凸显创新创业项目的逻辑性、创新性、营利性、融资性、示范性、带动性、政策性、真实性和落地性9个维度，这与网评PPT的突出内容是高度一致的，只是路演时可在有限的时间内侧重介绍这些内容。

（一）逻辑性

创业计划书由多个内容模块撰写而成，尽管"互联网+"大赛项目选择创业计划书的模板不一样，但它们都按照创新创业项目本身的商业逻辑而存在，在让评委和投资人对创新创业项目有概要性认识后，阐述当前市场存在的痛点问题并提出解决方案，引出创业团队所提供的产品服务，并对产品服务的市场环境进行分析，了解市场容量和趋势，在进行竞品分析后预测产品服务的市场占有率，对此采取科学可行的商业模式和营销策略实现盈利和社会效益，同时要在清晰认识项目所存在的风险并提出应对措施和对策的基础上，列出未来3年发展规划，确保投资回报稳步提升。路演的PPT可以按照这样的逻辑顺序来呈现路演思路，当然，这个逻辑顺序可由创业团队遵循路演主讲人思维斟酌后确定。

（二）创新性

"互联网+"大赛不同于一般的专业技能大赛，创新性既是落脚点也是评审点，因此，竞赛项目凸显创新性显得尤其重要。项目路演时要着重介绍创新创业项目所具有的创新点，主要可汇报创新创业项目的技术创新、产品创新、模式创新、原始创新、技能创新、岗位创新、设计创新、应用创新和集成创新等。例如，在技术创新上，可汇报采用的新技术、新工艺、新配方、新参数，或解决什么关键技术问题、实现什么新功能；在产品创新上，可汇报产品是否存在设计创新或应用创新等；在集成创新上，可汇报是不是集成采用了类似人工智能、语音交互、AR/VR等先进技术，或者是集成了不同产品的不同功能或性能等。这需要创业团队深入挖掘、归纳和演绎创新创业项目的创新点，展现项目自身的创新维度。

（三）营利性

创新创业项目今后要想持久生存下去，就要有良性的现金流和利润空间，这要求项目具有营利性。项目路演时可以用财务指标来表述项目每个月、每个季度或每年的现金流，收入和支出相抵是正值还是负值，项目的年销售额是多少，形成的利润额是多少，纯利润是多少，利润率是多少，每年的销售额递增率是多少，每年的利润增长率是多少。项目路演时间有限，可以用鲜明的财务表格简单呈现，口头汇报时可以就主要信息和优势数据给予重点介绍。

（四）融资性

"互联网+"大赛组委会组织统筹了大批的天使投资人、创业投资机构以及大型企业的投资部门参加大赛的启动、评审和闭幕环节，还组织专门的项目洽谈对接会。主办方当然希望优秀的创新创业项目能获得融资，因此，能否获得投资机构或天使投资人的投资在很大程度上成为项目能否获奖的基本条件或必要条件。项目路演时可从投资人的角度着重体现团队情况、核心技术、项目特色优势、商业模式、财务指标以及项目估值等内容。尤其是要口头重点汇报融资需求、融资计划以及投资回报情况等，这会让投资人对是否要投资做到心中有数。

（五）示范性

项目路演时要充分体现竞赛项目的示范性作用，可以用图片或数据等客观事实来阐释项目的示范领域和示范效果，预测项目目前或未来在哪些高校、哪些地区、哪些行业领域进行推广，在哪些领域有应用效果并有应用推广的佐证材料，这些都可以体现项目的示范性作用而在现场加以汇报。

（六）带动性

竞赛项目的带动性主要是指项目能直接或间接带动多少人就业，或者孵化多少家创业企业，这是"互联网+"大赛提高就业创业数量和质量的目的所在。尤其是"青年红色筑梦之旅"赛道的项目可用数据对比说明创新创业项目为多少贫困户增加多少收入、解决多少贫困户技术难题等，对这种带动性可用数据表或趋势图加以展示，口头汇报重要数据以说明项目强劲的带动性。

（七）政策性

"互联网+"大赛中能够获奖的项目一定是符合国家产业政策的项目，一定是在政策的风口上。竞赛项目应符合国家产业政策支持，或者是地方政府政策和产业政策支持。项目路演时尤其要对已经是国家大力支持的高新技术企业及其资质进行阐释说明，这样获取政府资金支持就更容易成功，投资人更为青睐这类项目，评委赋分会更高。

（八）真实性

项目路演时应提炼出创业计划书中最为关键的数据来说明项目的科学可行性，项目路演PPT在项目描述中会有很多市场调研数据、财务数据或统计数据，这些数据必须确保真实可靠，不能想当然、随便说。凡是市场调研数据一定要有数据的来源说明；统计数据也要是引用权威机构统计的数据；描述的财务数据一定要有数据推理过程；项目的运营数据一定要前后一致，不能给评委或投资人留下做事不认真或忽悠人的印象。路演时需要口头重点汇报有亮点、有特色的数据，至于数据的推理过程若在答辩时被问起，路演主讲人要做到心中有数。

（九）落地性

参加"互联网+"大赛的项目仅停留在设想和计划之中是难以拿到好成绩的，大赛初衷是希望获奖项目是已经落地实施的好项目或者是计划注册公司的项目，这样通过辅导和孵化后将来才能做大、做强，甚至能成为未来的独角兽公司。因此，已经落地注册公司的项目在路演时要详细介绍落地实施的活动以及取得的效果，对于还未落地注册公司的项目要说明未来的项目创业设想、计划落地注册公司的时间以及选址的规划设想。

案例点评

高校学生路演时要注重什么？

中国国际"互联网+"大学生创新创业大赛国赛评委、瑞铼资本马卯昕作为专业投资人，认为高校学生在路演中要注重一些关键元素，他希望在"互联网+"大赛职教赛道的路演中发现有投资潜力的项目或团队。

如果是创业组，他希望看到运营数据不错的项目；在创意组中则希望发现具有颠覆性潜力的创新点子项目及富有激情、懂市场的年轻团队。投资人往往是通过观看"互联网+"大赛路演而第一次接触项目团队，专业投资人首先看的就是其商业模式，看项目是否符合商业逻辑，项目创始人在路演中（或其后的问答中）能否充分利用有限的时间回答以下问题，这不仅能反映项目本身的优势特点，也能反映创始人对项目的投入程度，是其能打动评委的关键。

项目所提供的产品/服务是否贴近市场？是否有真实的客户需求？能否清晰地做出典型目标客户画像？项目所面对的市场有多大（即天花板有多高）？现有的产品商/服务商的解决方案是什么？目标客户群体面对现有方案感到的痛点是什么？是否有调研数据支撑？客户为解决此痛点愿意支付多少成本（即项目的价值主张）？项目本身所拥有的独特资源是什么（如产教融合、校企合作、工学一体、大国工匠、能工巧匠、岗位创新等）？为什么是解决目标客户痛点的最佳选择？项目团队成员的角色构成及能力/经验应是否与项目的需求相匹配？遇到问题时项目是否有合理的决策机制？项目具体提供的产品/服务是什么？如何解决现有的痛点？如果是创业组，产品已经迭代到第几代，每次迭代的改进点是什么？未来的发展方向是什么？能为项目提供支撑的外部资源是什么（如学校授权/扶植、战略合作伙伴、创业顾问、投资人、政府支持等）？项目进入市场，销售产品/服务的途径是什么？如何与目标客户双向沟通（创意组可以提出合乎商业逻辑的计划，创业组最好举一个实际客户的例子）？项目提供产品/服务可以获得的（所有）收入和付出的成本是多少？是否已经实现盈利或预计盈利的时间是多久（创意组一般有未来3年的销售及盈利预测就可以，创业组一般需要过去两年、当年及未来两年的关键运营财务数据预测及现金流预测，项目的可增长性和营利性应是坡长雪厚的效果）？项目是否有融资需求？（如有）融多少？释放多少股份？融来的钱在未来一年内如何帮助项目更好地成长（即融资用途）？项目成长的同时如何能够带动上下游产业？预计能为社会创造多少工作机会或社会效益？

当然，也要注意掌握路演时着装合适、PPT画面专业、负责人表达清楚、态度礼貌等现场技巧，但最本质的还是项目本身能否解决实际问题以及项目背后的商业逻辑，这也是大赛一贯鼓励及倡导的。

思政导学

站在评委和投资人角度，对创新创业项目的关注点和凸显维度重新审视和打磨，项目突出了创业团队、产品服务、市场痛点、市场容量、竞品分析、商业模式、市场策略、盈利能力、风险管控、投资回报等关注要点，项目路演中要体现逻辑性、创新性、营利性、融资性、示范性、带动性、政策性、真实性以及落地性等维度，在审视基础上再加以完善。项目路演技术的培养是高校学生表达能力、总结能力、逻辑思维能力以及行为礼仪的重要载体，也是高校学生创新创业能力的重要体现。

第三节　竞赛项目路演演讲稿的撰写

一、路演演讲稿的作用

路演现场、项目路演时说什么极其重要，稍不注意说错一两句话都可能影响到对项目的评价，所以路演前务必要写好路演演讲稿。

路演演讲稿不仅能帮助主讲人从容完成路演，避免现场紧张乱说话、基本无话可讲的状况，还能通过对内容的精心设计，让主讲人的路演更精彩，更打动人心。所以，顺利晋级省赛、国赛的项目，一定不要吝惜对路演演讲稿的精力投入。

二、路演演讲稿的内容构成

路演演讲稿的内容结构可划分为3个部分：开场——项目介绍——结尾。通过金奖项目的实例为大家拆解每部分具体怎么写。

（一）开场词

路演的开场非常关键，它决定了听众对项目的第一印象，好的开场一定是能立马吸引人注意的，能让人乐意继续往下听的。设计项目路演的开场可以有以下几种方法。

1．开门见山式

先问好，再介绍自己或项目情况，主要采用公司＋路演人＋学校＋项目介绍的形式展开：介绍公司，介绍我担任什么（职位＋姓名），来自哪里（学校），带来什么（项目介绍）项目。

金奖项目实例①：

来自第六届金奖项目"eDNA精准生物监测与生态健康诊断"。

我是××科技的创始人××，我来自××学校，今天给大家带来一项革命性的生物监测技术……

金奖项目实例②：

来自第六届金奖项目"5G通信氮化镓功放芯片"。

我是来自清华大学的××，也是××科技的创始人和CEO，今天我带来的项目是……

2．设置悬念式

通过设置悬念来牢牢抓住听众的注意力，这个悬念可以是一个问题/一句话，也可以是在现场做一个实验（结果需要等路演结束时揭晓），还可以是其他创新方式。

金奖项目实例①：

来自第六届金奖项目"星网测通"。

各位专家大家下午好，在随后的时间里，我想请大家和我一起，把眼光投向太空……

金奖项目实例②：

来自第五届金奖项目"声控大师——离线智能声控开关"。

大家看到这个题目会非常奇怪……为什么要搞一个离线智能声控开关呢……

3．情景代入式

讲个故事，让听众产生情感的共鸣，仿佛置身某个场景之中。有了这层共鸣后，后面的路演也更能打动听众。

金奖项目实例：

来自第六届金奖项目"NASH美育"。

各位评委好，我是NASH美育的项目负责人，首先我想先跟大家分享一个冷知识……

4．视频导入式

简单问好后，通过视频介绍，先引起评委兴趣，且让评委对项目有直观的了解，后续介绍时会更得心应手。

金奖项目实例：

来自第六届金奖项目"磁晶科技——国内首创光电通讯器件的核心材料供应商"。

大家好，我是磁晶科技的联合创始人××（职位＋姓名），接下来请大家通过一段视频来了解我们的项目……

（二）项目介绍

项目介绍是路演演讲稿最重要的内容，是评委了解项目并打分的主要依据。好的项目介绍，能让人听完后对项目有清晰明了的了解。

要写好项目介绍部分的路演演讲稿，内容要做到与路演PPT呼应，逻辑要做到清晰明了。

有关各部分内容撰写，接下来结合往届金奖项目的路演演讲稿，进行实例讲解。

1.市场痛点

路演演讲稿的市场痛点部分，是项目介绍不可或缺的，要做到让评委认可，肯定项目存在的价值及意义，并对后续的路演有一定的期待。

可通过报告/数据等统计信息（背景说明），整理出行业存在的问题，并阐述解决问题的必要性和急切性（痛点介绍），最后引出该项目提出的解决方案以及具备的独特优势等信息（解决方案及优势）。

金奖项目示例：

来自第六届金奖项目"eDNA精准生物监测与生态健康诊断"。

××报告显示……作为一个负责任的大国…（大背景下的行业痛点说明）急需有效的生物监测技术……面对困难，我们建立起……（顺势提出解决方案）首先我们全球首创了……接着，我们构建了……让效率提升超过300倍（详述项目优势）……

2.商业模式

商业模式是赛道评审要点明确的考核内容，好的商业模式是决定项目能否长远的因素之一。

项目运营模式、盈利模式等元素可放在商业模式板块介绍。注意，有些项目的商业模式以模型展示，需在路演演讲稿中进行逻辑清晰地阐述，避免路演时因"即兴发挥"而出现"看图忘字"的情况。

金奖项目示例：

来自第五届金奖项目"超菌克星——细菌性疾病诊断全球领跑者"。

我们的目标客户是医疗卫生机构，销售模式参考打印机模式，以试剂盒为主，仪器为辅，前期我们通过学术推广对我们产品进行宣传，后续将实现直销和代销……

3.项目亮点

项目亮点必须要有，这是项目能脱颖而出的条件之一，根据往届金奖项目情况，亮点的来源大家可以参考以下几方面：

（1）国家助力成就项目亮点。

金奖项目示例：

来自第六届金奖项目"eDNA精准生物监测与生态健康诊断"。

我们首先获得了国家的独家授权，我们是国内唯一……也是国家环境监测总站唯一指定开展……国家还对我们投资3 000万……

（2）竞品分析凸显项目亮点。

金奖项目示例：

来自第六届金奖项目"新'净'界——用'芯'打造空气净化安全网"。

我们的产品性能上，除了在超微粒子的过滤……领先我们的竞争对手，同时我们的价格也仅为竞争对手的50%……

（3）核心技术阐明项目亮点。

金奖项目示例：

来自第六届金奖项目"新'净'界——用'芯'打造空气净化安全网"。

××技术发展至今，有三大核心技术常伴我身，第一，……率先突破了……第二，通过……实现了……第三，大大拓展了……

（4）专利证书侧面凸显亮点。

金奖项目示例：

来自第六届金奖项目"5G通信氮化镓功放芯片"。

目前公司已有跟产品相关的核心专利发明项目×项，在申请核心专利×项……

（5）获奖情况放大项目亮点。

金奖项目示例：

来自第六届金奖项目"5G通信氮化镓功放芯片"。

在2020年，我们获评了中关村高新技术企业，同时获得了多项创新创业大赛的奖项……

4.现状及规划

现状及规划也是路演演讲稿必备的内容，其能让评委清晰地看到项目已获得价值和团队已做努力，也能侧面反映团队成员的商业思维。

这部分内容主要包括内容有：融资需求、股权分配，盈收现状、未来规划等。需注意大多融资情况均以图示表达，路演演讲稿中要有针对图示的讲解。

金奖项目示例：

来自第六届金奖项目"新'净'界——用'芯'打造空气净化安全网"。

公司成立至今，从……成长为……，未来我们会……预计营业收入可以突破××元，已达成了××元，计划释放××的股份，融资××元，目前已获得××集团的××元融资……

5.团队介绍

优秀、凝聚力强的团队是项目的核心竞争力来源，也是项目中唯一不能复制的存在，其重要性不言而喻。

如果团队有首席科学家、创业顾问等人员组成，且有较契合项目的身份背景、工作经历，建议详细介绍以凸显项目的专业性。

金奖项目示例：

来自第六届金奖项目"eDNA精准生物监测与生态健康诊断"。

我是公司的主要创始人……我的联合创始人是……他也是国际上最知名……我们还拥有一支……推广团队……

6.带动就业

带动就业是各赛道评审规则中明确会考核的要素，有带动就业的项目，更让人相信项目的影响力以及成就。

路演演讲稿带动就业部分，可包括怎样做到的，具体的成效如何等要素。

金奖项目示例：

来自第六届金奖项目"eDNA精准生物监测与生态健康诊断"。

我们已经培养了××名实习生……我们直接带动就业××人，间接实现了××人完成就业，我们还创造了国内全新职业……

（三）结尾词

与开头类似，结尾词的作用也不容忽视，一场高分路演一定是有头有尾、头尾分明的。

通过观看往届金奖项目路演后可以发现，很多优秀项目都会选择在介绍结束时，喊出自己的项目口号与愿景，大家在撰写自己路演演讲稿时也可参考。

金奖项目示例①：

来自第六届金奖项目"eDNA精准生物监测与生态健康诊断"。

××科技，开创生态环境基因检测新时代，助力我国生态大保护！

金奖项目示例②：

来自第六届金奖项目"新'净'界——用'芯'打造空气净化安全网"。

同呼吸，共担当，××引领专业净化，做健康空气的守护者，谢谢大家！

金奖项目示例③：

来自第六届金奖项目"星网测通"。

星网测通，让全人类尽快用上太空Wifi，让世界见证卫星互联网测量的中国力量！谢谢大家！

三、路演演讲稿的撰写技巧

前面通过往届金奖项目，介绍了路演演讲稿的内容部分，接下来给大家介绍路演演讲稿的形式以及撰写技巧。

合理的路演演讲稿形式，能促使高效的路演练习，进而产生高分路演。其主要有两种形式，分别是文字版路演稿和表格式路演稿。

文字版路演演讲稿逻辑流畅且内容完整，但不太利于主讲人练习。表格版路演演讲稿框架清晰明了，但是需花费较多时间准备。

二者各有利弊，各备赛团队可结合具体情况，进行路演演讲稿的准备。但不管形式如何，为了呈现更好的路演效果，实现路演目标，以下几点建议供大家参考。

1.加入时间限制

路演有严格的时间要求，但很多团队由于时间把控失误，会出现讲太慢内容没讲完，只能草草结尾的情况，这其实是非常影响评委对项目的印象的。再次提醒大家，路演时一定要把控好时间，不要超时！

建议各备赛团队在准备路演演讲稿前，先明确所在地区的路演限制时间，一般为5—8分钟，再对每页PPT的演讲时间按照重要性进行初步规划，在每页路演PPT的路演稿部分加入演讲用时，让主讲人开展时间及内容的辅助练习，规避正式路演时出现突发状况。

例如：核心技术、商业模式等项目重点、亮点部分可多花时间讲解。

2.加入动作语气标注

路演并不是主讲人的独白，而是一场有情绪的演讲，这样的路演会很加分。可通过语气、语调、肢体动作来调动现场情绪。备赛时可根据路演稿对应内容，对情绪要求、肢体动作进行标注。

例如：讲到项目唯一性、卓越数据等亮点信息时，音量可以适当提高，自信地讲解；讲到商业模式时可适当放慢语速，给评委一定时间思考；讲到项目愿景时，情绪可适当激昂，辅以手部动作，展示出项目的宏大愿景。

3.PPT内容不用全说

PPT内容较多，但路演时间有限，不用将全部内容都叙述一遍，将每页重点阐述出来即可。路演本就考验大家在有限时间内传达重点信息的能力，如果全都念一遍，那路演演讲稿、路演就没有意义了。

例如：讲到竞品分析时，可直接将自己的产品优势用百分比、提高倍数等数据表示出来，不用逐项进行对比再得出结论，那样很浪费时间。

4.从事实出发

诚实是必需的，一定不能造假。如果造假，在答辩环节必定露出马脚。

例如：在竞品分析部分，实事求是地展示出自己的优势即可，不要出现过分比较、提高数据、试图猜测等情况。

5.反复修改

在真正路演前，路演演讲稿肯定会反复修改。项目、PPT的不断优化、主讲人的练习反馈都会使路演稿反复修改。大赛未至，修改不止，好的路演演讲稿都是修改而来的。

6.熟记于心

主讲人一定要将路演演讲稿熟记于心，正式路演前要多背、多练，时间、内容、衔接语句等都要很熟练，以达到看见路演PPT页面，就能想起当前页面所要传达的重点、时长要求等。

🐬 案例点评

采访国赛选手：路演的4个要素

第四届中国国际"互联网+"大学生创新创业大赛国赛银奖获得者许德贤来自广东省外语艺术职业学院，是广东省唯一在本届大赛中荣获银奖以上的高职院校学生。他参加过多个创新创业大赛并取得不少成绩，包括荣获广东省第三届"挑战杯——彩虹人生"广东职业院校创新创效创业大赛特等奖、2019年广东"众创杯"创新创业大赛企业组二等奖、2019年广州"职教杯"创新创业大赛一等奖、2019年"青创杯"广州青年创新创业大赛二等奖等多项奖项，这些荣誉为他积累了丰富的路演经验。

在参加过许多创新创业大赛之后，许德贤体会到了路演环节的重要性。他认为，路演有4个要素：一是项目路演技巧；二是演练需要做不少准备；三是关于路演主讲人的选择；四是注重问答环节。

（1）项目路演技巧。项目路演通常分为公开路演与一对一路演，在"互联网+"大赛中向评委展示创新创业项目也属于路演范围。许德贤通过多次路演总结出来7点：第一，路演的演讲者必须是核心成员，最好是项目CEO；第二，着装必须清雅大方，面带微笑；第三，说话自信，逻辑清晰，表达生动严谨，说出来的话需要负责，同时提交的材料和演讲内容必须相符，也要能自圆其说；第四，对项目要充满热情，不建议拿不是自己的项目去参赛，更禁止"假大空"作风的出现或者编造谎言，因为项目的真伪评委三言两语就能探个究竟；第五，路演过程需要侧重企业介绍，避免出现"个人英雄主义"或者喋喋不休讲述过多无关项目情况的内容，珍惜每一秒的语言表达，才能在短短几分钟内让评委全面了解项目的重点；第六，需要关照受众疑惑，术业有专攻，想要让陌生人了解自己所在的行业，就要用大众都能接受的语言；第七，尊重投资人和评委，上了路演的舞台代表的不仅仅是个人，而是一个团队，更体现了一个学校甚至一个地区或者国家的面貌，所以言行举止要得体大方，切忌浮躁骄傲、出言不逊。

（2）演练需要做不少准备，在钟之静教师的指导下，许德贤及其团队主要做了3个步骤的准备。第一步是准备路演PPT。路演PPT必须全部覆盖企业的重点内容，他们整理了12个要素，分别是市场痛点、解决方案、业务介绍、产品介绍、市场分析、商业模式、竞品分析、管理体系、营销推广、股权架构、团队与顾问、融资需求。第二步是准备与路演PPT相对应的演讲稿，初期先熟悉几遍文稿，对文字进行反复斟酌和润色。如果路演时长为5～8分钟，演讲稿应控制在1 000—1 500字。同时将PPT翻页配合和文稿演讲一起练习，并逐步加入肢体语言。第三步是反复演练演讲全过程，最少练习60次，避免现场因过度紧张而说不出话，同时也要换不同场景和观众练习，提前培养适应陌生环境的能力。可以尝试一个人进行站立演讲练习，按照正式比赛的演讲状态来训练。

（3）关于路演主讲人的选择。主讲人最好是1个人，10分钟以内的演讲不建议换人，可以带着团队一起上台，更有气势和凝聚力。主讲人最好首先选择创始人，其次是联合创始人，最后才到其他高管。一个再优秀的项目或者再有实力的企业，最起码要做到尊重舞台、抓住机会，"互联网+"大赛邀请的都是行业精英和投资人，因此，项目路演最好由创始人亲自上阵。

（4）注重问答环节。最好是创始人一人负责所有问题的解答，如果创始人实在不能回答所有问题（该创始人需要检讨），则由创始人来负责分配和点名谁来负责该问题的解答。总而言之，最后的问答环节应该由创始人控制全场。面对评委提出的问题能回答的则谦逊回答，切忌插嘴或者急于表现自己；如果碰到不能回答的问题，就虚心接受评委的建议，不要急于争辩，导致不愉快的尴尬场面发生。

如果想要在"互联网+"大赛中取得优异成绩，最好是项目都已经经过落地实施。在前期准备的时候，选择自己热爱的事，才能做好，不觉得累；也只有足够重视，才有机会取得成功。同时紧跟时代潮流、紧跟国家政策，不违背社会主义核心价值观，创业从一个很细分的切入点做起即可。更要发挥社群变现的力量，回归线下，做好实业，空谈误国，实干兴邦。

思政导学

"互联网+"大赛团队的选择更注重跨学科、跨专业、跨年级，在介绍团队过程中，要侧重强调团队成员的专业性和优化组合。大赛的真谛是"做中学"，创新创业教育注重的是让学生明白如何为别人创造价值，如何在过程中学会学习。

第四节　竞赛项目路演答辩模拟演练

路演练习就是主讲人在正式路演前要反复练习。

首先要背稿，把路演演讲稿背到滚瓜烂熟，对答如流来的程度。第二个是脱稿，背完稿之后向身边的同学、朋友、家人等去讲，达到能脱稿流利讲出的水平。最后要找到或自己准备真实的路演场景，去真实路演。比如，找没听过该项目的老师、同学，甚至路人甲、路人乙，向他们去路演，让他们提问。通过反复演练来提升演讲人的路演水平。

路演人员组织安排：在路演PPT做好后，团队需确认演讲人以及演讲候选人是谁，且根据各人的职责所在进行具体的任务下达和演练。例如，团队在路演中有展示产品的要求，则需进行明确的分工，当项目负责人拿到话筒向主持人和评委问好时，团队的其他小伙伴就要同时把产品拿出来展示。

一、模拟演练的内容

路演模拟练习准备：在确定PPT和人员分工后，需进行路演模拟练习。主要练习的内容分为以下几点：

1.PPT熟练度

演讲人应对项目和PPT充分了解且熟记于心。切勿出现卡壳、忘词、表达不清晰等问题。

2.时间控制

模拟路演并使用计时器进行计时，严格控制时间在规定时间内，且根据模拟的时长对语速、节奏进行调整。切勿超时或时间剩余过多。

3.整体流程演练

从入场准备问好，到演讲站位，再到最后的离场问候，对整个路演答辩的流程演练一遍。

模拟路演应按照正规参赛流程进行，包括时间、着装、站位都应正式。在学校可以邀请教师与一些项目无关的学生来充当评委，因为项目无关的学生听完路演后的第一感觉可能与评委较为接近，所以他们所提出的问题多少会起到一定的建设性作用。多次重复模拟路演，不仅有利于优化PPT，也有利于锻炼答辩者的应变能力。如果对于答辩没有经验，可以多观摩别人的答辩。

二、典型的答辩问题

从评委评审要点角度出发，整理如下典型问题，大家可以结合自己赛道组别的评审要点，分析可能会被评委问到的问题。

1.考察创新性

（1）项目有哪些创新，创新成果如何（如商业模式、运营模式、营销推广等）？

（2）项目产品是自研吗？做它的动机是什么？

（3）和以往的产品/竞品比，差异在哪，区别是什么？是如何做到的？

（4）相同的东西，别人多久会做出来？

（5）客户的哪个需求是别人没满足，但是被你们满足了的？

（6）如何保障项目持续增长？

（7）产品的应用场景有哪些？和别人相比好在哪？

（8）专利相关：取得了哪些专利？核心专利是什么？专利所属是你们吗？专利的第一作者是谁？专利获得授权了吗？如何保护技术的专利？

2.考察商业性

（1）产品的需求有经过调研吗？具体数据调研数据如何？

（2）为什么项目能做成？有多大的把握？有哪些资源支持？

（3）项目的核心优势是什么？核心竞争力是什么？产品的核心技术是什么？

（4）项目的收入来自哪里？财务报表制作依据是什么？

（5）营销策略是什么（如价格、销售、推广、渠道、文化、故事等）？目前在哪个渠道取得了哪些成效？

（6）销售额最高的是哪个产品？利润额最高的是哪个产品？

（7）哪个产品和服务的收益可复制？哪个产品和服务的收益是高增长的？

（8）之后几年如何保障持续增长和稳定收益？

（9）覆盖了多少客户？客户是否可能复购？是否愿意为你们推广产品？转化率多少？

（10）产品成本构成？收益是否覆盖成本？

（11）和某客户合作到什么程度？有考虑和市场龙头厂家合作吗？

（12）市场上还有谁在做？你们的优势是什么？

（13）市场规模多大？是如何估算的？

（14）融资及出让股份怎么算的？

（15）融资的钱主要用于哪方面？

（16）项目目前处在什么阶段？做到什么程度了？项目何时盈利？何时收支平衡？现在盈利如何？

（17）是否成立公司？是否交税？是否发工资？

3.考察项目团队

（1）项目团队有多少人，具体分工如何？

（2）团队的决策机制是怎样？

（3）举例说明各团队成员在项目中的贡献度。

（4）介绍下团队成员/主力成员。

（5）团队成员是相关专业的吗？

（6）在这个项目中你负责什么？参与项目多长时间了？

（7）你的项目团队有哪些优势？在项目中怎么体现？

（8）团队具备的资源和能力是否能支撑项目后续发展？

（9）项目的权益结构和股权结构是怎样的？

（10）介绍下外部专家等对项目的支持情况。

（11）毕业后你们还会做这个项目吗？

4.考察公益性

（1）这个项目的公益性体现在哪里？

（2）项目服务了多少人？多少人从中受益？

（3）如何让更多人从项目中受益？

（4）项目的服务模式是怎样的？有何优势？

（5）项目落地过程中有风险/阻力吗？如何克服？

5.考察可持续性

（1）如何解决项目持续发展中的资金和人员问题？

（2）项目是否复制到其他地方？是否具有示范效应？

（3）项目是否形成了成熟的运营模式？是怎样的？

（4）项目可持续性具体体现在哪？

（5）如何确保项目能持续运营下去？

6.考察实效性

（1）项目对当地的贡献是什么？

（2）项目进行前后，当地最大的改变是什么？有无数据证明？

（3）当地人是如何评价你们的？

（4）引入了哪些社会资源？

7.考察引领教育

（1）请谈一谈在校期间，你是如何想到要做这个项目的？

（2）做这个项目，你最大的收获和成长是什么？

（3）做项目的过程中，你应用了哪些所学知识技能？解决了什么问题？

（4）团队成员都是哪些专业？有何特长？

8.考察带动就业

（1）项目中直接就业和带动就业的数字是怎么算出来的？

（2）目前多少员工？

（3）项目间接能带动多少人就业？带动的是哪些人？

9.其他问题补充

（1）一句话说清楚你们的项目。

（2）项目名称是怎么来的？

（3）未来几年盈利预期如何？

🏮 案例点评

荔枝微课

（黄冠、陈励，华南理工大学，第三届中国国际"互联网＋"大学生创新创业大赛金奖）

来自华南理工大学的创新创业项目"荔枝微课"，通过网络平台售卖木耳种植课程，带动更多人以种植木耳走上致富路，顺利冲进了第三届中国国际"互联网＋"大学生创新创业大赛四强争夺赛。

很多企业选择在微信群里为员工培训，但该方法人数受限且内容无法积淀和传播。项目合伙人、"荔枝微课"项目CEO黄冠和CMO陈励针对痛点问题，带领最初只有19人的"荔枝微课"团队在2016年6月正式上线，团队成员之间配合默契、分工明确、人员结构合理，9个月内就获得近亿元融资。目前，这一在线教育学习平台已拥有超过1 000万名用户，注册讲师100万人，孵化出月入10万元的教师100多位，平台还提供100多万个在线就业岗位，直接带动了就业。

"荔枝微课"是一个在线教育学习平台，采用"互联网＋"知识付费服务的商业模式，这种模式是当时的投资风口。项目成立之初，受资金和办公场地限制，黄冠带领团队在广州大学城负责产品研发，陈励则带领团队在深圳负责产品运营策划。"一开始肯定会遇到很多困难，能坚持是最重要的。"陈励说，"我们都不是第一次创业，读书期间就是学业和公司两头兼顾，辛苦是一定的，不过也都坚持下来了"。支撑"荔枝微课"团队一路走来的，不仅是其对创新创业的追求，还在于他们在教育这一事业中感受到的幸福与满足感。

"荔枝微课"可以让教学双方只需通过手机，就能随时随地实现教学互动，最便捷地让用户获取和分享知识。有一位从事幼师工作的年轻妈妈将亲子育儿英文绘本打造成系列课程，高质量的内容颇受年轻父母喜爱，她也有了每月10万元的固定收入。同时，"荔枝微课"更多地关注着公益项目，相继为地震受灾人群提供心理辅导课程，为单亲妈妈抚育孩子提供课程，为离异家庭的孩子提供教育课程等。

2020年突发的新冠肺炎疫情席卷全球，"荔枝微课"在疫情期间更是主动推出教育战疫者计划，还上线了战疫专区，呼吁各行各业精英人士分享经验知识，吸引共青团深圳市南山区委员会、深圳市南山区义工联合会、广东省税务局、大学生创业就业中心等组织入驻平台，累计服务2 000名讲师开设线上公益课，上架1 000套精品公益课程，听众达200万人次，全面关注青年人的职业素养培养，帮助青年人增强就业竞争力。

小贴士

1.路演最初指国际上广泛采用的证券发行推广方式，"互联网＋"大赛中的路演主要是指项目的创业团队通过现场演示向评委或投资人推荐创新创业项目，引起评委或投资人关注并获得高分或投资，达到比赛效果和目的。

2.为了路演能取得良好效果，创业团队要开展相关准备工作，主要包括精化路演PPT、斟酌演讲稿、预设问题库、确定主讲人、熟悉设备、调整心理状态、准备路演相关物件、做好后勤保障工作等。

3.项目路演要站在评委或投资人角度，根据他们关注的创业团队、产品服务、市场痛点、市场容量、竞品分析、商业模式、市场策略、盈利能力、风险管控、投资回报 10 个重点内容进行阐述汇报。

4.路演需要对标评审标准，凸显创新创业项目的逻辑性、创新性、营利性、融资性、示范性、带动性、政策性、真实性和落地性 9 个维度，全面充分展现创新创业项目。

5.项目路演 PPT 要遵循其制作技巧，掌握其封面、项目概要、市场分析、产品服务、创新性、核心竞争力、商业模式、竞品分析、市场策略、项目成效、创业团队、财务分析与融资计划等共性逻辑结构，不管如何组成布局，项目路演 PPT 的核心目标是"讲清楚"和"有说服力"，形式可多样化。

6.路演 PPT 要尽量避免背景颜色对比不鲜明，字体、字号没有区分逻辑层次，文字堆砌太多，插图凌乱，页数太多，内容不全，亮点不突出等雷区。

7.路演要以创始人演讲为主，怀着诚恳认真的态度，充分了解评委对象，找准演讲切入点，陈述主次分明，抓住项目亮点，反复练习表达，保持文明礼仪，营造现场宣传氛围。同时，路演结束后并不意味着比赛结束，后期创业团队更需要针对评委或投资人提出的质疑、指导意见反思创新创业项目本身，通过后续不断的反思和修订促进创新创业项目的完善，争取取得更高层次的比赛成绩，促进日后创业成功。

参考文献

［1］ 蒂蒙斯，斯皮内利.创业学［M］.第6版.周伟民，吕长春，译.北京：人民邮电出版社，2005.

［2］ 龚曙明.市场调查与预测［M］.北京：清华大学出版社，北京交通大学出版社，2005.

［3］ 丁继安，翁士增，李晓英.大学生创业实践［M］.杭州：浙江大学出版社，2011.

［4］ 沈艳华.试论大学生创业计划中的若干问题［J］.长春教育学院学报，2014（13）.

［5］ 张宇.完成"国家级大学生创新创业计划"项目的收获与感想［J］.中小企业管理与科技，2016（3）.

［6］ 李家华.创业基础［M］.北京：北京师范大学出版社，2013.

［7］ 贺俊英.大学生创业基础与实训教程［M］.北京：高等教育出版社，2010.

［8］ 杨明.大学生创业指导［M］.北京：中国人民大学出版社，2012.

［9］ 郑炳章，刘德智，贾东水，等.创业计划及其竞赛的研究、应对与启示：大学生创新创业教育的探索与实践［M］.北京：中国大地出版社，2005.

［10］ 杨安.创业管理：大学生创新创业基础［M］.北京：清华大学出版社，2011.

［11］ 陈丰.创业培训核心教程［M］.北京：中国劳动社会保障出版社，2006.

［12］ 许湘岳，邓峰.创新创业教程［M］.北京：人民出版社，2011.

［13］ 人力资源和社会保障部职业能力建设司.创办你的企业：创业培训手册（大学生版）［M］.北京：中国劳动社会保障出版社，2010.

［14］ 陈德明.大学生创业规划［M］.广州：广东高等教育出版社，2014.

［15］ 李肖鸣，葛玉辉，陈悦明.大学生创业测评［M］.北京：清华大学出版社，2010.

［16］ 张振刚."挑战杯"中国大学生创业计划竞赛指南［M］.广州：华南理工大学出版社，2012.

［17］ 邵华钢，高凯，李世群，等.决胜商业计划书［M］.北京：电子工业出版社，2008.

［18］ 罗晨，魏巍.高职学生创业计划书有效性评估体系研究［J］.保险职业学院学报，2014（4）.

［19］ 洪涛，陆陈波，陈涛.大学生创业计划书撰写要点与原则［J］.徐州工程学院学报，2014（17）.

［20］ 豆丁网.第4讲创业环境分析与创业信息搜集［EB/OL］.（2016-05-21）.http://www.docin.com/p-1590738704.html.